国鉄改革の真実

「宮廷革命」と「啓蒙運動」

Kasai Yoshiyuki
葛西敬之

中央公論新社

序にかえて

「戦後」ということ、というタイトルで最近よく話をする。下は中学生から上は団塊の世代まで、いずれもよく聴いてくれる。本当に「戦後」は長く、まだ終わらない。還暦を過ぎてしまった「戦後」。まことにメリハリのないことである。

メリハリのなくなった「戦後」を象徴するものの一つが、かつての国鉄であった。いや国鉄そのものが、「戦後」改革の所産にほかならない。「戦後」改革の系譜をひきながら、いつしか国鉄には負の要素が強くなっていった。そこで「戦後」四〇年、「戦後政治の総決算」をスローガンとした中曾根内閣の時代に、国鉄は総決算を迫られることになった。

その立役者の一人こそが、本書の著者たる葛西敬之さんである。ＪＲ東海に勤務されるようになってから、かなり早い段階で葛西さんは、国鉄改革の全体像をきちんと残さなければならないとの使命感に近い思いを持たれたようである。それはかつて国鉄改革三人組と称されたように、まさに改革の担い手であったからだが、それだけでは説明がつかない。

葛西さんは、東京大学法学部で岡義武教授の講義を聴き、歴史の琴線に触れ、さらに岡教授の演習で歴史学への関心を深め、一時は学者として残ることも考えたと言われている。葛西さんは結局国鉄の現場に身を投ずることになったのだが、現場にいてなお歴史的客観化へのまなざしを持ち続けておられるのは、そのことと無関係ではない。

葛西さんには実は、三〇年後開封の約束の下、私の主宰するオーラル・ヒストリー・プロジェクトに参加していただいたことがある。十数回におよぶ記録の集積を見るにつけ、その歴史家的観点からする組織や人物への評価の適確さに圧倒された。そのうち私の勤務する東京大学先端科学技術研究センターの客員教授に就任、教養課程（一、二年生）の全学自由研究ゼミナールを担当され、毎学期二〇名を超える学生に向けて、国鉄改革とその後をテーマに講義をされた。

本書を通読すると、オーラル・ヒストリーと全学ゼミナールとから、まことに適切に素材が選ばれている。したがって叙述のあり方についても、葛西さん自らメリハリをつけておられる。本書の圧巻は何といっても葛西さん自身が渦中の人であった、第2章から第5章までの、起承転結でいえば、「転」の部分にほかならない。ボリュームも本書全体の半分強を占める。

しかも、政治家、国鉄当事者、組合運動家、マスコミの各者が織りなす主観と客観のないまぜになった活劇の数々。これは芝居になるかもしれないとまで思わせる心理戦のすご味。でも何よりも右往左往する人々が表象するバルザック的世界の面白さ。これらを浮かび上がらせる葛西さんの筆は生き生きとして容赦がない。だからこそ「宮廷革命」と「啓蒙運動」というサブタイトルが生きてくるのだ。
後半を含めて、組織論、経営論として学ぶところも多々ある。かくて「戦後」に幕を引くための格好のテキストブックとして、本書は私達の前に現れたと言ってよい。

御厨 貴

はじめに

分割民営化から約一年経った一九八八（昭和六三）年二月一二日、丸の内ホテルで「ＪＮＲからＪＲへ――鉄道の経営革新」という座談会が行われた。

出席者は松田昌士《まつだまさたけ》東日本旅客鉄道株式会社常務取締役、井手正敬《いでまさたか》西日本旅客鉄道株式会社代表取締役副社長、野中郁次郎《のなかいくじろう》一橋大学商学部教授、岡野行秀《おかのゆきひで》東京大学経済学部教授（肩書きはいずれも当時のもの、以下同じ）の四人。この座談会は財団法人運輸調査局が企画したもので、内容は、交通経済の専門誌としてそれなりに確立した評価を得ていた同財団機関誌『運輸と経済』の、同年四月に刊行された第四八巻第四号に詳細に掲載されている。

「一言でいえば、国鉄の改革とはどういうことであったのか、これをできるだけ現場の体温と臨場感を失わない形で読者に伝えるとともに、記録にとどめて後世に残すというのが趣旨です」

座談会は、司会役である岡野教授のこのような口上で始まった。

「今回の改革は、結果的にいいますと、若手の優秀な連中というか、意識のあった連中が一生懸命やってある程度下で支えてくれた結果改革できたということですけど、トータルで見ますと一種の宮廷革命で、要するに本社のトップと一部の少壮準トップグループとの葛藤《かっとう》の結果であって、上層部の間だけで動いたわけですね」という井手氏（国鉄改革当時の総裁室長）の言葉に応じて、野中教授が「基本的には宮廷革命だったと、非常におもしろいことをいわれたんですが、要はそれが末端の人間にどういうふうにして共有されるかというわけでしてね」とアイロニカルに問い返すやり取りが印象的だ。

国鉄改革の目的は国民生活に必須の国鉄輸送を、崩壊状態から再生させ、永続的に維持・発展させることだった。それを「一言でいう」のは容易ではないが、おおむね次のように説明することができると思う。

国鉄では運賃、賃金、設備投資、路線の存廃など重要事項の決定が全て政治に委ねられていたため、意思決定が常に不十分、不徹底、時期遅れとなりがちで、それが膨大な過去債務と余剰人員の原因となった。これら負の過去を清算し、将来に向かっては自律的責任体制を確立するのが民営化である。一方、地域分割の意図するところは、全国画一的な仕組みを改め、地域ごとの輸送コストおよび物価を運賃・賃金などに反映するとともに、内部補助の範囲を競争化時代に即して分割し、適正規模化することであった。その目的を達成するために国鉄職員はもちろん、利用者、納税者を含めた全ての利害関係者が、それぞれ負担を分かち合ったのである。すなわち、改革の担い手は「日本国家」そのものだった。

私は国鉄改革が「宮廷革命」だったという意見には同意できない。この座談会の記事を目にしたとき、まずそう感じた。

分割民営化の全過程を「起承転結」の四つの局面に分けて考えることができる。

「起」は一九八一（昭和五六）年三月の臨時行政調査会（以下、第二臨調と略す）発足から、一九八二（昭和五七）年七月の第三次答申（基本答申）までである。

第二臨調が何を主題にするか、発足当初は全く未定であった。第二臨調の発足後に「経営改善計画（一九八一～八五年）」が運輸大臣の認可を受けたことにより、少なくとも国鉄再建は第二臨調の検討対象から外れたというのが運輸省、国鉄の見解だった。

これに対し第二臨調側は、世論の動向や与党の反応なども見極めつつ「経営改善計画はこれまで繰り返されるたびに失敗してきた弥縫策《びほうさく》の集大成にすぎず、スタートしたときにはすでに事切れていたのだ」という論法でこれを葬り去り、「国鉄を一九八七（昭和六二）年までに分割民営化する」こと、「具体案作成のために国鉄再建監理委員会を設置する」こと、具体案が検討されている間は「緊急対策として新規採用の全面停止、ならびに保全保安以外の新規工事を全面停止する」ことなどを基本答申に盛り込んだ。国鉄総裁はこの答申の後、高木文雄氏から仁杉巖《にすぎいわお》氏に替わった。

しかし、この時点では国鉄内のほとんどの者は、霞が関や永田町と同様、国鉄の分割民営化など、戦後においてみられたＧＨＱの超国家的権力でもなければ実行不可能だと考えていた。

「承」はそれから一九八五（昭和六〇）年七月まで、すなわち、第二臨調の基本答申に基づいて設置された国鉄再建監理委員会が分割民営化のための答申を中曾根康弘総理大臣に提出するまでである。第二臨調が審議を終えると、いったんは改革推進に賛同したかに見えた国鉄首脳陣や運輸省鉄道監督局国鉄部は、たちまち現状維持に転じ、国鉄再建監理委員会に対する非協力姿勢を強めていった。

答申の直前に国鉄総裁以下七名の首脳陣が分割民営化推進体制を固めるために更迭され、杉《すぎ》浦喬也《うらたかや》氏が国鉄総裁に就任した。それでも、まだ大多数の関係者は、分割民営化の実現可能性に懐疑的だった。

「転」は杉浦総裁の就任から一九八七（昭和六二）年四月一日にJR各社が発足するまでの一年九カ月であり、この間法律の審議、労務・要員対策がいずれも予想を上回って順調に進行、奇跡的にスケジュール通り、しかも無修正で分割民営化が達成された。

「結」はJR発足から今日までの二〇年間である。JR各社の経営は当初予想を上回る好調さを示し、JR本州三社の上場、完全民営化が相次いで達成された。

確かに、「宮廷革命」という観点で国鉄改革の「起承転結」を照査してみると、その渦中にあった時点では気づかなかった改革の一面、すなわち「幹部人事」や「国鉄資産の会社分割」など、国鉄本社という「宮廷」の内部で完結し、人目に触れることのなかった作業の本質が見えてくる。そしてそれと同時に、第二臨調による国鉄分割民営化の方向づけや国鉄再建監理委員会による分割民営化の具体案作成、分割民営化実施のための労務・要員対策など、私自身が関わった分野はいずれも「宮廷」とは全く異なるフィールドにおけるもので、「宮廷革命」とは性格の異なった業務だったと痛感する。職員局が杉浦総裁のもとで取り組んだ労務・要員対策は、本社、鉄道管理局、現場、個々の職員という経営側の指揮命令体制と、中央本部、地方本部、分会、個々の組合員という労組の執行体制が、国鉄分割民営化というテーマを挟んで、互いにしのぎを削る「説得合戦」だった。

　社員は同時に組合員でもある。職員局は東西冷戦体制を反映した政治的労働運動の呪縛《じゅばく》から個々の社員を解き放ち、自律的に自分自身と家族の幸せを考えさせるための「啓蒙運動」を展開したのであった。それは国鉄本社という「宮廷」の中で完結する幹部人事や資産分割と異なり、国鉄総裁の指揮のもとに国鉄の全組織を総動員し、一人ひとりの現場職員まで巻き込んだ「全社的」運動だった。

　そして、我々が社員に対して説得力を持つためには、国鉄内部のみならず永田町や霞が関、さらには国民世論をも含めた広汎な裾野での説得合戦を制し、国民的な理解と支持を得なければならなかった。だから、労務・要員対策は「国民的」啓蒙運動でもあった。しかもその余燼《よじん》は分割民営化発足後、労働委員会や裁判所までも巻き込み、二〇年を経た今日にまで尾を引いている。

　すなわち、国鉄改革は片方に「宮廷革命」、もう一方に全社的、国民的「啓蒙運動」という二軸構造で進展したのである。『運輸と経済』のこの座談会は、そのことに気づかせてくれた点で意義深い。そして、この座談会の記事を読んだとき、私はいずれかの時期に、私たち労務・要員対策グループが担当した「啓蒙運動」としての側面も含めた国鉄改革の全体像をできるだけリアルに復元し、「後世の人の参考に供しなければならない」と決心したのである。「木を見て森を見ず」という言葉がある。『運輸と経済』の座談会が行われた一九八八（昭和六三）年二月の時点は、森を見るには近すぎた。それから二〇年という歳月で「現場の体温と臨場感」は薄らいだかもしれない。

しかし、今ならまだ当事者の記憶や手書きのメモなどと、幾分かの想像力を頼りに、往時を復元することが可能である。一方、二〇年という歳月は「森の姿」「山の形」を望見し、その中に個々の事象を位置づけるのには程よい時間距離と言えるかもしれない。

というわけで、本書の主題は「国鉄の分割民営化」である。第1章は国鉄改革の「起・承」二局面の要約に始まり、杉浦総裁の就任で終わる。それ以降の第2章から第5章までは「転」の局面、すなわち分割民営化の実施を主題としている。その中ではできるだけ具体的なエピソードを紹介し、「現場の体温と臨場感」を再現するように努めた。一方では「宮廷革命」、他方では全社を挙げての「啓蒙運動」という国鉄改革の二軸構造の中で織りなされる人間模様のダイナミズムがおぼろげにでも伝われば幸いである。

国鉄改革の「結」の局面、すなわち分割民営化後のＪＲ全体について国鉄時代と同じように俯瞰的《ふかんてき》に語ることは、分割された各社が、それぞれ自律的に歩み始めて二〇年をも経た今では難しい。しかし、分割後、JR東海を終生の職場と定めて過ごしたこの二〇年間に、私自身が関与したJR東海の経営戦略決定とその足跡をたどり直し、臨場感を持って綴ることは可能である。そして、JR東海の二〇年は必然的にJR東海の地平から展望するJR東日本、JR西日本の動きも視角に捉えたものとなる。

JR東海にとって、分割民営化後の二〇年は、大きく二期に分けることができると思う。一九八七（昭和六二）年度から一九九一（平成三）年度までの五年間と、その後の一五年間である。

初動の五年間は、発足時点で「未完」だった枠組みを「完成」に近づける期間であった。またこの期間に、日本の大動脈である東海道新幹線の現在、近未来、未来戦略が定まった。

第6章では初動期の五年間についてその骨幹を語り、そして、それから今日に至るまでの一五年間のJR東海の成果と今後の展望に多少の言及をして終章としたい。

二〇〇七年七月

葛西　敬之

国鉄改革の真実　目次

第5章　国鉄資産分割の実体

国鉄改革の真実

――「宮廷革命」と「啓蒙運動」

第1章　分割民営化始動

1　仁杉総裁の辞任と杉浦新総裁の就任（一九八五年六月）

一九八五（昭和六〇）年六月二一日、仁杉総裁が突然辞意を表明した。

仁杉氏が、一九八三（昭和五八）年、国鉄総裁に就任するに際し、中曾根総理から受けた特命は、国鉄再建監理委員会と協力して国鉄の分割民営化を達成することだった。それから一年半、仁杉総裁なりに総理の特命を実現しようと試みたのではあったが、結局は、事志に反し、総理の期待を裏切る形となった。国鉄再建監理委員会の答申を一カ月後に控えたこの時期の辞意表明は、国鉄改革に臨む中曾根総理の不退転の決意を受けてのものだった。赤字転落以来二〇年に及ぶ長い懐妊期間を経ていよいよ抜本改革の陣痛が始まったのだ。

抜本改革に至る経緯

まず、事ここに至る経過を、要約しておく。

国鉄が赤字に転落したのは一九六四（昭和三九）年度からである。そして、一九六九（昭和四四）年度から第一次国鉄再建計画が始まった。赤字転落から仁杉氏が国鉄総裁に就任（一九八三年一二月）するまでの一九年間に、都合五次（一九七二年に通常国会で廃案となったものを加えれば六次）にわたる再建計画が策定され、ことごとく失敗に終わっていた。回を追うごとに状況は悪化し、最後の再建計画と言われた国鉄経営改善計画（一九八一～八五年）に至っては、発足した時点ですでに破綻しているという惨状だった。

経営改善計画のスタートに、わずかながら先立つ一九八一（昭和五六）年三月に発足した臨時行政調査会（第二臨調）は、自民党の交通部会などとも歩調を合わせつつ、一年にわたり検討を重ねた結果、分割民営化こそ国鉄再生の道と見極め、一九八二年七月に提出した「行政改革に関する第三次答申―基本答申（以下「基本答申」）」に次のような事項を盛り込んだ。

①国鉄を五年以内（八七年まで）に分割民営化する、②総理府に「国鉄再建監理委員会」を設置し、分割・民営化の具体案を審議決定させる、③分割民営化移行までの間、国鉄は新規採用の全面停止、安全投資以外の設備投資の停止など、一一項目の緊急措置を実行する。

この基本答申を受けて政府は分割民営化に向かって動き出した。

まず「国鉄再建監理委員会」が一九八三（昭和五八）年六月一〇日に発足、住友電工の亀井正夫会長、加藤寛慶應大学教授、隅谷三喜男東京女子大学学長、住田正二元運輸事務次官、吉瀬維哉日本開発銀行総裁の五名が委員に任命された。そして、互選の結果、亀井氏が委員長に、加藤氏が委員長代理を務めることとなった。

事務局を束ねたのは、運輸省鉄道監督局国鉄部長から転出した林淳司事務局次長である。彼は、亀井委員長と一心同体となって委員会の運営、具体案の策定、政府与党との調整、マスコミ対策など、全てにわたり創造性と不屈の意志力をもって、獅子奮迅の働きを示した。

一方、林氏が転出した後の運輸省鉄道監督局国鉄部は、依然として分割民営化には消極的だった。かつての私の上司で、そのときの経理局長だった塩谷豊氏が、ある日、私を経理局長室に呼び、アドバイスしてくれたのである。彼の高校時代や大学時代の同級生が運輸省内には何人かおり、その人々を通じて、彼は運輸省国鉄部の内情に通じていた。

「運輸省は分割民営化に乗る気はない。俺の友人たちは皆言っている。『分割民営化などと言うのはやさしいが実行は不可能だ。膨大な過去債務の肩代わりを、大蔵省がのむはずがない。国労・動労は徹底抗戦するだろう。野党はもちろん与党内にすら反対論がある中でどうやって国会審議を乗り切るのか。運輸官僚としての林のキャリアはもうこれで終わりだ』。したがって君たちも先走らない方が利口だ。国鉄再建監理委員会への協力などほどほどにしておいた方がよい」。それは運輸省だけでなく、当時の霞が関、永田町はもちろん、経済界全般の空気を代表する常識的な見解だったと言ってよい。もともと民営化はともかく、分割には断固反対だった国鉄の首脳部は、霞が関、永田町を覆うこのような空気に勇気づけられて、国鉄再建監理委員会に対して、非協力的な姿勢を強めることになった。

しかしながら、我々の目から見ると、国鉄経営は完全に崩壊した状態にあり、このまま弥縫策を続ければ、国鉄職員を待っているのは、確実なのたれ死に以外ないことは火を見るよりも明らかだった。

一九八一（昭和五六）年度の国鉄補正予算を見ると（図表1－1参照）、事業収入二一・九兆円

（図表1－1）国鉄補正予算（1981年度）

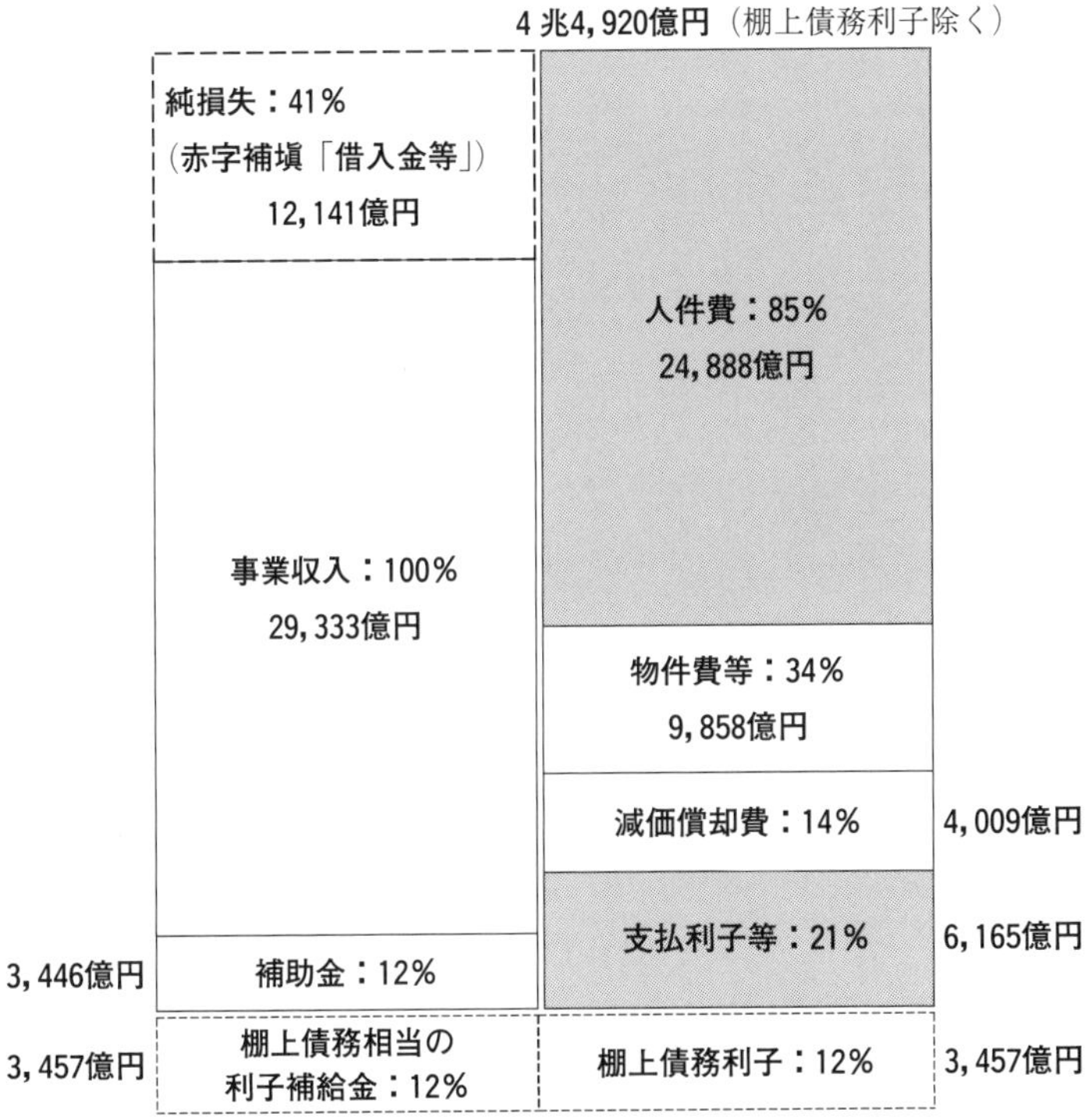

の八五％は人件費に支出され、減価償却前のキャッシュフローベースで約一兆円の赤字、その最大の部分は膨大な過去債務の利払いである。運賃水準はすでに並行私鉄の二倍に達するところもあり、さらなる値上げ期待は無理、国からの補助金も単年度（実績）で七三〇〇億円を超えており、これ以上の増加は不可能、したがって欠損は借金で埋めるほかなかった。

　累積債務の利子が赤字を生み、その赤字を新たな借金で埋める。そしてその利子が、借金の増加を加速度的に拡大するという借金達磨が転がりつつあった。すでに二一兆円の借金が累積され、それが毎年二兆円のペースで増え続けることは目に見えていた。

このような病状の患者には二つの選択肢しかない。今までに成功例がなく、常識では不可能と思われる手術に再生を賭けるか、確実なのたれ死にを待つか。どちらか一方の選択を問われれば、前者しかないというのが我々の立場だった。

仁杉総裁の誤算

このような中で、仁杉総裁は何とかして社内の議論を指導して国鉄再建監理委員会に協力させ、分割民営化を推進しようと試みた。総裁は着任するや、まず我々改革グループと接点を持ち、分割民営化のイメージとその進め方についての考え方を聴き取るとともに、改革グループも含めた主要課長との意見交換を数度にわたって行った。その際に総裁は分割民営化推進の意向を匂わせて反応を確かめ、課長クラスの中には強固な反対論がないことを感じ取ったようだった。しかし、最も強硬な反対派である副総裁以下の重役陣と直接意見を戦わせた形跡はない。その代わりに仁杉総裁は、一九八四(昭和五九)年六月二一日、千代田区内幸町の日本記者クラブで講演し、国鉄の分割民営化を推進する考えであることを表明した。マスコミに意向を表明することにより分割民営化の既定路線化を狙ったのかもしれなかった。

いずれにせよ、内部で議論を積み上げ、勢力分布を見極め、その上で人事刷新を行って、改革推進体制を整えるという常道を踏むことなく、言わば落下傘降下的に行われたこの講演は、その日のうちに反分割派の首脳陣と主力労組の重包囲下に陥り、猛反発を受ける結果となった。

窮地に立った総裁は六月三〇日付の国鉄広報誌『つばめ』を通じて発言の趣旨を訂正するほかなかった。この機会を捉えた分割反対派は、間髪を容れず仁杉総裁に迫り、国鉄再建監理委員会の素人集団に引きずり回されるのではなく、国鉄経営陣の見識と誇りにかけても、まず独自の国鉄改革案を持つべきだという考えに同意させた。

国鉄独自の「再建案」

すでに政府の方針が分割民営化に定まり、法律によって国鉄再建監理委員会が設立され、その答申を総理大臣は尊重することを義務づけられているにもかかわらず、このような挙に出ることは、政府の決定、法律の趣旨をないがしろにしていると非難されても仕方のないものだったが、仁杉総裁以下の重役陣と経営計画室長、秘書課長、文書課長だけを定例メンバーとする国鉄独自案作りの勉強会が八月中旬に発足し、毎週二回のピッチで開催された。

それに伴い、改革グループの井手秘書課長を勉強会のメンバーからはずすための人事が、東京西鉄道管理局長に栄転という形で行われた。国鉄再建監理委員会の分割民営化案の機先を制して、国鉄経営陣自らの手による民営化案を策定、再建監理委員会に対する向い火とすることに首脳陣は燃えていた。

「経営改革のための基本方策」（以下「基本方策」）と銘打たれたプランが完成したのは、一九八四（昭和五九）年の一二月末であり、首脳陣は国鉄再建監理委員会が翌年七月に提出するであろう提言の先手を取るべく、この「基本方策」を持って年明けから精力的に政界、マスコミなどへの根回しを開始した。

それと同時に、この「基本方策」を推進するためのプロジェクトチーム、通称「基本方策チーム」が編成された。それは長期経営計画の策定や国鉄再建監理委員会の窓口などを担務とする経営計画室を外し、首脳陣直結で基本方策をPRするためのチームであった。また「基本方策チーム」の発足と同時に、改革グループの解体が開始され、まず松田経営計画室計画主幹が北海道に飛ばされ、課長補佐数人も地方へ転出させられた。

「基本方策」の期間は一九八六〜一九九〇年までの五年間、要員数は一八・八万人まで削減、一九八六年度末の国鉄の累積過去債務二五・二兆円のうち一五・六兆円を国の財政で負担、三兆円の遊休土地売却を含めた九・六兆円を国鉄が負担する、などを前提として、国鉄を「全国一体の特殊会社」とすることになっていた。

「基本方策」の財政負担額と経営努力の諸元は、後に出る国鉄再建監理委員会の答申案ときわめて近似している。国鉄再建監理委員会がその七カ月後に提出した答申では、適正要員数は一八・三万人、国鉄債務の政府負担一六・七兆円、遊休地の売却五・八兆円である。

分割するかしないかの一点を除けば「基本方策」は国鉄再建監理委員会の作業結果を先取り

する形で策定されていた。ただ「基本方策」ではとりあえず五年間は分割せずにやってみて状況により一九九一年からの経営形態は検討し直すという二段階構造になっており、明確な分割否定にはなっていない。いわゆる分割民営化「出口論」の立場に立ち、国鉄再建監理委員会に先立って、一見口当たりのよい国鉄独自の案を打ち出すことにより政界やマスコミにアピールし、国鉄再建監理委員会の機先を制しようという国鉄首脳陣の意図がにじんでいた。

しかし、つぶさに見れば、その実体は、言わば「第六次（廃案も含めれば七次）の国鉄再建計画」とも言うべき不徹底、弥縫的なプランで、問題先送りの新たな繰り返しでしかない。また、国が一五・六兆円もの国鉄債務を肩代わりすることが前提となっていたが、分割民営化という明確な退路遮断、すなわち、将来再び財政負担を生ずることはないという保証なしに、そのような巨額の財政負担に国が応ずるはずはなく、その意味で「基本方策」は実現性の乏しいプランでもあった。

心ならずもその先頭に立たされた仁杉総裁は、まさに「豆がら」で煮られる「豆」のような気持ちだったに違いない。そこで一九八五（昭和六〇）年六月二一日の辞意表明となるわけである。

国鉄首脳陣の刷新

仁杉総裁と首脳陣の刷新が近く行われるであろうとの風聞は根強くあったが、どのようにして猫の首に鈴をつけるのかは我々にはわからなかった。だから、通常国会の終わる直前のタイミングで、仁杉総裁が官邸に中曾根総理を訪ね、自ら辞意を表明したとき、それは単独での憤死であり、他の首脳の更迭はやはり無理なのだと直感した。総裁の更迭は、本人の辞意がなければ不可能である。首脳陣の刷新もまた同様である。仁杉総裁は何時でも辞めたいという心境になっていたと思われるが、他の首脳陣には全くその気がなかった。

ところが、仁杉総裁の辞意表明を端緒に事態は急展開し、首脳陣の刷新へと動いていった。緻密にタイミングを計り、筋書きを定めて、国鉄首脳陣全員が辞意表明せざるをえない方向に誘導していった中曾根総理の深謀には、舌を巻く思いがする。

孤立していた我々にとって、中枢の動き、上層部の心の内はうかがい知れなかったが、振り返ってみれば、いくつかの兆候はあった。

六月の何日頃だったたか、臨時行政改革推進審議会（行革審）の委員だった瀬島龍三氏のところへ行った。国鉄再建監理委員会に対抗すべく精力的に動きつつある国鉄首脳の近況を報告し、重役刷新人事の必要を説明するのを聞き終えた後で、瀬島氏が尋ねた。「葛西君、重役がある日全員いなくなったとしたら国鉄の輸送は大混乱になるだろうか」。私は、「重役が全員いなくなっても、列車は何事もなかったように通常通りに動くでしょう。私のような本社の課長クラスが全員いなくなったとしても、列車は平常通り動くでしょう。安全で安定した輸送を守り続けてきた鉄道一〇〇年の歴史というのはそういうものですよ」と答えた。

すると瀬島氏が、「そうか、よくわかった。分割民営化をすれば組合側が無期限ストライキを打ってくることもありえると私は感じている。それに対しては、自衛隊を動員してでも輸送を守らなければならないと思っている」と応じた。

彼は、その日はエレベーターのところまで送ってきてくれて、「葛西君、君たちのやっていることは正しい。国家は君たちを見捨てるようなことはしないから、覚悟を決めてやりたまえ」と言った。私は何のことかわからなかったが、嬉しかった。状況が非常に悪いから、元気づけてくれたのに違いないと思った。

仁杉総裁辞任表明の一週間ほど前のある朝、本社のエレベーターに副総裁と乗り合わせた。「葛西さん、あなた方の宣伝力は大したものです。我々は完敗しました。脱帽しますよ」

いくら声を低めても、狭いエレベーターの中である。他にも大勢が乗り合っているのを忘れたかのように、話しかけてくる副総裁の声には切迫感があった。何を指してのことかわからなかった。良くも悪くも解釈できる言葉だったし、反応を見るためかもしれなかった。何せ大勢の乗り合わせたエレベーターの中のこと。言葉を返さず聞き流した。後で考えてみると、ちょうどこの時期に、総理周辺で重役の更迭人事が検討されていたのだ。

政治部記者からの電話

辞任表明当日の早朝二時頃、静岡の総務部長時代から知っているＮＨＫの政治部記者が電話をかけてきた。「葛西さん、何があったのですか」

私には何のことかわからなかったが、彼は「絶対に何かあったはずだ」と言う。

「知らない。なぜそう思うのですか」。率直な感想だった。

「私は安倍晋太郎番であり、加藤六月番です。安倍を総理大臣にすることを、私の政治記者としての一生の生き甲斐としてやってきている。そんなわけで、このところずっと加藤六月の動きに注目してきた。何かあったはずだ。毎晩のようにいろんな人と会っている。自民党の三塚博交通部会長、行革審の瀬島委員、国鉄再建監理委員会の亀井委員長、加藤寛委員、後藤田正晴総務庁長官、藤波孝生官房長官や中曾根総理とも会っている。そして今から一時間ほど前に、加藤六月が珍しく酔っぱらって帰ってきた。私たちは何か話が聞けるかと思ったら『負けた』と言って黙って部屋に入って、寝てしまった。絶対に何かあったはずだ。まもなく国鉄首脳の人事が行われるのではないのですか」

いくら尋ねられても、「何も知らない、そうはならないと思う」と答えるほかなかった。

通常国会の終了時に国鉄総裁更迭人事があり、それにあわせて重役陣の更迭も行われるという噂はあったが、我々はそれが現実となる可能性は百に一つほどの確率もないと思っていた。

亀井委員長はわかってくれていたが、国鉄首脳の人事を動かしうるとは思えなかった。したがって、最もありうるシナリオは、「答申はこのまま出る。出た後、『政府のご意向がそうならば、どこまでできるかわからないが、私たちも最大限の努力をしてみましょう』と国鉄経営陣は言う。そして、彼らは従来と同じように、組合と半分手を握りながら中途半端なやり方をして、また新しい弥縫策を作り上げ、それがまた挫折していく」。心の底では一〇〇分の一の可能性に期待する気持ちが膨らみかかっていたが、そのたびに私は、そう自らに言い聞かせて期待を押さえ込んでいた。

総理を決意させた二人の人物

中曾根総理が国鉄首脳陣を更迭する決意を固める契機となったのは、二人の人物の発言だったと言われる。一つは、国鉄再建監理委員会の亀井委員長の強い要請である。「基本方策」をもって委員会に対抗しようと、精力的に活動している国鉄の首脳陣の動きに危機感を抱いた亀井委員長が、総理に「もし経営陣が刷新されないならば、仮に国鉄再建監理委員会がどんなによい答申を書いても、それが実行されるという自信が持てない。書いたけれども実施されないような答申なら、私は書かない。だから総理が人事の刷新をしてくれないならば、私は答申を出さない。代わりに私の辞表を提出する」。そう言って人事刷新を迫ったのだという話を、事務局の林次長から聞いた。

もう一つは、ある国鉄首脳の舌禍《ぜっか》である。彼は近づきつつある国鉄再建監理委員会の答申を前にして、国鉄側の代替案である「基本方策」を持って、各界の有力者に精力的な根回しをして歩いた結果、それなりの理解と支持を取りつけたという自信を深めていた。もはや戦いは勝ったという自信が、致命的なミスを犯させることになった。改革派寄りのある記者を説得しようとして赤坂の料亭に招き、思わず本心を語ってしまったのである。

「分割民営化が政府の方針となった場合、政府の一員である国鉄としては、当然、政府の方針に従って、その実行に注力するという姿勢を示すことになる。だから首脳陣の更迭は行われようがない。しかし、それで終わりというわけではない。法律の立案、国会審議などの過程では与野党の思惑、労組の反対に配慮した妥協と修正が必須となる。我々もその中で自分たちの立場を主張してゆく。そうすれば、でき上がりは、結局、国鉄首脳陣が策定した『基本方策』に近いものになる」

それは、言わば面従腹背を吐露したに等しかった。記者は詳細なメモに基づいて我々にその場のやり取りと雰囲気を復元して聴かせてくれた。その内容は、総務庁の田中一昭氏を通じて後藤田総務庁長官、加藤寛慶大教授、第二臨調第四部会参与であった時事通信社の屋山太郎氏に伝えられ、最終的に屋山氏を通じて中曾根総理の目に触れることとなった。そして、亀井委員長の要請が、まさに現実に基づいたものであることを、総理が実感する決定打となった。

当日、総裁は国会の運輸委員会に出席していたが、昼の休憩となったとき、仁杉総裁は自分自身の辞表を持って中曾根総理を訪れた。総理は辞任をその場で了承したが、辞表については全重役の辞表とともに出し直すように要請したという。「総裁が委員会に戻ると、急にテレビが入りだした。『委員会の最中に何事ですか』とプレスに尋ねたら、『仁杉さんが辞表を出すのです』ということで私は大変驚きました」。そのとき委員会に出席していた国鉄首脳の証言である。重役の進退は、総裁の権限ではない。理事の認可は運輸大臣、総裁の任命は内閣の権限である。しかも解任の理由はきわめて限定的であり、任期の途中で解任した前例はなかった。本人の自発的な辞意がない限り更迭は困難であったのだ。

総理の指示を受けた仁杉総裁が国鉄本社に戻り、緊急の役員会を招集し、「全員の辞表を取りまとめるようにという総理大臣のご指示なので、皆辞表を出してもらいたい」と要請した。しかし、重役陣の中の何人かは「総理に言われて辞表を出すいわれはない」と反発、総裁は「いや私の気持ちでもある」とさらに要請、副総裁がそれを引き取って「今日一晩考えて、明朝の緊急役員会で改めて議論しよう」ということになった。副総裁は、その夜加藤六月代議士を訪ね、出処進退に対する意見を聞いた。技師長も、先輩であり、財界の首脳でもあった石川六郎氏を訪ねて相談をした。相談を受けた二人はともに「すでに賽《さい》は投げられているのだから従った方がよい」という意見だったと聞く。

翌朝の役員会では、まず副総裁、技師長が辞表を提出し、残る一一人も結局はそれに倣《なら》ったのだった。国鉄の分割民営化という前人未踏の難事業に取り組む次の総裁が、自分の判断でチームを選ぶべきだ。そのためには、とりあえず全員が辞表を出して、新総裁に進退を委ねるべきだ。そう言われれば、拒否するのは困難だっただろう。

後任の杉浦喬也氏の名前は、六月二一日、仁杉総裁の辞意表明に間髪を容れない形で挙がり、直ちに就任の意向が伝えられた。杉浦新総裁の就任は六月二五日。全てが電光石火と言ってよいほどの素早さだった。杉浦氏はすでに五月頃に総理から内々に要請を受け、応諾を表明していたのだという。就任にあたり杉浦氏は「国鉄分割民営化を推進する」決意を表明するとともに、「重役の辞表については、全員と面接し、ともに分割民営化に取り組んでくれる人は慰留する」の二点を表明した。

結局、仁杉総裁のほかに六人の辞表が受理され、更迭になった。仁杉総裁と筆頭理事の二人は分割民営化賛成だったが、社内をまとめきれなかった責任を取った形だった。それ以外は、いずれも「基本方策」の策定を主導し、国鉄再建監理委員会に対決しようとしていた分割民営化反対派の人々であった。

林次長から聞いたところでは、誰を更迭すべきかについて、中曾根総理は瀬島行革審委員と後藤田総務庁長官に諮ってすでに結論を決めてあり、杉浦氏はその線に従って更迭人事を行ったのだという。後藤田長官は中曾根総理に対し、総裁に加えて分割反対の首謀者である副総裁と労務担当常務理事を更迭すれば足りる、いたずらに数を増やしても世間の耳目を集めるだけで得るところはない、要諦のみを押さえることが得策と助言したという。

これに対し瀬島氏は、世間の反応は三名でも七名でも大差ない、決断するなら中途半端ではなく徹底した方がよいと論じたとのことであった。私が瀬島氏を訪ねたのはちょうどその頃だったのだ。結果として総理は瀬島説を採り、それは正解だった。三人だけの更迭であったら、分割民営化は成し遂げられなかっただろう。後藤田氏と瀬島氏のこの意見の差は、警察官僚と陸軍参謀という、それぞれの職業的気質を映しているようで興味深い。

形勢観望する国鉄内部

杉浦新総裁の就任が報道された二二日の土曜日、人事について早急に新総裁に献策する必要があるので相談したいという連絡が、国鉄再建監理委員会事務局の林次長から私に入った。

「新総裁が速やかに主導権を確立できるか否かは就任直後の人事にかかっている。まず確固不動の決意を示し、内部にくすぶる無言の抵抗、お手並み拝見ムードを払拭する必要がある。更迭された理事の後任人事とそれに連なる局長人事は速やかに断行し、本社内に明確なメッセージを発信しなければならない。実務の要諦である秘書、文書、主計の三課長も改革派に置き換える必要がある。彼らが守旧派に任命され、忠誠を誓ってきたことは周知のことだ。表だって新総裁に刃向かうことはないとしても、直ちに掌を返すことはあり得ない。それを放置すれば総裁の決意と力は全組織から甘く見られる。彼らの存在自体が分割民営化に対するサボタージュなのだ。最初の気合いが大切だ」

林氏の問題意識には全く同感だった。直ちに連絡を取り、改革グループの主要メンバーを招集した（改革グループというのは、国鉄首脳人事の刷新を総理大臣に進言すべく建白書に署名した井手氏、松田氏、私と、さらに若い年次の一〇人のことを指す。後に引用する橋本龍太郎行財政調査会会長を囲む懇談会、『伏龍会』メンバーも同一である)。

国鉄本社はまさに混乱状態で、「このまま行くと国鉄は運輸省の植民地になってしまう。まず運輸省から三〇人くらいの『進駐軍』がやって来て要所を押さえるだろう。次に国鉄からは四〇人くらいが省の下働きとして徴用される。三人組のせいだ」などという流言がもっともらしく語られていた。

そして、「たとえ総裁は運輸省から来たとしても、実務は国鉄陣が結束して守らなければならない。何よりも大切なのは、重役の更迭によって損なわれた国鉄人の一体感を回復することだ。そのためにも、これ以上の人事異動、特に課長クラスの人事はすべきではない」というムードが淀んでいた。沈みつつある船を救うために死力を尽くさなければならないときに、多くの人々の関心は内部の人間関係と自己保身に向けられていたのだ。

杉浦総裁がどれほどの決意で分割民営化に取り組むのか、どのくらい強力なのか、政府・与党の支援態勢はどれほど不動のものなのか、マスコミ、世論の受けはどうか、全てが未知数な中で、人々の姿勢は、自然と形勢観望に傾いていた。

秘書役を誰に――最初の分岐点

「今、最も緊急を要するのは秘書役を旧体制派に取られないことだ。運輸事務次官経験者とはいえ、新総裁には国鉄内部の生きた情報は皆無と言ってよく、誰がそばにいて解説し、取り次ぎ、日程やスケジュール管理をするかによって、仕事の進め方は大幅に変わる。かつてスト権ストで世論の批判を浴びたあと、大蔵事務次官経験者の高木文雄氏が総裁に就任した際、彼のアキレス腱は労務問題であると考えた国鉄職員局は、労働問題について職員局の意向を十分解説できる人材をいち早く秘書役につけ、職員局が考えた通りの労務政策へと高木総裁を誘導した。高木総裁に対する成功体験から、旧体制派は必ずや秘書役を押さえにかかるだろう。それが真っ先に行われる人事だ。彼らは幹部人事を所掌する秘書課長を押さえているのだから、今ごろすでに何か提案しているかもしれない。週末のうちに我々の意見を述べるべきだ」

林次長の提案に異を唱える者はいなかった。更迭された重役陣の後任をそれぞれ誰にするか、どうしても更迭しなければならない局長、課長と、充当すべき適材などについて案を作り、一枚のメモにまとめた。

「事は急を要する。六月二五日の着任を待っていたのでは手遅れになる。今週末が勝負だ。自分からも言う。また、自分と運輸省同期で国鉄出向経験のある川口順啓関東運輸局長も杉浦総裁とは遠慮なく話し合える仲なので、『週末にも杉浦邸を訪ねて国鉄内部の情勢と、人間模様について説明するつもりだ』と言っている。しかし、それとは別に国鉄内部の誰かが直接耳に入れることが絶対に必要だ」。林氏が言う。それも「自分や川口からの口添えで会いに行くのでは、同工異曲と映るから、全く独自の動きとしてやるべきだ」と言うのである。

本来であれば、後任の理事や局長たちが進言すべきである。ところが、それらの人々は「基本方策」に異を唱えなかった人々である。事の急展開に驚き、固唾をのんで見守るばかりで、とても果断な進言など期待できない。我々がそれらの人々を飛び越えて、未だ着任していない総裁にいきなり直訴するのは、平時であればとんでもないルール違反。いくら非常時だからと言っても逆効果となりかねない賭だ。しかし、リスクを覚悟でやらざるを得ない。いざとなれば同じ杉並区に住まいのある私自身が訪問し、進言する決心だった。とは言っても、差しで話したことが一度もない者が突然現れるよりも、自然に会える立場の者がいればその方が望ましい。そんな者がいるだろうか。いろいろ検討した結果、松田氏がベストという結論になった。

松田氏は運輸省鉄道監督局財政課に課長補佐として出向していたことがあり、そのときの課長が杉浦総裁であった。最も自然な形でコンタクトができる。北海道にいる松田氏に急いで来てくれるよう電話をした。彼はＪＡＬの最終便で夜遅く東京に着いた。

翌日、松田氏は一二時から約一時間、杉浦新総裁と下高井戸の私邸で面談し、前日に用意してあった一枚のメモにしたがって進言した。一三時半ごろ話を終えた松田氏と私は荻窪駅前の喫茶店で合流した。記憶に新鮮な新総裁とのやり取りを松田氏が再現し、私がその一部始終を説明メモの余白に書き取った。余白と裏面にびっしりと書き込まれたやり取りのメモは、一部悪筆のため判読しにくいが、読み直してみるといまだに当時の脈動を伝えている。

杉浦新総裁が松田氏の進言を喜び、熱心に聞き、いろいろと質問をする様子が薄れかかったコピーから生き生きと蘇ってくる。総裁の質問、感想、コメントを聞くと、林氏や我々と意見を異にする運輸省や、国鉄の現役やＯＢが、すでにレクチャーした影響を思わせるようなものも散見された。

予想に違わず、すでに我々よりも前に「秘書役は四一年度採用のＸ、四二年度採用のＹの二名のうちのどちらかを」という打診が秘書課長からきていた。その二人は「基本方策チーム」のメンバーだった人物で、年次から見て、旧体制が推薦するならこれらのうちのどちらかだろうと我々が見当をつけていた、まさにその人物であった。たまたま日曜日で、返事をする前に松田氏からの話があったので、秘書課長の案は退けられ、我々が推薦した中の一人が秘書役に任じられた。まさに間一髪の滑り込みセーフである。そのとき我々が推薦した秘書役が現在ＪＲ東日本の会長となっている大塚陸毅《おおつかむつたけ》氏である。

爾来、一九八七（昭和六二）年四月一日の分割民営化、ＪＲ発足までの間、大塚秘書役の果たした役割は大きかった。総裁と改革グループの信頼関係が急速に不動のものとなり、随時機動的に施策の意思決定が行われ、迅速に実行できたのは、彼の貢献に負うところが大きい。

次に行われたのは、更迭された重役の後任人事であり、それに続いて、必要最小限の後任補充人事が行われた。

改革推進人事の難渋

しかし、秘書、文書など実務の要となる課長は、分割民営化反対派の重役が任命した者たちがそのまま残っており、国鉄全体が分割民営化に向かって力を合わせるというよりは、事の成り行きを観望している状況だった。公共企業体を存続させ得ると考える者は、さすがにいなかったと思う。しかし、民営化まではよいが、分割は反対というのが大多数の本心であり、せいぜい譲っても「基本方策」の線、すなわち「出口論」としての分割までだった。そして、国鉄の分割民営化が答申通り実現するとは誰も考えていなかった。「紆余曲折は避けられない。労使の場、政治の場での大幅な妥協修正は必至だろう。先走らず様子を見よう」。

このような心理状況にある人々の関心事は、もっぱら国鉄内部、特に杉浦新総裁がやろうとしている社内人事に集中しており、「国鉄内部が真っ二つに割れるようなことだけは避けねばならない。だからこれ以上の人事異動は避けるべきだ」という論法で抵抗姿勢をとっていた。

彼らが言葉を換えて主張していることの本質を一言で言えば、「改革グループを主要ポストにつけるな」ということでしかなかったし、物陰からその糸を引いているのは、分割民営化に反対する国鉄の幹部やOBたちだと思われた。この時期、杉浦新総裁と改革グループの信頼関係は醸成途上だった。したがって、情勢の判断や打つべき施策の吟味、それらの総裁への進言は、林次長と密接な連絡を取りながら慎重に進めることにしていた。

林次長と我々が相談して推薦した新しい役員たちは、おしなべて揺り戻しを恐れて萎縮しているのか、さもなくば冷ややかにお手並み拝見を決め込んでいるのか、もっぱら受身の対応が多く、総裁の失望を買うとともに、改革推進の困難さを印象づけることになった。改革グループの若手の中にも「主要課長まで更迭するならついていけない」と口走った者がいた。改革派も全てが一騎当千というわけではなく、年次の若い者の中には逆艪《さかろ》をつけながら、おそるおそるついて来た者もいたのだ。

旧体制の常務理事七人はしばらく顧問として残っていたが、後任の役員が発令になると、ほどなく去っていった。その中の一人が退任挨拶に来た。「これから、お手並みをとっくり見させてもらうからな。今までの、井手や松田やお前のやってきたことは、先鋒・前衛部隊としての活躍であり、これはもう立派なものだと思う。しかし、これからは本隊として全体を仕切っていかなければならない。どこまでやれるか、俺はじっくり見させてもらうぞ」と言った。口惜しさがにじんでいた。「やれるだけやってみるだけです。自信があるわけではないけれども、他に選択肢はありません。見ていてください」と答えた。彼の言葉の中に、多数の者の気持ちが凝縮されていたように思う。全員がお手並み拝見の気持ちで見ていた。

最初の人事異動で、地方局に飛ばされていた改革派数名が本社に戻された。井手氏が東京西鉄道管理局長から、言わば「令外の官」である総裁室審議役に発令になり、第一段階の人事が終わった。旧体制派の抵抗と改革推進人事を行おうとする総裁の力の均衡を示す人事だった。北海道から松田氏が戻るのは一一月になってからである。

井手氏を東京西鉄道管理局長から本社総裁室審議役に異動する人事を、本人からの申し出により白紙に戻そうとした元副総裁の説得工作などは、当時の国鉄内部の空気を示す好例である。

もともと六月二二日に林次長と井手氏以下で作成した基幹人事の原案では、井手氏は労務担当の常務理事となっていた。しかし、新たに任命された重役陣が逡巡し、旧体制の残した秘書課長が国鉄本社の空気を背にして抵抗したため、とりあえず総裁室審議役という役職を新設して本社に戻し、「再建実施推進本部」の事務局長とする苦肉の策を、杉浦総裁がとった経緯があった。杉浦体制の威信を失墜させないためにも絶対に譲れない一線だったのだ。

元副総裁は、人格が温和でバランスを重視するタイプである。改革グループの主要メンバーと同じ予算部門の経験者だったので、形勢が我々にとって著しく重苦しかった期間中も、改革グループとの夕食会を定期的に行い、話に耳を傾けてくれていた。逆もまた真なりで、人事刷新後は旧体制の立場にも配慮し、新旧体制の宥和に努めることになった。新総裁が決まって間もないある日の夕食会に早めに顔を見せた彼が、幹事役の私に、「今日はどうしても井手君と二人だけで話さなければならないことがあるので、二人で席を中座する」と言う。井手氏は未だ来ていなかった。彼が秘書課長からの依頼で井手氏を説得しようとしていると察した私は、井手氏が会場の入り口に顔を見せたとき素早く手洗いに立つ振りをして井手氏を廊下に誘い、打ち合わせを行った。

「今日は席を中座して、副総裁と差しで話す予定になっているそうですね」

「そうなんだ。彼から電話で二人だけで話したいと言われた」

「多分、井手さんの本社復帰人事を辞退せよと説得するつもりでしょう」

「俺もそう思う」

「私には彼の言うことが聞こえてくるように感じられる。彼はこう言うでしょう。『今一番大切なことは国鉄内部の気持ちが分裂したり、対立したりしないようにすることだ。仁杉総裁以下七人が更迭になっただけでも人心は揺れている。これ以上の人事はやるべきでない。井手さんは改革派のシンボルだ。総裁は本社復帰を望むだろう。しかし、国鉄人の結束を思うなら、自分は現場の側から改革を支援することこそ本望だと言って、本社復帰を固辞すべきだ。そうすれば総裁も諦めざるを得ないだろう。それこそ国鉄内部の人心を安定させる道だ。そしてそれが君自身のためだ』、そんな程度の口説きを言うことになるでしょう。旧体制派は井手さんに本社に来て欲しくない。かつて直属の上司だった人物から辞退せよと言われれば、井手さんは断りにくいと踏んでいる。だが、井手さんの人事には杉浦さんの威信がかかっている。シンボリックな人事だからこそ、井手さんはどうしても本社に来なければならない。絶対にウンと言わないで下さい」

「わかっている。総裁のご意志に全て任せると答えるつもりだ」

二人で予想した通りの展開になり、もちろん、井手氏はそれを拒否した。

2　国鉄再建監理委員会、答申を提出（一九八五年七月）

第一次の人事異動が行われて一カ月ほど経った一九八五（昭和六〇）年七月末に、国鉄再建監理委員会の答申が中曾根総理大臣宛に提出された。それは、第二臨調以来、我々が検討を積み重ねてきた内容をおおむね反映したもので、予想に沿ったものとなっていた。概要は次の通りである。

分割の考え方

本州を、①首都圏の都市鉄道網を基軸に東北・上越新幹線と東北・上信越地方の在来線を組み合わせた会社、②東海道新幹線を軸に中部圏の在来線ネットワークを組み合わせた会社、③近畿圏の都市鉄道を基軸に山陽新幹線と中国地方の在来線を組み合わせた会社、に三分割し、これに北海道、四国、九州の三島をそれぞれ一会社として合計六旅客鉄道会社に分割する。本州三社の在来線は、路線または路線の一部（線区）ごとに、その旅客流動の方向を見極めて一体的な鉄道ネットワークを形成するように、帰属すべき会社が書き込まれていた（巻末の三五四～三五五頁に掲載の図表1－2「六地域会社への分割路線図」参照）。

在来線は全ての設備を旅客会社に帰属させるが、四新幹線の地上設備は「新幹線保有機構」

を設け、保有させる。

貨物輸送は全国一体の鉄道貨物会社として分離・独立させ、車両、駅などは自社保有とするが、線路は旅客会社との協定に基づき旅客各社が所有する線路を使用して列車を運行する。

以上の七社は、それぞれがおおむね収入の一％程度の経常利益を計上できるように収益を調整する。

収益調整の仕組み

ＪＲ本州三社間の収益力の格差は、東海道、山陽、東北・上越各新幹線の資本費負担の不均等にほぼ対応する額となっている。したがって、東海道新幹線が東北・上越、山陽新幹線の資本費負担を一部肩代わりするという形で収益調整を行うこととし、そのための仕組みとして「新幹線保有機構」を設置する。新幹線保有機構は四新幹線の地上設備を保有し、その時価（一九八七年四月）に見合う国鉄債務を承継する。債務は三〇年間の元利均等償還で返済するものとし、それに必要なリース料をＪＲ本州三社から徴収する。それぞれの新幹線の収益力（輸送量実績などから想定）によりリース料の総額を比例配分して、ＪＲ本州三社のリース料負担額（負担債務額に対応）を決める。各新幹線の時価と各社が支払うリース料に見合う負担債務額の差が、会社間の収益調整額となる。収益調整の目標はそれぞれの経常利益が収入の一％程度となるように行う。

三〇年で債務を完済した後は「新幹線保有機構」は新幹線設備を各社に譲渡して解散する。その間、地上設備の維持更新投資は新幹線を運営する旅客会社がその負担で行う。

JR三島会社については必要な「経営安定基金」を各社に与え、その運用利益で収入を補って、黒字経営を担保する。

貨物会社については、旅客会社の線路を借用する際の線路使用料を、理屈のつく限り低く抑えることにより負担軽減し、黒字を維持する（新幹線リース制度については第5章で詳述）。

累積債務対策の枠組み

一九八七（昭和六二）年度初の国鉄自体の債務は、累積二五・四兆円となる。鉄道建設公団（鉄建公団）の債務（上越新幹線、青函トンネル、本州四国架橋などの建設費相当）五・二兆円、年金負担の積み立て不足額四・九兆円、北海道・四国・九州三社の経営安定基金など分割民営化移行に際して必要な施策費一・八兆円、合計して一一・九兆円を国鉄関連債務として加え、総計三七・三兆円を一体処理する。

そのうち、JR本州三社が承継する在来線資産と新幹線車両の簿価総額に相当する債務（五・七兆円）、新幹線保有機構が承継する新幹線地上設備の時価総額相当の債務（八・五兆円）以外の部分は、分割民営化と同時に設けられる国鉄清算事業団が引き取り、国鉄の余剰土地（五・八兆円）、JRの株式（〇・六兆円）を資産充当し、なお残る部分（一六・七兆円）を国

（図表１－３）国鉄債務処理フレーム（単位：兆円）

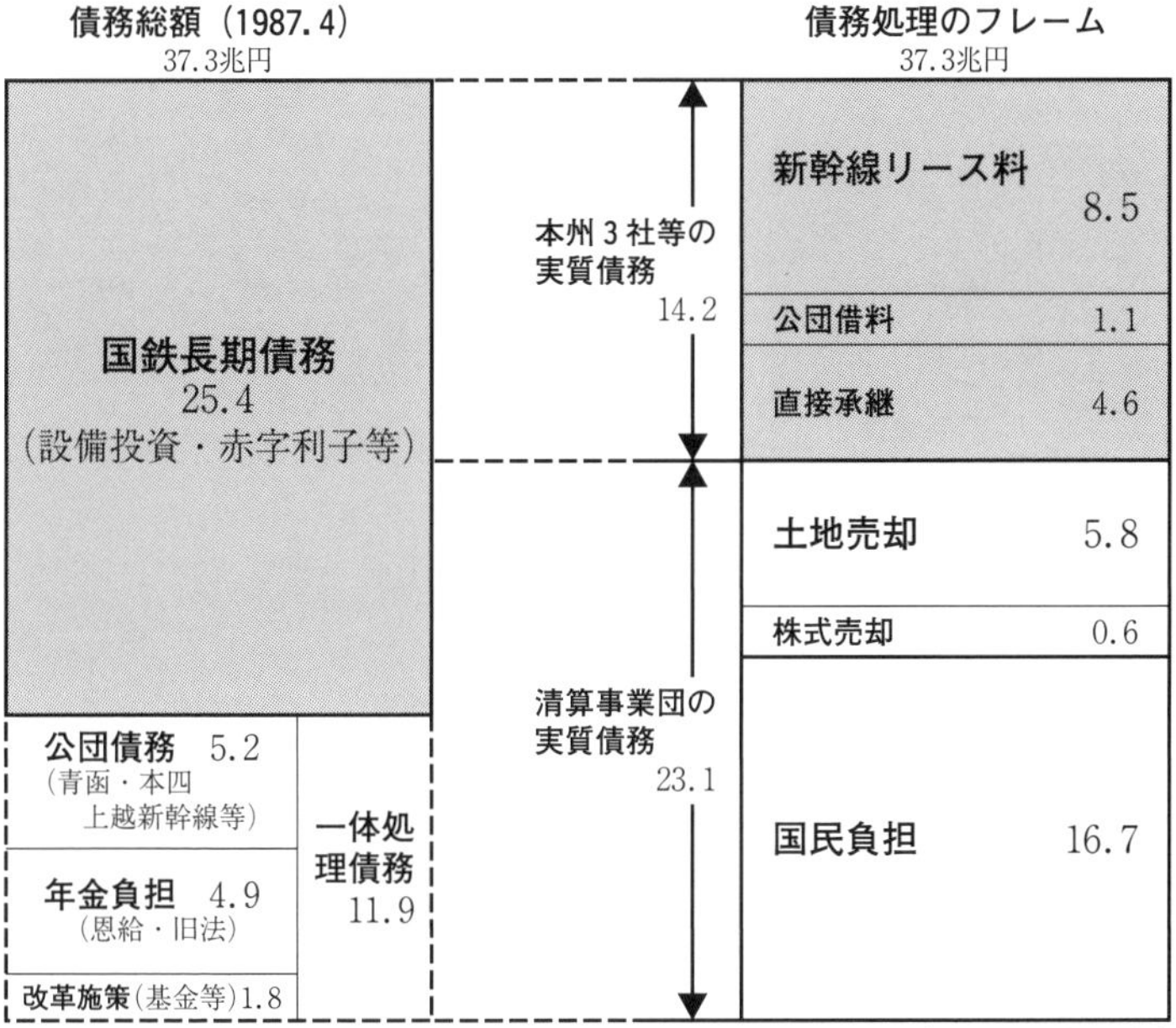

出典：国鉄再建監理委員会答申（1985年）

民負担とする（図表１－３参照）。

余剰人員の雇用対策の枠組み

　ＪＲ全体の適正要員規模は一八・三万人。採用停止の継続により国鉄最後の日である一九八七（昭和六二）年三月三一日の全国鉄の現在員数は、二七・六万人まで減少する。したがって、適正要員数に比し九・三万人が余剰となる。

　そのうち、ＪＲで引き続き抱えるべき余剰人員三・二万人、国鉄関連企業が採用する者二万人を除くと雇用の斡旋を受ける者は四・一万人となる。これを対象に総理大臣が本部長となる「国鉄余剰人員雇用対策本部」を設置し、政府を挙げて雇用対

（図表1－4）余剰人員の雇用対策

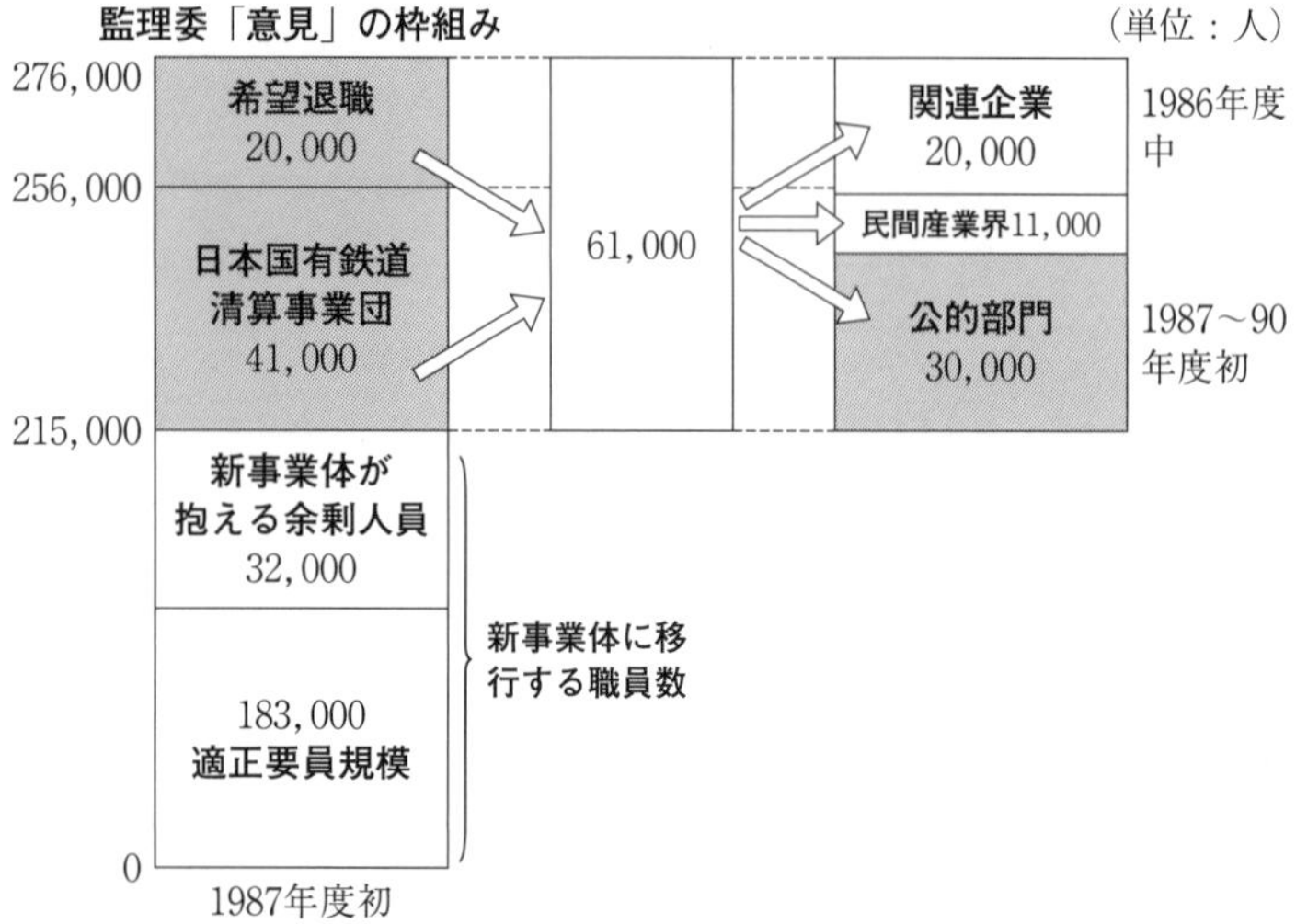

策に取り組み、ただ一人の労働者も路頭に迷わせないようにする。四・一万人のうち三万人は政府、公共機関、一・一万人は民間企業が採用する。国鉄期間中に採用の決まらない者は、国鉄清算事業団で三年の特別対策期間中に雇用斡旋を継続する。JRと公的部門に採用となる者は、勤続年数を通算する。それ以外の者で国鉄期間中に若年退職する者は、希望退職による割り増し退職金を支払う。その数は二万人を目途とする（図表1－4参照）。

「国鉄清算事業団」を設置して、過去債務の処理、余剰人員に対する雇用対策など国鉄の清算業務を行う。

　私は、これら国鉄再建監理委員会答申の概要は、ほとんど事前に知っていた。国鉄再建監理委員会が発足した直後から、国鉄再建監理委員会の座長である加藤寛慶應大学教授を、非公式にサポートする勉強会が発足した。定例メンバーは、第二臨調第四部会の主査を務めた田中氏、同じく第四部会の専門委員で旭リサーチセンター専務の山同陽一氏、時事通信の屋山氏の三氏と、松田氏に私の五名。慶應義塾大学の東門近くにある加藤教授のゼミナール室に国鉄再建監理委員会が行われた日の夕刻に参集した。

委員会の資料、議論の要点について加藤座長から説明があり、意見を求められた。その場での議論を聞きながら、加藤座長は委員会のまとめ方を構想していたのだと思う。このため答申の内容は事前にわかっていた。旅客六社の分割案は一九八一（昭和五六）年、私が第二臨調担当調査役として着任してすぐ、少人数の非公式研究会をスタートさせた時点で描いた分割方式と基本的に同じであった。ただ、なぜ客・貨一体のものとして地域分割されなかったのかは不可解である。

委員会での議論は経済合理性、市場の合理性を前提としながらも、国会での審議、地域住民の反発、マスコミの反応などを考慮に入れて政策的配慮を加えていた。国会審議を経て決定するということの性格上それもやむなしというのがサポートグループの認識だった。新幹線保有機構によるＪＲ本州三社の収益調整は、最終段階で突然浮かび上がったのだが、それには全員が反対だった。その理由とそれがもたらした弊害については、後に詳しく述べる。

「ただ一人の国鉄労働者も路頭に迷わせない」という手厚い余剰人員対策が答申に盛り込まれた背景には「国鉄経営問題は労務・要員問題であり、労組対策である」という国鉄再建監理委員会の認識があった。

ここで、本書の主題である「国鉄の分割民営化」実施の背景として、国鉄の複数の労組の生い立ちとその体質、労使の関係、労組相互間の労労関係などについてごく簡単に解説しておきたい。

国鉄の主要三労組の生い立ちと体質

国鉄発足から終焉までの約四〇年間、経営の最大の課題は労組対策であり続けたと言ってよい。国鉄が独占的なシェアを占めていた時代は、ストライキによる輸送の停滞は国民生活、経済活動への深刻な打撃を意味したので、ストの回避、抑止が国民的な関心事項であった。経営が悪化の一途をたどった一九六〇年代後半から国鉄の終焉までの約二〇年間は、要員効率化の推進が緊急の課題となったが、国労・動労は、いつもその最大の阻害要因であった。

国鉄の主要な労組は、国鉄労働組合（国労）、国鉄動力車労働組合（動労）、そして鉄道労働組合（鉄労）の三組合で、最大の国労が全組合員の七〇%、動労と鉄労はそれぞれ一二〜一三%程度を組織していた。

国労が組織されたのは一九四六（昭和二一）年である。敗戦直後の混乱期をすぎ、穏健な民同（民主化同盟）グループの主導権が確立されて以降、国労は一貫して国鉄当局にとって労務対策の主軸であり続けたが、民同もまた労組の常として次第に左傾化し、社会党支持、容共的体質を強めていった。

動労は一九五一（昭和二六）年に国労からエリート意識の強い職能集団であった機関車運転士、運転助士などの運転関係職員が分裂して組織した組合である。当初の動労は、穏健で非政治的な職能組合であった。

鉄労の誕生は民同左派が国労の主導権を握り、政治ストライキを頻発させたため世論の批判を浴びたことを端緒とする。一九五七（昭和三二）年の新潟闘争に嫌気がさした国労内の穏健派（民同右派）が分裂して「新国労」が誕生し、各地の国労内部の批判勢力が合流して鉄道労働組合が組織された。しかし、それは当時の社会党と民社党の勢力関係を反映して大きな流れとはならなかった。

鉄労は経済主義を謳い、自由主義体制のもとで交渉により労働条件の改善を獲得することを目標としていた。上部機関は民間労組を主体とする同盟であり、支持政党は民社党だった。

国労、鉄労は全職種を網羅する労組であったが、動労の特色は職能性にあった。

国鉄の昇進経路では運転士は相対的に上位に位置づけられ、その養成には最短七年を要した。国労・鉄労の場合は、それまでの期間は駅務や車掌などを経験する道がありえる。ところが、動労の場合は国労のような「苗床」がない。国鉄では、動労の事情を配慮して運転士の養成コースを設け、車両の検査修繕職場だけが後継者確保の「苗床」となる制度としていた。しかし、それでも動労にとって組織の維持、拡大は容易でなく、それを補うに鉄の規律と団結をもってせざるをえなかった。もともとは穏健なエリート組合だった動労が、行動的で団結力を誇る鬼の動労になっていった要因の一つはここにあった。

国鉄労使関係の二つのアキレス腱

国鉄の労使関係のアキレス腱は二点あった。その一点目は、公共企業体等労働関係法（公労法）に由来する。国鉄は日本電信電話公社（電電公社、現在の日本電信電話株式会社：NTT）、日本専売公社（現在の日本たばこ産業株式会社：JT）とともに公共企業体という特殊な経営形態をとっていたが、公共性の強いこれら三事業の労使関係は、民間労組とは異なり、公労法により律せられていた。

公労法の第一七条は三公社の職員に対して団結権、団体交渉権は認めていたが団体行動権すなわちスト権は認めていなかった。私権は公共の福祉の制約を受けるという憲法の規定に基づいた制限である。これに対して国労・動労はスト権の奪取を目標として掲げ、違法な政治闘争を繰り返したのである。

公労法では違法なストライキに参加した者は解雇するという罰則を定めていた。厳罰主義で臨み、ストを抑止しようという意図であったが「解雇」か「おとがめなし」かという二者択一的懲戒規定は次第に実効性を失った。

ストに参加した全員を解雇することは現実的でなかったため、当局はその首謀者のみを公労法で解雇し、その他の参加者に対しては日本国有鉄道法による規律違反として、より軽微な罰則を科するほかなかった。その結果、はじめのうちは心理的抑止力を持っていた公労法による解雇は、ストが繰り返されるうちに次第に「狼少年」化していったのである。

二点目のアキレス腱は国鉄の予算制度であった。国鉄も含めた公共企業体の年度予算は国家予算の一部とされ、国会の議決を経なければならなかった。そして、その予算の中に経費の支出総額、給与総額、設備投資の総額、財投借入額が明示されていた。

労使関係の最重要事項は、賃金の決定であるが、国鉄経営陣にはその権能が与えられていなかったのである。一般の経費は予算で認められた支出権総額の範囲内で弾力的な流用が可能であったが、給与総額を流用で拡大することは禁じられていた。

予算に定める給与総額は過去の実績から想定したものであったから、高度成長下でインフレ傾向が常態化している中では常に過小想定となり、経営者には妥当な賃金を主体的に回答する権能がなかった。経営側に賃金決定能力がなく、組合側にストライキ権がないことに対する救済措置として公共企業体等労働委員会（公労委）による仲裁裁定制度が定められていた。

公益、使用者、労働者をそれぞれ代表する委員により構成される委員会が労使いずれかの要請に基づき、法的拘束力を持つ仲裁裁定を出し、それに基づいて給与総額が増加される仕組みである。仲裁裁定による賃金の内容は民間を標準として決められることが慣例化し、国鉄時代を通じて賃金改定の必須のプロセスとして機能し続けた。

経営状態の良好な時代は国鉄も国鉄の労組も当事者能力、すなわち自立的賃金決定能力の付与を求めたが、経営が悪化すると賃金確保の防波堤として労使一致して仲裁裁定制度の温存に方向転換した。電電公社、専売公社など経営の良好な公共企業体の労使が、最後まで当事者能力にこだわったのとの対比は興味深い。

この二つのアキレス腱は職員に対する経営の威信を傷つけ、一般の職員を国労・動労の政治的な労働運動にいっそう追いやる結果となった。さらに、賃金が経営状態と関係なく、民間企業の水準を参考にして他動的に定まる慣習が定着するにつれ、国労・動労の運動は「賃金獲得」ではなく「勤務の緩和」を成果とする方向に動いた。勤務がルーズになり、効率が悪ければ悪いほど組合員の数は増加し、組合費は潤沢になる。賃金は経営が良くてもそれを反映して増えることはなく、悪化しても減少しない。国鉄が不沈艦ならば非効率こそ組合の利益である。「数は力だ」という気風が次第に蔓延し、職員の心を毒していった。

動力近代化反対闘争と生産性向上運動の挫折

労使関係が極端に悪化したのは一九六七(昭和四二)年から六八年にかけての反合理化闘争からである。電化、ディーゼル化が進むにつれ、蒸気機関車時代には不可欠だった機関助士が不要になった。また、ボイラー用の水と石炭を補給するために五〇～一〇〇キロごとに設置されていた動力車基地も不要になっていった。国労・動労はこれに伴う要員効率化に対して激しい反対闘争を繰り広げ、スト・サボタージュを連発した。

結果として国鉄経営側は、車種（電気機関車、ディーゼル機関車、電車、ディーゼル車）や、列車種別（特急・急行・普通旅客、貨物）ごとに、運転士一人の一継続乗務キロまたは時間を変え、また長距離列車には二人乗務を残すなど、大幅な妥協を余儀なくされることとなり、動力近代化による要員の効率化は相殺されてしまった。そして、経営が悪化する中で国労・動労との関係は険しいものになっていった。

一九六九（昭和四四）年、磯崎叡《いそざきさとし》氏が総裁に就任するにあたり、佐藤栄作総理から規律を正し、合理化を徹底し、企業らしい経営を行うよう指示を受けた。生産性向上教育はそれを受けて始められた。民間企業の労使関係は、一九五〇年代から六〇年代にかけて逐次、階級闘争路線から経済主義に転換していた。国鉄も民間労組の民主化運動を指導した日本生産性本部に職員教育を依頼し、民間に見習おうとしたのである。

一九七〇（昭和四五）年四月から教育が始まると、反合理化、職制麻痺を目指す国労・動労の運動に批判的であった多くの職員の間に共感が広がっていった。国労・動労を脱退する者が相次ぎ、民間型の労使関係の実現はあと一歩に見えた。

これに対し、国労・動労はマスコミと野党を動かして反撃を試み、いくつかの行き過ぎを不当労働行為として訴えることにより、生産性向上教育を政治問題化することに成功した。折しも沖縄返還条約が国会審議中で、しかも任期終了を間近に控え、佐藤内閣の指導力は低下していた。

磯崎総裁は一九七一（昭和四六）年一〇月、不当労働行為について国会で陳謝し、生産性向上教育の中止を明らかにした。沖縄返還の邪魔にならぬようにという政府・与党の思惑をおもんぱかり、また折から始まろうとしていた第二次再建計画の審議の円滑を期待して、マスコミと野党に譲歩したためと推量される。結局、沖縄返還は国会を何とか通過したが、国鉄の運賃値上げまで通過させる力は佐藤内閣にはなく、値上げ法案は廃案となった。

生産性向上教育の中止は、その趣旨に賛同し、国労・動労批判を鮮明にしていた善良な職員、管理者を見捨て、孤立させることになった。現場が失敗のつけを払わされたのである。本社や鉄道管理局の上層部への信頼は失われ、経営側の一体感は希薄化した。

経営側の力が弱体化する一方で、国労・動労も組織内での下克上が進展し、下部の突き上げに対して本部や地方本部は統制力を失っていった。

国労では社会主義協会派と共産党系の職場支配が強まり、動労では従来の指導部だった労働運動研究会（労運研）を、政策研究会（政研）グループが駆逐して指導部を掌握することになった。生産性向上運動の失敗による経営側の弱体化は、「鏡に映った組合指導部の姿」とも言える指導力低下と運動の過激化をもたらした。

そして利用者不在の反合理化スト、政治ストが常態化し、スト権ストまでの間（一九七二〜七六年）、要員の効率化は完全にストップした。

「組合の主張通りスト権を与えればよい」という考えを職員局が抱くようになったのはこの頃であった。公労法のスト禁止条項はすでに空洞化していた。職員局はむしろスト権を労組に与え、その代わりロックアウトのような経営側の対抗力を整備する方がよいとする方向に転換した。「違法ストを繰り返す組合にスト権を与えれば、彼らの違法な実力行使に屈服したことになる」という反対論は国鉄内にも政府にもあった。また、民間企業の労使関係が安定しているのはロックアウト権による抑止力の故ではなかったから、このような議論は組合に対する迎合的姿勢の見当外れなすり替えでしかなかった。

国鉄の労使癒着に対する批判が強まり、毅然たる労務姿勢、要員効率化の徹底、規律の回復を求める世の中の声が大きくなるのと反比例して、職員局は労組への心理的な傾斜を強めていった。強い労組は国鉄の利益を守る防波堤というような倒錯した感情を持つ者も現れた。外部からの経営改革の要請に対して、国鉄側は「そんなことをして国労・動労を怒らせ、交通が麻痺したらその責任は取ってくれるのですか」といったような恫喝《どうかつ》を頻発していた。

いずれにせよ国労・動労の積年のスローガンである「スト権奪還」に国鉄職員局が同調する形で政府、与野党への働きかけが行われ、政府内に「公共企業体等関係閣僚協議会専門委員懇談会」が設置され検討が進められた。ところが、この会議の検討過程で、皮肉にも後に具体化する「分割民営化論」が惹起されることになった。スト権を与えるならば国鉄は分割して民営化するべきだという論議がこの会議の場で提起されたのであった。一九七五(昭和五〇)年、三木武夫内閣時代のことである。

専門委員懇談会での議論のみでは事は容易に決着を見ないと判断した国労・動労は、最後の一押しとして実力行使に訴えることを決意した。時の三木内閣はいわゆるハト派で、労組に対しても野党に対しても、宥和的色彩が強かった。ストライキでもう一押しすれば、一日か二日以内に三木総理はストを収拾する代償として、スト権付与の方針を明らかにする意向であると職員局も国労・動労も判断していた。国労・動労が他の公社の組合を牽引する形でスト権奪取ストが始められた。一九七五年一一月二六日のことであった。

スト権ストと二〇二億円損害賠償請求訴訟

スト権ストが開始されると、国民世論は硬化した。与党内でも三木内閣の優柔で妥協的な態度に反発が噴出した。スト権ストは国民の足のハイジャックにより公労法の改正という政治的目的を達成しようとするテロリスト的な手法であり、断じて恫喝に屈するべきでないという論議が急速に力を得ていった。ストライキ権は労働組合の経済的要求を実現するための手段として与えられるものであり、スト権の付与という政治目的を達成するために違法ストを行うという行為は、それ自体に自家撞着を内包するものであった。

加えて三木内閣はすでに末期、いわばレイムダック状態にあったため、与党内の流れは組合にとことんストをやらせ、内閣の軟弱な態度に対する世論の怒りを背景に、三木内閣を辞職に追い込む方向で動いた。佐藤内閣の末期に国鉄当局による生産性向上運動が挫折したのと対照的であり、時の巡りを感じる。一日、二日と日が経ってもスト権付与の方針が出る気配はなく、利用者、国民の怒りは増し、自民党は硬化の度を強めた。

折しも第三次再建計画の一環として国鉄運賃の五〇％値上げと累積過去債務の一部である二・五兆円の棚上げが、一九七六（昭和五一）年度予算編成作業の中に織り込まれつつあった。「法外な負担を利用者、納税者に求める傍ら、違法なストライキでさらに迷惑をかける。しかも、スト権付与の問題は経営者の権能を超えている。それをストで奪取しようとするのは法治国家の常識を踏みにじるものだ。そのような暴挙に毅然と対処しない経営者も許せない」ということになり、国労・動労は何ら得ることなく八日目にストの中止を指令したのである。

生産性向上運動をつぶして勝ち誇った国労・動労が暴走して自滅したのがスト権ストであった。八日間にわたり国鉄の全線が麻痺したが、経済的混乱は起こらなかった。「国鉄が止まれば日本経済が大混乱する」という神話は、代替の輸送機関が整備されたことによりすでに風化していた。スト権ストはそのことを暴いて見せ、利用者と世論を敵に回しただけだった。労働組合は弱者であるという理解に立ち、伝統的に労組に同情的であったマスコミは、世論の動向を読み取るや一転して「国労・動労は許せない」「労組をここまで甘やかした経営陣も同罪である」という空気に変わった。スト権ストがもたらしたものは国鉄神話の崩壊であり、労組に対する怒りだけだったのである。

一九七六（昭和五一）年三月に総裁、副総裁が辞任、高木前大蔵事務次官が新たな総裁として赴任した。職員局の責任者も更迭となった。しかし、労組側には敗北の責任問題は起こらなかった。「八日間整然と戦って、整然と退いたことで組織の力を示した」と総括したが、誰の目にも負け惜しみとしか映らなかった。

当時、与党自民党の幹事長は中曾根氏で「国鉄当局は違法な政治ストライキの損害を労組に対して請求せよ」という要求が与党、政府から国鉄経営陣に突きつけられた。国鉄は労組との関係悪化を恐れたが正論に抗しきれず、一九七六年二月に国労・動労に二〇二億円の損害賠償を請求する訴訟を提起した。国労・動労の没落の始まりであった。

高木総裁の労組宥和戦略

高木新総裁は大蔵省出身であり、怜悧・有能な官僚であったが、統率型ではなかった。与野党を問わず政治の世界との人脈は定評があったが、労使問題は素人だった。彼は苦手な労組との鍔ぜり合いを避け、古巣の大蔵省から助成金をとることに注力した。

総裁は国労と蜜月関係を保持し、労使関係は着実に改善しつつあると主張する傍ら、「経営努力ではいかんともし難い政策的、構造的な赤字は、国が負担すべきである」と要求した。現実には現場の規律や労使関係は日に日に悪化していたのである。しかし、労使関係に問題ありと認めれば労務の改善と財政助成の二兎を追うことになる。そうすれば、まず自助努力として規律を正し、徹底的に要員の効率化を進めた上で政府の助成を要求せよと、大蔵省は突っぱねたであろう。大蔵省出身の高木氏はそのことを熟知していたのだと思う。労務と構造的欠損の二正面作戦を避け、構造的欠損のための助成金獲得に集中する総裁の作戦は効果的だった。

第二臨調の発足する一九八一（昭和五六）年度の助成金は、単年度で七三〇〇億円を超える膨大な金額にまで増加した。残るは国鉄の要員合理化と累積債務の切り離しであり、そのための手立ては分割民営化しかない。抜本的な改革に問題を絞り込んでゆく上では、高木総裁が労使問題を先送りし、まず補助金獲得に専心したことは大正解であったと言える。

このような経過を経て、第五次（廃案も含めれば六次）国鉄再建計画である「経営改善計画」が策定され、それを「第二臨調」が乗り越えて分割民営化の方向を打ち出した。そしてそれが「国鉄再建監理委員会」の答申として具体化されたのである。

3　内閣を挙げての推進体制（一九八五年八月）

答申を受けるとすぐに、中曾根内閣は国鉄改革推進の閣議決定を行い、「国鉄余剰人員雇用対策本部」を発足させるなど体制を整えた。総理大臣を本部長とし、副本部長には運輸大臣、労働大臣、自治大臣、総務庁長官と内閣官房長官を配した強力な布陣だった。

政府、国鉄が整えた体制

加えて、各省事務次官等で連絡会が構成され、実質上の事務連絡・調整・推進に当たることになった。改革の最大のネックは大幅な要員削減により生ずる余剰人員の雇用確保だったからである。運輸省、関係各省からの出向者で事務局が編成された。運輸省は大規模な人事異動を行い、法案提出など国鉄改革関連の業務を推進するための専門チームを編成した。

国鉄側も杉浦新総裁を本部長として「再建実施推進本部」と「余剰人員対策推進本部」の二本部を設置し、体制を整えた。経営計画室の長期経営計画担当を増強して再建実施推進本部の事務局とし、職員局職員課を余剰人員対策推進本部の事務局とした。事務局長はそれぞれ井手総裁室審議役と澄田《すみた》信義《のぶよし》職員局長（のちの島根県知事）で、職員課長である私は余剰人員対策推進本部の事務局次長に指名された。雇用対策の実働部隊として職員課内に雇用対策室が新設された。

政府も国鉄も体制は一応整えたものの、一年半後には国鉄が分割民営化されるのだという実感と緊張感は、未だ醸成されていなかった。国鉄本社の主要ポストのほとんどは、依然として反対派に占められており、さすがに表面立った反対は影を潜めはしたものの、隠微な形での総裁に対する抵抗はなお続いていた。

私自身の余剰人員対策推進本部事務局次長指定に際しても、それは実感された。ある日、筆頭理事のところに呼ばれて行くと、「余剰人員対策推進本部の事務局次長は職員課長である君にやってもらおうと思う。よろしく頼む。形の上では職員局長が事務局長だが余剰人員対策の実務は次長がもっぱら取り仕切ることになるだろう。大変な仕事なので事務局次長は二人制としようと思う。二人で協力してやってくれないか」と筆頭理事が口を開いた。大塚秘書役からそのような動きが秘書課長側にあり、総裁がそれでは駄目だと言っている旨の情報が入っていたので驚きはしなかった。

秘書課長の原案と総裁の意向の板挟みになった筆頭理事は、まず私の応諾を取り、その上で総裁を説得しようと考えたものと思われた。相方は一年先任の癖のない人物ではあったが、二頭立ての指揮体制など前代未聞、非常識きわまりないもので、絶対にうまくいくはずがない。改革の強力な推進などは二の次で、改革派による実務掌握を極力抑えて、内部の勢力均衡対策を優先しようとする当時の国鉄本社の空気を反映している。

私は「総裁のお考え次第。杉浦総裁に全てお任せします」と返事をしてその場を辞したのだが、この案は総裁の拒否で不成立となり、まともな形で作業が進められる一人体制となった。このような現実を見るにつけ、新総裁の直面している困難を実感し、緊張感が一層強まった。

「両本部連絡会」の設置

こんな有様の中で、日時は刻々と過ぎて行く。どうやったら強力な推進体制が作れるかを、日々思いあぐねた。本来であれば、実務者の要である主要課長の更迭人事を発動し、実務を掌握した上で、本社全体のムードを変えるのが正統的なやり方である。しかし、抵抗を排除するエネルギーや時間と、直ちに着手しなければならない課題の多さを考え合わせると、どう見ても間に合いそうもない。抵抗を排除するよりは、むしろ迂回しながら強い信念で結ばれた者だけで強力に改革を推進する仕組みを作る方が、現実的に思えた。そのとき閃いたのが、「両本部連絡会」による専決方式である。

「再建実施推進本部」の事務局長は総裁室審議役の井手氏であり、その下には改革派若手の経営計画室主幹、主任部員など改革派数名がスタッフとしてついている。「余剰人員対策推進本部」の事務局長は澄田職員局長だが、実務は事務局次長、職員局職員課長である私が掌握している。私の下では職員課山田佳臣総括補佐（現在、JR東海副社長）に松本正之雇用対策室長（現在、JR東海社長）、阿久津光志雇用対策室総括補佐（現在、JR東海専務）の三人が事務局の要を固めることになった（九月末に南谷《なんや》昌二郎労働課長が加わった）。

両本部とも本部長は総裁自身であり、国鉄分割民営化に関する緊急かつ重要な事務は、ほとんど全てこの両本部の担務に属していた。しかもこの時点では、国鉄本社の中でこの両本部だけが分割民営化の実現に全力を尽くす気概にあふれた布陣となっていた。この両本部の事務局と本部長である総裁が随時総裁室で打ち合わせ、国鉄改革に関する全てについて機動的に意思決定するというのが「両本部連絡会」の構想である。

そうすれば形勢観望を決め込む本社のムードを変える必要はない。必死の抵抗を排除してまで人事をいじる必要もない。人事、建制に手をかける手間を省き、既存の会議体には従来通り国鉄経営の日常、定例業務の全てを任せ、その代わり分割民営化に伴う緊急、特別の事項は二つの本部が総裁と直結し、機動的、戦略的に意思決定し、総裁の命令により各主管部局を動かして改革を推進する。

出席メンバーは総裁、秘書役と両本部の関係者のみに限定し、総裁の執務室を会議の場とする。総裁の執務室は手狭で、出席人数が自ずから限定されるからであった。「両本部連絡会」はまさに「令外の組織」であり、組織規程上はどこにも存在しない上に、権限は何もない。ただひたすらに、総裁の意志と権限のままに動く手足のようなものである。それが機能するか否かは、ひとえに総裁の意志と、それに応えるメンバーの決意・能力にかかっているのだから心配はない。そう思い至ったとき、目前を閉ざす霧が晴れたような思いがした。

総裁に具申したのが八月の末。筆頭理事は板挟みの心労が重なって風邪をこじらせ、新宿の中央鉄道病院に入院中だったので、病院まで説明に行った。頭脳明晰、細心な彼は、私の出した両本部連絡会構想のメモを一読して意図を理解したようだった。「秘書課長と文書課長はできるだけメンバーに入れてやってくれないか」と言った言葉にそれが感じ取られた。「総裁にお伝えします」と言って帰ってきた。

この会議の眼目は従来の組織、会議体をバイパスして機動的に決定し、迅速に実行することにあったのだから、妥協の余地はあろうはずもなかった。総裁は直ちに了解、両本部連絡会は機能し始めた。意思決定は迅速化し、重要事項の保秘は飛躍的に改善された。

それまで、国鉄の意思決定は幾層にも重なる会議体を通して行われていた。まず会議体に付議するテーマに関係する部局の担当課長補佐が集まり、関係補佐会で整理をする。その後、定例会議として総括課長補佐会議、総務課長会議、局長会議、常務理事会といった順番で上がっていく。テーマによっては役員会や理事会に付議することもある。一件の決定に最低でも二カ月以上はかかるのが常識であった。会議体は横に広い構成となっており、少しでも関わりのある部局は全て顔をそろえる仕組みとなっていた。責任を全体に均霑《きんてん》するためである。

これに対して「両本部連絡会」は総裁、経営計画室（再建実施推進本部）と職員局（余剰人員対策推進本部）だけに間口を絞り、そのかわりトップから課長補佐までの縦に深いメンバー構成とし、少数だが必要十分なスタッフが意思決定と情報を同時に共有する。迅速に決定、機動的に実行し、全責任を結果で取る仕組みであった。

総裁は両本部連絡会を重視し、必要に応じて一週間のうちに一回でも二回でも機動的に会合し、即決していったので、重要事項の迅速な決定と実行が可能となった。何よりも大きかったのは総裁と我々との距離が短縮され、一体感が急速に強まったことであった。大塚秘書役が遺憾なくその真価を発揮した。冷ややかな気持ちで無言の抵抗をしていた分割民営化反対グループは急速に取り残され、力を失っていった。

秘書、文書、主計などの主要課長を押さえておきさえすれば、改革派に首輪をはめ、本社全体の手綱を握れると考えていた人々は、疎外感と孤立感に落ち込んでいった。一方、遠巻きに形勢観望していた大多数の本社幹部は、改革断行の不可避を肌に感じ、重い腰を上げ始めた。

杉浦体制発足後、最初の一年間は、端的に言えば労務・要員問題の一年間であった。職員局が推進したこれらの課題の全ては、両本部連絡会に提起され、迅速に総裁の意思決定を得るとともに、改革推進グループでのコンセンサスを得て強力に進められた。その全ては総指揮官である総裁の確固不動の意思に発するものであった。

第2章　国鉄改革の主戦場、労務・要員対策

1　最初の難関――雇用対策の始動（一九八五年八月）

国鉄改革に関わる広汎な実務のうちで、まず動き出したのは職員局が担当する余剰人員の雇用対策であり、合理化の推進であった。

一九八六（昭和六一）年一一月に、国鉄改革関連法案が成立した後も、職員局はＪＲがスタートするその前日まで殿《しんがり》を務めた。希望退職の募集と余剰人員の雇用対策は翌八七年三月三一日まで国鉄の手で続けられたからである（四月一日以降は国鉄清算事業団が引き継いだ）。当時の職員局に在籍した人々は、新会社発足を前にして決して浮き足立つようなことはなく、最後の一日まで誠心誠意、その任務を尽くしてくれた。

突破口を開いた総理の固い決意

国鉄分割民営化の一連の作業のうちで、最初に現実の問題となり、大きな困難を乗り越えて国鉄改革の突破口となったのが、余剰人員の雇用対策である。国鉄余剰人員雇用対策本部は、総理大臣がトップになり、運輸大臣、労働大臣、自治大臣、総務庁長官、内閣官房長官を副本部長として、その下に各省の事務次官等がメンバーになって事務連絡会を構成、一九八五（昭和六〇）年八月に発足した。国鉄改革成功の第一の鍵は「誰一人として改革により路頭に迷わせることはない」という政府の公約が真実味を持つか否かにかかっていた。

その事務局が八月に発足し、運輸省を軸に各省から事務局員が集まった。当時、霞が関では国鉄の分割民営化などできるはずがないという見方が支配的であり、余剰人員対策の成り行きは、まさに国鉄分割民営化の成否を占う最初の試金石であった。国鉄職員局からも事務局員が出向していたが、彼からの報告によれば、各省は「総理大臣が旗を振っているけれども、どうせ計画通りにはいかないのだから、先走らず、遅れず、やった形だけ作ればいいのだ」と形勢観望気味ということであった。

このままでは国鉄分割民営化は第一歩からつまずいてしまう。それを打開したのは、中曾根総理の分割民営化に対する強い決意だった。事務局長が非力であると見るや就任数カ月で果断に更迭し、総理としての決意を示す傍ら、後藤田総務庁長官には古巣である警察庁に「国鉄の鉄道公安官約三〇〇〇人を全員警察官として採用する」という決定をさせたのである。それが新聞にも大きく報道され、総理の決意を各省に思い知らせる効果を持った。

一方で、国鉄も職員課の中に余剰人員対策の実働部隊として雇用対策室を設置し、政府に対応することにした。松本雇用対策室長以下、何人かの専任者が発令となり、各省を回って受け入れについての折衝を開始した。当初は私自身も一緒に回ることが多かったが、自分たち自身が行革を推進して人員削減に取り組んでいる省庁も多く、反応は硬かった。「あなたのところの労働組合は大変評判が悪い。そんな人を採って掻き回されたら、我々がせっかく良くしてきた労使関係を悪くしてしまう」「中には良い人もいるだろう。しかし、問題のある人だけを選んで押しつけてよこすのではないか」等々、反応はさまざまであった。「問題のある人間は手を挙げませんよ。手を挙げるのは、我々も残しておきたいような優秀な人間ばかりでしょう。ご心配いりません」と答えることにしていたが、その通りになった。

警察の次は「人が足りない」という気象台・灯台関係職員の採用が続いた。大変な仕事だったが、それでも応募者は募集数を上回った。国税庁に六〇〇人の採用が内定したのも、早い時期であった。彼らは、中央鉄道学園において税務大学校教官から税金の基礎知識を学んだのだが、修了試験で国税庁プロパーの平均成績を上回る好成績を修めて全員が合格、国鉄職員の質の高さを証明したのはうれしいことだった。

次第に「どうせ採用するなら、早く手を挙げて良い人材を採った方がいい」という空気になり、雇用対策は加速度的に進んだ。そういうわけで、最初は難航するものと予測され、不可能とすら見えた雇用対策は、総理大臣や総務庁長官の強い決意と断固たる第一歩を端緒に、加速度的に流れていった。結果として、国鉄時代に決まった再就職先は、国・地方公共団体など公的部門は約二万二〇〇〇人（国鉄清算事業団自体の所要人員三〇〇〇人を加えれば約二万五〇〇〇人）、民間は約一万二〇〇〇人、国鉄関連企業は約一万二〇〇〇人、合計で四万六〇〇〇人という実績だった。公的部門三万人という当初目標には達しなかったが、大方の予想を上回る実績だった。

この最初の難関をクリアできたことが、国鉄改革の成功を決定づけたと言っても過言ではない。これら公的部門に転出した人々の決心と行動は国鉄改革における最初の既成事実であり、誰も気づかなかったが、この時点で政府、国鉄経営陣にとって改革の逆艪《さかろ》は外されたのである。

ちなみに、翌八六（昭和六一）年から開始される希望退職募集では、計画数二万人に対して三万九〇〇〇人の実績となり、全体として見た余剰人員対策は大成功となった。

2　難問、職員の「振り分け」方法の解決（一九八五年八月）

もう一つ、我々にとって手探り状態だったのが、職員を六社の旅客会社、一社の貨物会社と国鉄清算事業団に「振り分け」ることだった。分割民営化については、国労は反対。動労はそれまでの反対を表向きは崩していないが、早晩賛成に転じていく気配。鉄労は賛成であった。

そのように見解を異にする労働組合を束ねつつ、要員合理化を進め、希望退職を募集し、雇用対策を行い、その上で職員を各ＪＲと国鉄清算事業団に「振り分け」る。この作業は法律論の面から見ても、労務的に見ても、スケジュールのタイトさから見ても、まさに前人未到、至難の業だった。特に、どうやったら国鉄の職員を分割された七つの会社に「振り分け」できるか、当初は五里霧中であった。

労務・要員の四つの課題

職員課は一九八五（昭和六〇）年七月に答申が出た直後から、担当する課題を一九八七（昭和六二）年四月という期限に合わせて、整理していくための検討会を繰り返していた。一九八一（昭和五六）年度初の時点では、国鉄の業務遂行には約四二万人の人員が必要であり、その所要に見合った数の現在員が存在した。組合の抵抗により非効率な要員運用が強いられていたのである。その後、世論の批判や第二臨調の答申などを受けて、要員運用の効率化が急速に進むようになり、国鉄再建監理委員会の答申が出た一九八五年度初では、所要員は二九万人まで圧縮されていた。

一方、実在員の方はどうかといえば、第二臨調の基本答申を受け、大量退職時代に突入したこの機会を捉えて、一九八三（昭和五八）年度からは新規採用の全面停止に踏み切ったのだが、一九八一年度と八二年度は大量退職者数の二分の一を新規採用していた結果、同じ時点で実在員は三一・五万人となり、すでに二・五万人の余剰人員が存在する状態にあった。国鉄改革の要員対策はこの状態からスタートしたわけである。

一九八七年三月末時点のJR各社の適正な所要人員数は合計一八・三万人（国鉄再建監理委員会答申）であり、各JRの採用人員総数はこれに三・二万人の余剰人員雇用分を上乗せした二一・五万人とされていた。この目標内、すなわち一八・三万人から二一・五万人の範囲内に、所要人員数が収まるように所要員を削減するためには、遅くとも一九八六（昭和六一）年の秋頃までに、できれば一〇・七万人、最小限度でも七・五万人の合理化（所要員の削減）をやらなければいけない。

二番目に、その合理化の成果に基づいて、実在員規模を縮小するのだが、そのためには、採用停止を継続しても、なお余剰となる人員の希望退職や雇用対策を、計画通りやり遂げなければいけない。雇用対策は合理化交渉と並行して進めなければならない。三番目に新たに発足するＪＲ各社と国鉄清算事業団に所定の人員を区分配置しなければいけない。そして四番目に、労使関係を正常化し、国鉄改革に協力させなければならない。この四つの課題は、着手のタイミングに多少の幅、遅速を許されこそすれ、その後は一貫、並行して分割民営化発足の直前まで、気を緩めることなく継続しなければならないものだった。

これらの要員問題、労務問題など職員局が担当した課題こそが、国鉄改革の課題の中で最も困難な部分であり、しかも国鉄固有の課題であった。他のほとんどは、政府が主、国鉄が従であるが、労務だけは総裁が全責任をもって遂行せねばならない課題であった。

新会社による新規採用方式

その中で真っ先に、法案の作成段階で浮上したのが、法的に見て、どうやったら職員をＪＲ各社と国鉄清算事業団へ「振り分け」ることができるのかという難題である。これを見事に解決してくれたのが、法務課の法律専門家だった。彼は改革時の職員局にとって、法律問題全般について的確なアドバイスを受けられる社内弁護士的な存在であった。

そして、あらゆる問いかけに対して、見事に枝葉を整理して本質のみを取り出し、必ず明確な見解をくれた。「法律的には可で、あとは、経営判断」と言うときもあれば、「絶対にだめ」と言うこともあった。彼がだめだと言ったことは、我々にとっては絶対のNOであった。職員局の担当したあれだけの問題が、法律的には驚くほど完璧であったのは、彼の専門家としてのアドバイスに負うところが大きい。その最大のものが職員の配置だった。

我々が手探りをしている間に、彼は唯一の現実的なやり方を考えてくれていた。「分割の際の職員の各会社への配置方法は難しいですね。本人の意思に反して『お前はここに行け』というのは法的に不可能です。名実ともに本人の意思に従って分かれていく形でなければならない。これをやれる方法はたった一つしかない。それは何か。国鉄という法人格が国鉄清算事業団と一体であり、分割されて生まれる七つの新会社は文字通り新たに設立され、新たに必要な要員を採用して事業を行うのでなければならない。すなわち、国鉄職員は全員が自動的に国鉄清算事業団に引き継がれることになる。新しい会社に応募し、採用試験を通って採用された者のみが、新しい会社の社員として入っていく。つまり、本人が会社を選ぶのです。国鉄は設立委員会の依頼を受けて採用事務の手伝いをする。具体的には設立委員会の示す採用基準に基づいて希望者に推薦順位をつけ、その名簿を出せばよい。国鉄総裁が『お前は東海、お前は東日本に行け』などと命令を下して、それが『憲法に保障されている職業選択の自由に違反しているのではないか』と訴えられたら、命じた方が負ける。唯一の方法は、『国鉄イコール国鉄清算事業団』であり、『新しい会社は名実ともに新設の法人である』という仕組みしかありません」というのが彼の意見だった。その案を聞いたときに、目からウロコが落ちたように、「ああ、そういうことなのだ」と思ったものである。

運輸省大臣官房国有鉄道部との法案作りの折衝は始まっていた。彼らは国鉄と清算事業団が法的に継続性を持つという理論構成は、業務の実態から見ると擬制的すぎるといって難色を示した。野党との対決法案になることをいたく心配しているようだった。

「総裁は国鉄職員を各社と清算事業団に振り分けるものとする」と書けばよいというのが運輸省の意見で、外貿埠頭公団の解散により業務を承継する二つの財団法人へ要員を分割配置した際に、同じ書き方で問題がなかったというのが根拠のようであった。「外貿埠頭の場合は勤務先の法人格が変わっても、それぞれが現在働いているところに配置になるので反対が出なかった。だから問題が顕在化しなかっただけだ」と指摘すると、数十問に及ぶ質問リストを出し「まずこれに答えてもらいたい。議論はそれからだ」と言う。時間切れを狙う遷延戦術というわけだった。

運輸省の逡巡は一九八五（昭和六〇）年一二月の第二次中曾根第二次改造内閣が発足するまで続いた。結局、他に妙案があるわけでなし、三塚運輸大臣の登場により状況が変わり、「新規採用方式」で運輸省は納得。内閣法制局もこれを支持し、労働省も仕方ないということになった。この国鉄職員の配置に関する条文は、日本国有鉄道改革法第二三条（改革法二三条）と呼ばれ、JR発足後、国労との間で最大の争点となった。国労は運輸省が心配した通り、業務を承継したJR各社こそ国鉄と継続性があると主張し、JR各社を相手どって雇用関係の存在を確認するよう訴えたが、一〇年を超える訴訟の末、最高裁で経営側の勝訴が確定した。

3　一〇万人の要員合理化計画一括提案（一九八五年一〇月）

職員の配置が決まるのは、一九八七（昭和六二）年の一月から三月までの間と想定された。するとその前に、雇用対策を進めておかなくてはいけない。逆算すると、遅くとも一九八六年六月末頃から希望退職を募らないと間に合わない。希望退職を募る前提としては、退職金の割増法案が成立するのはもちろんだが、実態として合理化が進み、要員が少なくても仕事ができる体制になっていなければならない。交渉に一年と見れば、遅くても一九八五（昭和六〇）年一〇月には要員合理化案の提案をしなくてはいけないというタイムスケジュールであった。

斃《たお》れて後已《や》む決意

国鉄改革に関する法律の主な内容は、「退職金の割増と希望退職の募集」「国鉄清算事業団の設置」「旅客六社と貨物会社の新設」の三種類である。運輸省は法案の起草を一九八五（昭和六〇）年一二月までに終え、翌八六年の通常国会に提出、審議、可決に持ち込む日程で作業を進めていた。その間、分割民営化反対の国労は社会党・共産党を動かして大抵抗するに違いない。この時期が最も不安定な時期となる。改革が挫折あるいは大きな妥協を強いられるとすれば、この通常国会においてである。それまでに大きな流れを作り、逆戻りが利かないようにしなければならない。こんなことを頭におきながら一九八五年夏を過ごした。

分割民営化に伴う要員業務は、挙げて職員局、なかんずく職員課の担当事項であった。これだけの課題を短期間に処理していくには信頼できる労働交渉面での相棒が必要である。南谷氏が労働課長に赴任してきたのは九月下旬の頃だった。

一九八五年六月の首脳人事刷新後も、職員局内の体制は旧体制のままであった。ほとんどの者は静観姿勢であったが、積極的に妨害しようとしている者も一、二いた。国鉄再建監理委員会の答申が出て、政府の雇用対策本部ができるのと同時に、まず職員課内に雇用対策室を設け、室長以下の人材を投入・強化して直ちに動き出したのだが、九月下旬の新労働課長の就任により、職員局としての最小限の体制が整った。この頃は前人未踏の施策の連続であったが、それがかえって職員局の求心力を強めた。一、二の入れ替えを除けば、旧体制時代と全く同じメンバーで、一年半あまりの間に難しい課題をこなしてきたのだが、南谷労働課長は相談相手として、また文字通り片腕として大きな助けとなった。

彼が来て一カ月後の一九八五（昭和六〇）年一〇月半ばに、いよいよ合理化を本格的に進める関頭に立った。国鉄再建監理委員会によるJR各社の所要人員数一八・三万人まで所要数を削減するためには一〇・七万人、発足時点ではとりあえず採用人員数である二一万五〇〇〇人で業務をこなせるレベルまでで良しとしても七・五万人の所要員削減を実施しなければならない。そのためには、遅くても一〇月末までに、大まかに言って一〇万人を超える要員削減提案をしなければならなかった。一年以内に一〇万人もの要員削減を実施した例は過去にない。ありとあらゆる案件を全部まとめて、同時に総合提案をしなければならない。それをやらなければ、分割民営化もできない。

分割民営化へ向けての多岐にわたる作業の中で、一〇〇パーセント国鉄総裁の責任においてやり遂げねばならないことは、この「要員の効率化」と「希望退職者の募集」および「職員の配置に関わる作業」の三つであった。いずれも職員局の担当事項であり、無事、職を全うできるとは思えなかった。やれるところまでやり遂げ、挫折したら後を継ぐ者が、また同じことをやるほかないという気持ちだった。中でも真っ先にくる大きなヤマが、「要員の効率化」だった。不退転の決意で臨むしかなかった。

倒錯していた従来の労使交渉

従来の合理化施策のやり方は、まず「事前協議協定」に基づいて施策を提案する。しかし、施策はあくまでも経営権に属するものだから、「その内容について労組に説明し、理解させるための説明・協議」という建前である。提案を受けた後、組合は提案された施策の内容に関する質問を出してくる。これを「解明要求」と称し、施策の内容を十分理解するための質疑のようなものであった。それに対する回答と、さらなる解明要求が事実上の交渉であり、この手続きが終わったところで、施策に対しては大筋了解ということになる。それがすなわち労働条件交渉の自動的妥結を意味した。

したがって、労働条件の団体交渉というのは実質的には事前協議による施策の説明と、質疑・回答と表裏一体であり、この過程でさまざまな譲歩や修正が加えられるのだった。労組の大筋了解なしに事前協議を打ち切ることを「一方実施」と称し、労使の信頼を破壊するタブーとされていた。そうなると、まず組合側が施策の説明を聞いてくれないと事が始まらないし、その上で組合が解明要求を次々と出してくれなければ、事前協議が進行しない。

その間、組合は戦術として協議をストップさせたり、店晒しにしたり、やりたい放題の遷延戦術をとったりして、長期間を空費させることができる。事前協議の過程で施策を修正させ、要員の合理化数を後退させる、あるいは何らかの反対給付、すなわち「あめ」を経営側から取り、組合員の説得材料にするのが組合側の常套手段となっていた。

例えば、一日の実ハンドル時間二時間などと言われていた動力車乗務員（運転士）の、労働生産性を向上させるために提案された「動力車乗務員の勤務改正」は、提案から大筋了解までに二年以上を要した。事前協議の一方的な打ち切りは労使の信頼関係に対する破壊行為という慣行が過大な譲歩を余儀なくさせた結果、要員合理化策の実施により、かえって労働生産性が悪化するケースさえ散見される有様だったのである。

それ故、施策を提案する段階で、当局は実施案を上回るような要員削減目標を掲げておく。どうせ降りしろなのだから、内容もその部分はずさんで、組合に突っ込ませる、言わば誘いの隙である。その降りしろ分だけを、引き下がった形にして組合の顔を立て、話をまとめるというのが事前協議の好ましいパターンとされていた。

こうした従来のやり方では、とても一年間に一〇万人の合理化など想像もつかない。思いあぐねているとき、法務課の専門家が漏らした一言が重要なヒントとなった。

「葛西さん、国鉄のやり方は世の中の常識から見たら変ですよ」

彼の言うところによれば、公共企業体等労働関係法（公労法）では、管理運営事項と労働条件に関する事項とを分け、労働条件は交渉事項であるが、管理運営事項については団体交渉の対象とすることができないことになっている。そして経営施策の内容は管理運営事項だという。

一見すると管理運営事項は協議、労働条件は団体交渉と截然たる概念整理がなされ、いかにも経営権が強く保証されているかのごとく見えるのだが、実質的には両者は表裏一体であり、切り離すことなどできない。しかも、経営施策に対する事前協議を組合の了解なしに打ち切ることは絶対にやらないという慣習は、経営権の放棄に等しい。これは世の中の常識から見て変だというのである。

「交渉事項か管理運営事項か」という仕分けは、きわめて曖昧な問題であり、一般的に判例は交渉事項を広くとる傾向にある。一方、労働組合法には「団体交渉をすることを正当な理由がなくて拒むこと」は不当労働行為と書いてあるが、「相手が合意しなければ実施してはいけない」などとはどこにも書いていない。

「誠心誠意交渉して説得を試みるが、それでも相手側が了承しない場合には、経営者の責任において淡々と実施すればよいのですよ。国鉄のやっているのはさかさまで、『管理運営事項という水際防衛線を引いて、いかにも強そうには見えるが、実際には組合の合意がなければ労働条件の交渉に進めない。全ては労組の思うがままという交渉のスタイルになっている。世の中一般は、『間口は広くとって、入ってきたところで話がつかなくても、やらなくてはいけないことは経営責任者がやっていくのだ』ということになっている。交渉は誠心誠意やればよいのであって、相手が合意するまでやれとは誰も言っていない。施策の実施にデッドラインがあるときは、許された時間の範囲内でやればよいのですよ。そこのところを変えないと、一〇万人の合理化など、一年間でできるわけがないですね」というわけだ。確かにその通りであった。

合理化施策の提案を一新

一〇万人規模の合理化の提案にあたり、進め方を世間一般の常識に合わせることにした。提案の最初の相手は国労である。国労は席につき、最初に澄田職員局長が「誠心誠意説明をし、皆様方の理解とご協力を得るようにしていきたいと思う」という従来通りの挨拶をした。その次に私が一言挨拶をした。「今、局長が話した通りである。誠心誠意説明して話し合い、必要なタイミングで実施する」。

すると組合側は、「まず説明を聞く前にちょっと確認したいが、今、局長の言ったことと課長の言ったことはニュアンスが違うではないか。局長は『誠心誠意説明をし、理解と協力を求める』と言った。これは『合意がなければやらない』という意味に我々は受け取った。職員課長は『誠心誠意交渉し、必要なタイミングでやらしてもらう』と言った。これは『合意がなくてもやる』という意味に聞こえる。どちらが正しいのだ」と確認を求めてきた。

「いや、局長が言ったのも、私が言ったのも同じ意味だ。局長が言ったのはできるだけ理解と協力を得るように努力するという意味だ。言葉づかいが多少違うけれども、真意は同じである。局長そうでしょう」。局長が「そうだ」と答えた。向こうは少しむっとして言った。「お前、いつからそんなに偉くなったのだ」。

それから説明が始まった。はっきり言って、一〇万人を超える合理化をまとめて提案するのは前代未聞である。ありとあらゆる施策がその中に入っていた。聞き終わった後に国労が「今回は概要だけ聞いた。今後この中に入っている一つ一つの施策について再度説明があって、それぞれを独立した案件として、協議のテーブルに載せていくということでいいんだろうな」と確認を求めた。「いや、そうではない。これで説明は全部終わりだ。今日の説明でやるべきことはすべて説明し終わった。もし何かわからないことがあったら、解明を求めてほしい」と応えたら、「そんな無茶苦茶なことは国鉄の歴史上ない。そんなことならこれは受け取れない。今日は聞かなかったことにするから、置いて帰る」と言う。

「聞いてしまったのだから、もう聞かなかったことにはならない」「受け取って帰らない」「受け取って帰らなければ、内容証明郵便で送らせてもらう。話は聞いているのだし、郵便も届けば、見る見ないはそちらの自由だ」とやりとりが続いたあと、向こうが「もし、私たちがいっさい解明要求を出さず、聞きっぱなしで沈黙していたら当局はどうするのだ」と聞いた。従来のやり方であれば解明要求がなければ交渉の前提となる事前協議が始まらないので、当局側の担当者が膝を屈し、袖にすがるようにして解明要求を出してくださいと懇請することになる。

「いや、そのときには『何の質問もない』ということだから、『一〇〇パーセント理解し、全面的に賛成だ』という意思表示だと受け取って原案通りやらせてもらう。労働組合が自分の権利である団交権を行使しないということは、『賛成だ』と理解するのが当然だと思う」と応えると、非常に怒って、「そのような乱暴なやり方は、今まで見たことがない。もうこれ以上ここにいても仕方がないから帰る」と言って、帰ってしまった。これが国労との提案交渉だった。

国労以外の組合は黙って聞いて帰った。交渉はどんどん進み、おそらく国鉄始まって以来だと思うが、予定通りのタイミングで、提案原案通り実施される形になった。そして国鉄再建監理委員会が出した、新事業体発足時点の採用数二一万五〇〇〇人を約二万人下回る一九万五三〇〇人で妥結となった。適正な所要人員数一八万三〇〇〇人を約一万人上回っただけで、開業体制が完成したわけである。

動労大転換の軌跡

合理化の提案が済んで、息を継ぐ暇もなく処理しなければならなかったのが、旧体制の残した雇用安定協約の再締結問題であった。その経緯については多少の解説が必要であろう。

一〇万人の合理化提案から遡ること約二年前の一九八三（昭和五八）年度から、新規採用が全面的に停止になった。第二臨調の緊急提言を受けてのことだった。新規採用が停止されると要員合理化施策、なかんずく動力車乗務員（運転士）の効率化が急速に進み始めた。なぜか。

動労のように運転職場だけに限定された組織の場合、採用の全面停止は死活的である。今までの非効率を放置すれば、定年で退職した動労組合員の穴は他系統からの転換養成で埋めなければならない。そうなると、補充の母体は圧倒的に国労組合員ということになる。新入社員ならともかく、すでに国労に加入している者を動労に取り込むのは、当該運転士職場に国労の組織が存在する場合には不可能に近い。動労の辞めた穴はオセロゲームのように国労に置き換えられていくことになる。

これまで経営側は、動労のこの弱点に配慮して、新規採用者のうち一定割合を運転士の卵として入社と同時に運転士養成コースに区分けして運転関係職場に配属し、動労が既得の組織率を維持できるよう配慮してあった。新規採用が全面的に停止になったということは、この仕組みが維持できなくなり、動労組織の後続部隊が絶たれることを意味した。合理化を進めて、組合員数は減らす代わりに他系統職場からの転換養成を封ずれば、人数は減るが組織比率は守れる。

つまり、対国労の相対優位は確保できる。当時は国鉄全体で見れば運転士の約七割が動労、約三割が国労という組織率であった。ジレンマに陥った動労は結局、動力車乗務員の合理化を積極推進することにより、運転職場における組織率＝覇権を守る方を選んだのだった。

今まではタブーとされてきた動力車乗務員の効率化が、かくして一気に進むにつれ、今度は現場における余剰人員の増加が、問題になり出した。運転職場はもちろん、全系統で余剰人員の増加が問題化した。そこで我々が余剰人員対策として提起したのが「派遣」「復職前提休職」「退職前提休職」の三制度である。

派遣制度は現職名、現給与のままで要員の不足している他企業に応援に行き、一定期間後に原隊復帰するという制度で、人件費を一定部分応援先企業の負担とするもの。復職前提休職は給与の六〇％を支給された上で、二年または四年職場を離れ、期間終了後は原隊復帰する。休職期間中は、他企業で働いても学校に通い資格を取っても本人の自由という制度で、人件費の四〇％節減を狙ったもの。退職前提休職は年度末に退職する旨の意思表示を年度初にすると、それからの一年間は、現給を受給したままで休職状態となり、就職探しができるという一種の希望退職制度で、いずれも本人の希望により適用されることになっていた。

これらは、一九八四（昭和五九）年七月に職員課主導で提案されたのだが、仁杉総裁の分割民営化推進発言とそれに対する揺り戻しを境に、分割民営化推進の「元凶」である私自身とその配下にある職員課は、分割民営化反対派の牙城であった職員局内において、孤立無援の監視下に置かれることになった。したがって、余剰人員対策三本柱の交渉は、途中から担当課長である私の手を離れて、職員局担当常務理事と職員局長の直轄で進むことになった。職員課は「干された」のである。「基本方策」の策定作業が始まった一九八四年八月中旬頃からの動きであった。

国労、雇用安定協約を喪失

鉄労、動労は一九八四（昭和五九）年一〇月九日に「余剰人員対策三本柱」を妥結したが、動労は妥結の際に余剰人員対策に真摯に取り組んだ組合だけが、雇用安定協約を再締結できる旨の確認を当局に迫り、担当理事と職員局長はそれを了解、動労との間に非公式確認メモが交わされた。雇用安定協約は「合理化・近代化を実施しても本人の意向に反する職種転換および解雇は行わない」という協約であるが、余剰人員対策三本柱が実施されなければ、安定的な雇用を約束する基盤が失われるというのが理由であった。

一方、国労はこれを「首切り三本柱」と称して「辞めない」「休まない」「出向かない」をスローガンに反対、妥結できなかった。これに対して担当常務理事の判断で一九八四（昭和五九）年一〇月一一日、国労に対して「雇用の安定等に関する協約」を破棄する旨の通告がなされた。

国労との雇用安定協約は、期間の定めのない協約になっていたので、九〇日間の事前予告を行えば法律上は破棄が可能である。国鉄ではこれに対し労働協約で加重的条件をつけていた。すなわち、破棄通告から三カ月間の協議により意見の一致を見なければ、さらに六カ月間自動延長して協議を続け、それでも合意に達しない場合にはさらに三カ月を経た後に解約されるという仕組みである。そのため余剰人員対策三本柱を妥結しなければ、国労は一九八五（昭和六〇）年一〇月一一日に雇用安定協約が無協約となってしまうわけである。一方、妥結した鉄労、動労の雇用安定協約は、もともと三年の期限つき協定であり、八五年一一月三〇日に期限がくることになっていた。

雇用安定協約がなくても、本人の意志を無視した配置転換や解雇は困難である。また、仕事がなくなってしまえば、雇用安定協約が仮にあっても解雇は起こりうる（国家公務員の身分保障と同じ）わけである。だから、雇用安定協約の効果はたかだか心理的なものにすぎないのだが、その心理的影響は予想以上であった。国労は公労委を煩わせ、すったもんだしたあげく、一九八五（昭和六〇）年四月九日になって、ようやく余剰人員対策三本柱を妥結することを得た。だが、それと同時に国労の雇用安定協約は、先行妥結組合である鉄労、動労と同じ一一月三〇日を期限とすることで締結し直されたのである。

そしてその期限が目前に迫っていた。動労は積極的に余剰人員対策に取り組み、実績もあったが、鉄労はほとんど実績がなかった。国労は出向、一時休職の実績がないだけでなく、「三無い運動」（辞めない、休まない、出向かない）のビラが何種類も回収されていた。

自分たちとは雇用安定協約を再締結する、鉄労もいい。しかし、積極的に反対運動をやっている国労とは無協約とするよう、動労は迫って来るに違いなかった。そうなれば、国労はますます敵対的になり、窮鼠となって向かってくる可能性もある。そして、総評も社会党も改革反対を強めるだろう。

一方、前体制が動労との間で交わした非公式確認を無視して国労と雇用安定協約を締結すれば、動労は当局不信の戦闘的な運動に逆戻りするかもしれない。分割民営化に向けて課題が山積する中で、どう対処すべきか労働課長と作戦を練った。

結論は、単純に割り切ろうということだった。実績もなく、本部では否定するものの、東京地方本部などでは明らかに「三無い運動」の証拠が挙がっている以上、国労との再締結は行わない。鉄労、動労とは一九八七（昭和六二）年三月三一日（国鉄期間）を期限として再締結する方針を固めた。前体制とは言え、約束した以上、淡々と果たす。それしかあるまいという結論になった（図表2－1参照）。

（図表２－１）余剰人員調整策、雇用安定協約締結に関する経緯

国鉄当局	国労	動労、鉄労
1962 「雇用の安定等に関する協約」（旧協約）を国労、動労と締結		
1971	3.2 「雇用の安定等に関する協約」（新協約）を締結	5.31 鉄労、「雇用の安定等に関する協約」（新協約）を締結 6.1 動労、「雇用の安定等に関する協約」（新協約）を締結
1983		6.1 「雇用の安定等に関する協約の有効期間延長に関する協定」を締結、期限を1985.11.30に
1984 7.10 余剰人員調整策を各組合に提案 ［休職（退職前提、復職前提）、派遣の三本柱を提案］ ・職員の申出による休職の取扱いについて ・職員の派遣に関する取扱いについて 10.9 余剰人員調整策についての考え方を提示 （「休職」「派遣」の取扱いについて妥協に至らない場合は、「雇用の安定等に関する協約」の存続について重大な決意をもって臨まざるを得ない旨を説明） 10.11 国労に対して、「雇用の安定等に関する協約」を、1985.1.11をもって破棄する旨を通告		10.9 余剰人員調整策（「休職（退職前提、復職前提）」「派遣」の三本柱の取扱い）について妥結
1985 4.9 「雇用の安定等に関する協約」の取扱いについて国労に申入れ 5.25 国労に対して「３無い運動」の中止指導等について申入れ 11.19 国労が再締結のための条件を満たす状況になく、協約の再締結はできない旨を通告	4.9 余剰人員調整策（「休職（退職前提、復職前提）」「派遣」の三本柱の取扱い）について妥結 協約の破棄通告を撤回、1985.11.30を有効期限として協約を再締結 ※動労、鉄労の締結する協約の有効期限に合わせた 12.1 「雇用の安定等に関する協約」が失効、無協約状態へ	11.13 「雇用の安定等に関する協約」の再締結について合意 12.1 「雇用の安定等に関する協約の有効期間延長に関する協定」を締結（期限：1987.3.31）

迷いを生じたとき、物事が複雑に絡んだときは、単純明快な事実、単純明快な論理、単純明快な結論に如《し》くはない。うまく泳いで、両方に満足してもらおうと思えば、全てが混乱に陥る。利害の異なる者の調整をしようとすれば、全ての問題を自分が背負うことになる。そんな暇はない。二人でそう結論して淡々とことに処した。

雇用安定協約が無協約状態となったことは、その後の顛末を見ると、何時も国労にとって頭上を覆う暗雲となり、雇用安定協約締結を梃子に分割民営化反対路線を転換しようと図る主流派と、徹底抗戦を叫ぶ反主流派（社会主義協会、革同・共産など）の部内対立の火種となった。

政労交渉も、ナショナルセンターとの折衝も、いつもこの問題に引っかかっていた。これを見るたびに、我々が国労内部、あるいは労働組合間の争いに巻き込まれず、淡々と約束通りの対処をしたのは、まさに正解だったことを痛感するのだった。

社会党も総評も、国労と同じように事態の本質を見ていなかったのだ。問題の本質は、雇用安定協約の有無ではなく、業務そのものの有無であり、経営体の存続如何《いかん》であった。動労は、盛んに国労組合員には雇用安定協約の保護のないことをアピールし、組織的な揺さぶりをかけた。国労は動労のペースに乗らず、聞き流せばよかったのだと思う。

以上のように国労との鍔ぜり合いを経ながら、先に述べた一〇万人の合理化提案や雇用安定協約問題といった課題を、私は南谷労働課長ほか職員局の僚友たちとともに、切り抜けていったのであった。

4　希望先アンケートの実施（一九八五年一二月）

一九八五（昭和六〇）年、秋も深まるにつれ政府を中心に法案作成作業が進む傍ら、政府各機関への余剰人員の採用が次々と決まっていった。政府もすでに覚悟を決めて、国鉄からの採用数を明らかにし、積極的に募集するというプロセスに入っていたのだ。

もちろん、採用は決まっても、直ちに採用となるわけではない。一九八五年中に採用になる者、一九八六年中に採用になる者、それから分割民営化後に国鉄清算事業団に一時籍を置いて、採用を待つ予定の者もいた。採用を待つ者の中には、身柄は採用先に行って、ＯＪＴ（日常業務に基づいた職場内教育、実地訓練）で仕事をしながら、給料は国鉄清算事業団からもらって、正式な採用時期が自分のところに回ってくるのを待つ職員もいたわけである。

各政府機関において、一人辞めたところを一人国鉄からの希望者で埋めてしまうと、新規採用がゼロになってしまう。採用人員の枠については大蔵省が金の面で、総務庁が人数の面で権限を持っていたが、彼らがある種の措置を講じて、「国鉄から一人採用した場合には、〇・五人分の新規採用を認める」ということになった。二人国鉄から採用し、それが優秀な職員であれば、二人並みの仕事をする。それに加えて一人余分に定員がつき新規採用できるわけだから、役所として失うものはなく、年齢の若い国鉄職員については、政府はむしろ積極的に採用する方向に転じていった。

この政府・公的機関への採用が決まっていく過程は、分割民営化への実態が着実に進んでいく過程でもある。この国鉄職員受け入れの動きは、今にして思えば、国鉄改革について政府も国鉄も自らの逆艪《さかろ》を外したことを意味した。

そのタイミングを捉え、年末年始の休みに家に帰ったときに、職員各自が自分の将来をじっくり考える機会を与えようと思いついた。そのために、仮に分割民営化が実現した場合、どこの会社に行きたいかを問うアンケートを全職員に出すことにした。このアンケートの狙いは、組合というフィルターを通してではなく、職員各個人の本心を直接問うことにあった。

国労が分割民営化に全力をあげて抵抗することは必至であり、野党と結びついて国会審議の場で法律の成立を阻止しようとするだろう。彼らの理解と協力を得ることは、与えられたスケジュールの中では不可能である。しかも、了解を得ようという姿勢を見せれば見せるほど、政治的な妥協を求められることになり、改革の不徹底を招くことになる。いかに労組が反対しても、いっさいの妥協は不可であるという固い決意を示さねばならない。

職員各自の就職希望アンケートにより、彼らの本音を顕在化させようと試みたのはこのような考え方に基づいてであった。アンケートの質問票は、クリスマスのタイミングで作成され、正月休暇中よく考えて回答するようにと、全職員の手に渡された。

これに対して国労は、まだ法案が提出されてもいない、審議もされていない、もちろん通ってもいない、その段階で通ったことを前提として、そのようなアンケートを出すのは、国会軽視、許しがたい暴挙であると主張し、組合員に対して絶対にアンケートに応じてはならないという指令を発した。他の組合は一応、各人、自分の思っている通り書けという対応だった。

法案が通ることを前提に、多数の職員が政府の各部門に応募し、すでに採用決定になっている事実は、国鉄改革がすでに既成事実化しつつあることを意味した。そして何よりも、職員が今のままの国鉄は長続きしないし、その中にいても充実した人生を送れないと判断していることを物語っていた。そのような空気の中で、分割民営化阻止を前提とした国労の指令には説得力がなかったに違いない。国労組合員の中からも多数が、アンケートに回答を寄せた事実がそれを物語っている。

国鉄経営首脳更迭の前であったら、このような施策は強圧的・挑発的であるとされ、決して承認されなかっただろう。総裁室での「両本部連絡会」ですばやく意思決定し、即実行する体制があって初めて可能になったことでもあった。

年の瀬も押し迫った一二月二八日、第二次中曾根内閣の第二次改造が行われた。後藤田総務庁長官は官房長官に横滑りし、法案作成の詰めと通常国会の乗り切りを万全にするため、国鉄問題のエキスパートである三塚代議士が運輸大臣に登用された。いよいよ臨戦態勢の緊張感を覚える人事だった。三塚大臣の下で法案ができあがり、一カ月後には国会に提出されることになった。

5 「労使共同宣言」（一九八六年一月）

当時、職員局の各課の課長・課長補佐で、毎日、早朝ブリーフィングをやっていた。八時三〇分から三〇分間、前日までに入手した情報を出し合い、意見交換を行い、方針を確認し合って、それぞれの仕事に就くのである。今までの経験では想像もつかないような数多くの困難な課題を、限られた時間にこなしてゆくためには、心を一つにし、情報を迅速に共有化し、それに基づいて先制・主導し続けることが不可欠であるが、このブリーフィングは最適のやり方だった。

暮れも押し迫り、アンケートの送付も終了したある日のブリーフィングで、私はアンケートの次の一手として新年早々に「労使共同宣言」の締結を労組に提案することを諮った。間断なく職員の本心を問い続けなければならないと考えたからである。用意させておいた素案を各人に渡し、正月休み中に各自付加修正案を考えてくるよう指示した。

御用始めとともに各人の意見を集約し、付加すべきは加え、十分な推敲を行って、職員局としての成案を得たのが七日だった。総裁室での両本部連絡会に諮り、方針決定したのが一〇日である。

「国鉄改革がなし遂げられるまでの間」、労使が協力して取り組むべきこととして、「法規を遵守し、安定輸送を確保する」「リボン・ワッペンを着用しない。氏名札を着用する」「合理化を積極的に推進する」「休職制度、派遣制度、希望退職などの余剰人員対策に協力する」などの項目を列記したものだった。ストは公共企業体等労働関係法で禁止されていた。したがって「法規遵守、安定輸送確保」とは民営化までの間ストライキをやらないということである。

この頃、両本部連絡会はきわめて有効に機能していた。前途に横たわる困難さが、結束の基盤となっていた。職員局が推進した矢継ぎ早の施策は、全て両本部連絡会で機動的に決定を見たもので、総裁との信頼関係は不動であった。

一月一三日に、各組合に対して「労使共同宣言」の提案をした。それを総裁室でやることになったが、従来は労働組合を総裁室に入れたことはなかった。当時、総裁室には総裁の執務机と応接セットと小さな会議テーブルがあった。この会議テーブルは、総裁と少数首脳陣の特別な会議のときしか使われなかった。

再建実施推進本部と余剰人員対策推進本部という二つの本部の「両本部連絡会」が設置されて以来、それを総裁室の会議テーブルで行っていた。これは総裁と機動的にいつでも会って、分割民営化を進めるためのプロジェクトチームで、組織規程にもない、事実上それまでの意思決定メカニズムを超越したものだった。『労使共同宣言』という異例のことをやるのだから、組合も一度総裁室に入れ、彼らにも総裁から直接に話をするようにしようではないか」ということで総裁の了解を得、総裁室に招き入れたのである。

二分した組合の対応

大きい組合から順番にということで、真っ先に国労を招じ入れた。国労は多分、共同宣言の中身は事前に見ていて、どういうものが出るかはわかっていたのだと思う。委員長以下幹部が、立ったままでテーブルの上に置いてある資料を見下ろし、「これは何だね」とぞんざいな言い方で言った。

「『これから分割民営化が実施できるまでの間、国民の信頼を得なければならない。経営基盤をできるだけ確立しなければいけない。そのためには合理化をやらなければいけない。あるいはストライキは自粛しなければいけない。サービスは良くしよう』ということが書いてある。これを労使で合意して、共同宣言という形で世に出そうという提案である。まあ、席に着いて趣旨を聞いてくれよ」と杉浦総裁が言った。すると彼らは、「こんなもの受け取れるか」と言って、席にも着かず、受け取らずに帰ってしまった。

その次が鉄労で、「遅すぎるくらいだ。前から我々はこういうことをやれと言っていた。ようやく出てきたという感がある。賛成である」と言った。動労も、「とにかく緊急非常のときだから、労使が協調してやるということには賛成だ」と言い、全施労（全国鉄道施設労働組合）も「賛成である」と言った。

各組合の対応はいつものように分かれた。合意した鉄労・動労・全施労の三組合と総裁が共同記者会見をやり、労使共同宣言の内容を公表した。国労はここでまた孤立化の道を選択せざるをえなかった。労使共同宣言に調印することは、未だ上程さえされていない段階で分割民営化を容認したことになる。最大組合である国労としては、野党を励ます意味でも、その道は取り難かったに違いない。これは、その後一貫して国労を捉えた板挟みの始まりだった。

労使共同宣言が一月一三日に提案の席上で妥結となり、労使の共同記者会見が行われてしばらくすると、年末に行ったアンケート調査の結果が集計され、各鉄道管理局から集計表が戻ってきた。結果は予想通り、現在自分が働いている職場が編入されるＪＲ会社を希望する者が圧倒的に多かった。国労のボイコット指令にもかかわらず、多くの国労組合員が回答したことは我々を勇気づけた。そうこうしているうちに、今度は分割民営化に関連する法案が、国会に提出されることになった。それは「割増退職金を支払うための法律」「ＪＲ各社を設立する法律」「国鉄清算事業団に関する法律」の三本柱となっていた。「一〇〇年間かかってやるような立法作業を半年で行った」と運輸省の担当者が自負していたくらい、多岐かつ広範にわたる事項を網羅した法案であった。それらが全て提出されたのが三月初のことであった。

杉浦体制の完成

私は一九八六（昭和六一）年一月に職員局次長に就いた。七月の新総裁就任以来、私は職員局職員課長として、また余剰人員対策推進本部事務局次長として、事実上職員局の業務を束ねてきた。ここで、間近に迫った国会審議を前にして、名実ともに責任が明確にされたのであった。職員局次長はそれまで存在したことのない新設のポストであり、いよいよ臨戦態勢という緊張感で心身が引き締まる思いだった。

この間、首脳人事刷新の建白書に名を連ねたいわゆる「改革グループ」二〇人の中から、南谷労働課長、松本雇用対策室長、阿久津雇用対策室総括補佐の三人が職員局に補強になり、一九八三（昭和五八）年の動力車乗務員勤務改正交渉以来、職員課の筆頭課長補佐として改革の推進にともに携わってきた山田総括補佐と合わせて四人が、フル稼働していた。

同時の異動で、井手氏は総裁室長に発令となった。総裁室長は各省の官房長に当たる役職で、十河総裁のとき設けられ、初代は十河氏腹心の堀口大八氏が任じられた。彼は審議室長（後の経営計画室長）も兼務して大活躍をしたが、十河総裁引退後に転出し、その後二〇年以上にわたって空席のままおかれた幻のポストであった。

ここに井手氏が発令され、一一月に北海道から経営計画室審議役兼再建実施推進本部事務局次長に復帰してきていた松田氏が、同事務局の局長に昇進したことにより、新総裁就任以来の懸案であった人事の体制が、完全に整うことになった。八カ月を経て、杉浦体制は完成したのである。

労使共同宣言の段階になると、職場規律問題はすでに峠を越えた感があった。合理化も見通しが立ってきていた。二月から五月にかけての時期は、法律審議の趨勢に関心の焦点が集まっていった。総裁、首脳人事の刷新から半年あまり、我々は息を継ぐ暇もなく次々と手を打ってはきたが、夢中で過ぎたというのが正直なところである。

登らなければならぬ山は遠くに見えている。いつまでにという期限もはっきり示されている。しかし、誰も登った者はなく、地図もなく道もない。山の方向に向かって歩くほかはない。足元を見れば困難ばかりが目につく。それでも歩けそうに見えるのはせいぜい三カ月先ぐらいまでである。とにかく歩いてみる、遠くの山の方に向かって。歩いているうちに次の三カ月の景色・地形が見えてくる。その繰り返しであった。途中で障害があり立ち往生するかもしれぬ。しかし、とにかく遠くの山の方向に歩くほかなかった。登り切る自信は正直言って百に一つしかないという感じであった。

それでも国鉄自身にしかできない課題、他の誰にも頼ることはできない課題が労使問題・職員問題であった。国鉄総裁にとって国鉄改革とはまさに要員問題であり、雇用問題であり、労使問題だったのだと思う。職員局全体が、斃《たお》れて後已《や》むという心境だった。

6　広域異動（一九八六年三月）

障害や反対の多い施策を推進する際に、片時といえども止まることは守勢に立つことであり、それは後退につながる。労使問題もまさにその一つである。だから、次々と新しい課題を提起して、それを乗り越えていくことによってのみ、改革失敗のリスクを最小限に食いとめることができる。職員局の基本戦略は、あえて言えばこのことに尽きた。合理化提案、希望先アンケート、労使共同宣言と矢継ぎ早に打った対策は、全てこの考えにより発したものである。そして次なる一手が、「広域異動」であった。

自らの退路を断った三八〇〇人の異動

新会社に採用される社員の数は、会社ごとに国鉄再建監理委員会により定められていた。合理化提案がなされ、所要員の削減計画が明らかになり、採用停止による現在員数の減少を追っていくと、「どこにどれだけの人間が余剰となるか」が見えてくる。

北海道と九州では、採用になる数と現在員数のバランスが、圧倒的に崩れていることがわかる。北海道や九州にも優秀な職員はたくさんいる。その人たちは鉄道で働く意思を持っている。本州に来て働く気があるならば、特に東京、大阪、あるいは名古屋地区といった大都市地区は業務密度が非常に高く、所要員数も多い。希望者を北海道、九州地域から東京、大阪、名古屋の大都市圏に異動させせようということになり、これを「広域異動」と呼んだ。いわば企業内配置転換のようなもので、民間企業であれば当然のことだ。

労使共同宣言は意表を突いたが故に、大きなインパクトをもたらしたが、しばらくするとこれもまた、あたりまえの風景の一部でしかなくなる。反対する側は、この間に態勢を整えて反撃に転ずる。その前に機先を制して、予測もしなかったような新しい問題を提起すれば、反対者は混乱し、再び守勢に立ち、態勢を立て直そうとするため、反撃のタイミングを失することになる。仮に反撃があっても、それは「希望先アンケート」あるいは「労使共同宣言」についてでしかない。所詮は先ごろまでいた場所への反撃であり、影を撃つだけのことである。その間、新たに提起された「広域異動」が一層のインパクトを与えることになる。

常に状況を主導し、一歩先行し続けなければならない。そんな気持ちの中で出てきたのが「広域異動」であった。

その後、「広域異動」は本州内部のローカル地域にも同じように適用された。東北地方や新潟など、鉄道の輸送密度・業務量の比較的まばらなところでは、相対的に人間が余っている場合が多いので、そういった地域の人にも「東京に出てくるように」という「広域異動」の呼びかけが行われた。

分割民営化されたときには、どこの会社に行きたいかというアンケートをとるときにも、「法案が成立した後に必要となる配属希望アンケートを事前にとることは、国会を軽視するものであり、許し難い」という反対があった。そのような考え方から見れば、「広域異動」はさらにけしからぬ話で、法律が成立する前に既成事実として人間が動いてしまうのである。

そのときに、我々は何も約束できないけれども、「北海道にある家を離れて、故郷を捨てて、東京まで来る。その意欲と熱意はいずれ採用が行われるときに、当然プラスの評価を受けることになる」といった空気が言わず語らずのうちににじみ出し、伝わっていくことになった。「広域異動」は第一次、第二次合わせて約三八〇〇人余の職員が異動した。中には「家を処分して、お墓も買い替えて、移ってくる」というような話まであり、NHKの報道特集でこれらのエピソードが取り上げられ、大きな話題を呼んだ。

「広域異動」の実施は、国鉄総裁や我々が分割民営化へ向かって、さらに踏み込んで「自らの退路を遮断した」ことを意味した。多くの人を動かしておいて、分割民営化そのものができなかったら、責任は重大である。「できなければ、そのときは責任を取ろう」と私は思っていたし、職員局全員がその思いを共有していたので、「広域異動」についても朝のブリーフィングで「やろう」ということになった。

総裁室の両本部連絡会で一決し、直ちに実施されることになったものであった。同時に、「広域異動」は手を挙げて動いた職員自身が、自らの逆艪を外したことを意味するものであり、彼らの所属する労働組合にとっても、また然《しか》りであった。

7　動労、総評を脱退、社会党支持を撤回（一九八六年五月）

中曾根内閣の改造に先立つ一九八五年一二月、三塚政調会長代理の要請で、山口敏夫労働大臣以下労働省幹部と会うことになった。労働大臣からの要請で、井手、松田、南谷の各氏と私が出席した。永田町の料亭が会合の場所であった。労働大臣のほかに、労政局長など労働省の幹部が同席した。

最初の政治介入

そこで労働大臣から「君たちの労働組合対策はおかしい。国労こそが労働運動の主流なのだから、国労との関係を主軸に据えないと最終的にはうまくいかない。姿勢を変えろ」と言われた。総評からの働きかけで圧力をかけてきたのだった。国会審議が始まれば、政治やマスコミからの圧力はもっと強まるに違いなかった。

「国労を疎外しようと思っているわけではありません。国労が意思決定をしないので、他組合との整合がとれなくなっている。分割民営化のために必要な施策を、曖昧にするわけにはいかない。大臣は私たちに言うよりは、国労を指導すべきではないですか」と反論した。

翌日、当時の労政局長が総裁に電話をかけてきた。「昨日会った人々、なかんずく職員課長の葛西は、きわめて硬直的である。あんな棒を飲んだような労使関係の運営をやっていれば、あなたの首が危なくなりますよ」と言ったという。総裁は私に「お前、何を言ったのだ」と聞き、私が「国労と手を握れと言っているが、手を握るのは結果であって、国労が分割民営化に対して全く背を向けた形になっている状況では、握りたくとも握れません。だから国労に向かって指導をしてくださいと言っただけですよ」と答えたところ、総裁は「当然のことである」

と言って一笑に付してしまった。最初の政治介入だった。

三月に最初の国労分裂の動きが顕在化した。労働課長のところに面識のない国労組合員と称する者から電話があり、国労から脱退したいので話を聞いて欲しいという申し入れがあった。労働課長からその話を聞き、素性のわからない者からの電話によるアプローチは無視するに如くはないという点で意見が一致し放置しておいたところ、上野支部の営業系統の約二〇〇〇人が脱退して真国労（真国鉄労働者組合）という新組合を結成した。彼らが動労東京地方本部と気脈を通じていることは容易に想像できた。彼らは営業職場に潜入した動労革マルの別働隊であると治安当局は断定していた。しかし、「来る者は拒まず」がその時点での労務の基本だった。

そういう状況の中で、総評と動労の関係は非常に悪くなった。総評の本流は国労なので、動労に対しては大変厳しい姿勢を取り続けた。

「改革協」の発足

桜の花の咲く頃、労使共同宣言を結んだ労働組合が「国鉄改革労働組合協議会（改革協）」を結成した。しかしながら、生産性向上運動以来の鉄労の動労に対する積年の不信感は強く、いろいろと条件をつけた。「私たちは同盟に所属している。民社党を支持している。あなた方とは基本的な政治姿勢も違うし、所属団体も違うのだ。だからもし、鉄労と手を携えるのがあなた方の真意であるならば、総評を脱退すべきである。社会党支持もやめるべきである」等々の難問を投げかけた。動労はそれらのハードルを全部飛び越えた。その最初が総評脱退だった。「広域異動」「改革協結成」の後に来たのがそれだった。動労は総評を脱退した後、社会党支持も撤回した。

総評や社会党、治安当局、それに他の労組はすべて「動労の方向転換は偽装である。過激派が組織温存のためにやっているのだ」と断じていた。「あるいは、そうであるかもしれないが、国鉄改革に関して言行が一致している間は握手をする。言行不一致が明らかになれば、手を離して対峙《たいじ》するのみである」と我々は応答していた。

8 「希望退職法」が成立（一九八六年五月）

通常国会の審議が始まった。分割民営化のための法案と希望退職の法案を、ともにこの通常国会で成立させようとすると、タイムスケジュールがタイトになりすぎる。政府は、通常国会の焦点を希望退職法案成立に絞り、全力を集中する作戦をとった。

分割民営化の作業の流れから考えて、募集作業は一九八六（昭和六一）年の夏にはスタートさせる必要があった。通常国会で希望退職法案が成立すれば、分割民営化は分水嶺を越えたことになる。社会党、国労はそのことを十分知り、全力で阻止しようとした。

この希望退職法案のときが、国鉄改革関連法案の国会審議の中で一番厳しい鍔ぜり合いだった。社会党や総評の意気込みとエネルギーも強く、国会審議も緊迫していた。それゆえ国鉄・政府・与党の緊張感も強く、よく結束していた。反対する側の潜在意識の一部に、これは前哨戦であり、本決戦は秋の臨時国会だという意識がなかったら、もっと烈しい阻止のエネルギーが働いただろう。希望退職と分割民営化を通常国会、臨時国会に分けて審議する作戦を採らなかったら、野党の抵抗はさらに遥かに烈しいものとなったことは明らかだ。

また、政府、与党、国鉄自身についても、本格的な決戦が、まだ秋にあるという危機感は、とかく乱れやすい結束を堅く守る効果があった。巧みな心理的な作戦だった。

五月二一日、希望退職法案は通常国会を通過した。一九八三（昭和五八）年以来、採用停止を継続してきたが、要員合理化の急展開により余剰人員が増加してきた。それに加えて、分割民営化がスタートする一九八七（昭和六二）年四月までに、さらに一〇万人を超える要員合理化策が実施されることになる。このような事態に対処するために、割増退職金を支払うことを法律で定め、希望退職を募集する。それは要員対策の根幹をなすものであり、希望退職の募集と雇用対策が表裏一体として行われ、効果を上げたとき、初めて分割民営化が可能となる。

一九八五年夏から始まった国鉄余剰人員の公的部門採用は政府が逆艪を外したことを意味した。そしてこの希望退職法案が成立したときに、政府は自らの退路を決定的に断ったことになる。希望退職を募集しておきながら分割民営化はできなかったという余地はないからである。

希望退職法案が通った日、国会審議の場から本社に戻った私は、「希望退職法案は分割民営化法案と一体不可分のものであり、もう停止も逆戻りもありえない。秋の臨時国会での分割民営化関連法案の成立に政府も不退転の決意で取り組むだろう。我々も万全の備えをしよう。その間も、合理化・雇用対策を手抜かりなく進め、希望退職の募集も全力を尽くそう」と訓辞した。

この時点で国鉄内部、特に職員局には秋の臨時国会についての楽観ムードはなかった。どうしても法律を成立させなければならないとなれば、政府・与党はより一層妥協的になるかもしれなかった。秋の臨時国会の主題は労働問題、要員問題となるだろう。国労は法案阻止を期していた。社会党も決戦は秋の臨時国会という気構えだった。我々にとって攻勢を維持できるのは臨時国会までである。その間に一層攻勢を強め、社員の本心を直接問い続ける必要があった。

希望退職の募集は法律が成立すると、六月三〇日から速やかに始まった。応募は順調であった。二万人の希望退職を募集する計画であったが、結果的には四万人近くが応募した。当時、国鉄再建監理委員会が国鉄に示していた要員計画は、分割民営化発足時点での適正所要人員は一八万三〇〇〇人である。一方、現在員の方は採用停止を継続すると、一九八七（昭和六二）年度初で二七万六〇〇〇人と予測される。結果として、その差である九万三〇〇〇人が、一九八六年度中における雇用対策の必要数になる。この九万三〇〇〇人のうち、三万二〇〇〇人は新生ＪＲが採用する（つまり一八万三〇〇〇人と三万二〇〇〇人の和が国鉄再建監理委員会の示したＪＲへの採用数二一万五〇〇〇人である）。そして残る六万一〇〇〇人に、政府が責任をもって雇用を提供する。その内訳は、一応、公的部門が三万人、民間企業が一万一〇〇〇人、国鉄関連企業が二万人というフレームになっていた。

希望退職二万人というのは、割増退職金の給付を受けて、一九八六年度内に若年退職する者の数であり、その中には雇用対策で就職の斡旋を受けて他の民間企業へ転職していく者と、自分で仕事を探して転職する者の二種類のケースが含まれる。後者は一万人弱という前提であったが、蓋を開けてみるとその数は予想を遥かに上回り、希望退職者数は三万九〇〇〇人にも上った。その結果、ＪＲ各社の採用数、公的部門や民間企業への就職斡旋数、国鉄清算事業団での雇用対策の必要数は大幅に減って、余剰人員対策を助ける結果となった。希望退職や公的部門への応募が予想を上回って順調に進んだのは、分割民営化にあくまで反対し、戦う姿勢を取り続ける国労と、組合員一人ひとりの心の葛藤の結果であるように思う。

第3章　国鉄改革関連八法案の審議開始と国労の分裂

1　自民党、選挙で圧勝

通常国会が終了すると、国鉄再建監理委員会事務局次長から運輸省航空局次長に転じていた林氏が、国鉄再建総括審議官に復帰した。秋の臨時国会での国鉄改革関連八法案の審議は、自民対社・共の厳しい対決法案となるだろう。その焦点は、日本国有鉄道改革法第二三条（改革法二三条）になるだろう。法律案提出以来、運輸省がずっと気にし続けてきたのはこのことだった。

国鉄の法人格を承継するのは国鉄清算事業団であり、ＪＲ各社は新たに設立された事業体として全ての社員を国鉄、あるいは国鉄清算事業団から新規採用するという改革法二三条の仕組みに、運輸省国有鉄道部は、はじめから反対だった。「改革法二三条は必ず自社対決になる。俺は知らないぞ」。担当審議官から通常国会の審議の場で言われたことを思い出す。

林氏が国鉄再建総括審議官に就任したことは、我々にとっては朗報だった。これで無原則な譲歩、安易な妥協の懸念はなくなった。運輸省大臣官房国鉄部の雰囲気は、一変するだろう。安堵の息をもらす思いだった。

橋本運輸大臣の登場

解散を封じようとするマスコミの圧力に、通常国会が終了するまで「死んだふり」をしていた中曾根総理は、狙い澄ましたように衆議院を解散し、衆参同日選挙となった。

一九八六（昭和六一）年七月六日の衆参同日選挙において、衆参両院とも自民党は圧勝、衆議院での自民党の議席は三〇八（当時の定数五一二議席）に達した。この選挙の主たる争点は「国鉄分割民営化」。そして結果は、それが国民の圧倒的な支持を受けたことを意味した。

分割民営化の一環をなす希望退職の募集は、六月三〇日にすでに始まっていた。その上にこの選挙結果となれば、九月中旬に開会される臨時国会での国鉄改革関連八法案の審議結果は、すでに決まったようなもの、分割民営化はもはや既成の事実という空気が、政治の世界を支配しても不思議はなかった。それまでの緊張感が強かっただけに、選挙後の解放感との落差は大きかった。それが最も端的に表れたのが第三次中曾根内閣の運輸大臣の人事である。

運輸大臣は、通常国会で希望退職法案を成立させた三塚氏の再任と、関係者の誰もが思い込んでいた。したがって、橋本運輸大臣は意表を突く人事だった。自由民主党の行財政調査会の会長を務め、行財政改革を党側で推進していた橋本氏が、国鉄改革の仕上げを運輸大臣として担当するのは、それ自体としておかしくはない。

しかし、希望退職法案の成立により緒戦は成功裏に終わったものの、分割民営化自体の審議はこれからという段階である。法案を作成・提出し、通常国会の審議を乗り切ることを通じて誰よりも事案を熟知し、安定感を増した担当大臣を替えるのは、優勢のうちに進展している作戦の司令官を主力決戦の直前に変更するようなもの、意外の感は拭えなかった。それは中曾根総理が国鉄改革関連法案の成立を既定の事実と考えていることを示していた。

「伏龍会」

少し話が前後するが、橋本大臣の面識を得たのは一九八五（昭和六〇）年の四月、井手氏、大塚氏と私の三名が、行政管理庁の田中氏の仲立ちで、懇談の一夕を持ったときだった。松田氏は北海道に飛ばされて東京にはいなかった。当時、国鉄の首脳陣は「経営改革のための基本方策」を持って政・官・財、マスコミの要人に接触し、国鉄案の妥当性を説明するのに大わらわだったが、その一環で太田常務理事が、自由民主党の橋本行財政調査会会長に接触し、橋本氏が「太田はなかなか有能で使える人物だ」と評したという話が、田中氏から私に伝えられたのである。橋本氏は、運輸族のドン加藤六月代議士と同じ選挙区で、国鉄の上層部は加藤一辺倒だったため、橋本事務所は敷居の高い存在だった。

加藤六月氏と国鉄の縁は、佐藤内閣の末期の一九七一（昭和四六）年に遡る。次期総理と目されていた福田赳夫外相に、磯崎国鉄総裁が接近した際、福田氏から国鉄問題の担当として、当時、新進気鋭の代議士だった自派の加藤六月代議士が指名されたのだった。破綻した第一次再建計画の見直し作業が、一九七一年の通常国会終了後、自民党交通部会加藤小委員会という形で始まったのが、加藤代議士の政治家としての登竜門となった。

当時、私は経営計画室の主任部員で、第二次再建計画策定の事務担当として委員会に陪席していた。後に副総裁となる、当時、国会担当調査役の縄田氏が学生時代に加藤代議士とともに星島二郎代議士の書生をしていた奇縁から、国鉄側の加藤氏との接点は、もっぱら縄田氏が仕切ることとなった。太田氏と縄田氏はその当時から両雄並び立たずの関係にあり、加藤グループとの関与が薄かったことが、非常の際の橋本対策に好都合だったのだろう。

いずれにせよ、田中氏から、改革推進側も橋本氏に接触し、「基本方策」の問題点を理解してもらうべきだとの提案があり、橋本氏の常用の料理屋で待つ運びになったのだった。

橋本氏は席に着くとすぐに口を開いた。「皆さん方、国鉄の経営陣は、もっぱら加藤六月さんとお付き合いされていたので、私は経営側の人にはほとんど知己を持たない。むしろ国労委員長の武藤久さんや書記長の山崎俊一さんなど国労の諸君との方が、ずっと縁が繋がっている。そんなわけで、今日の席はいささか場違いなのではないかなどと感じながらうかがった次第だ」。ユーモアを交えた独特の口調だったが、上機嫌に見受けられた。

私たちは、国鉄改革を巡る国鉄再建監理委員会と国鉄首脳部の確執、国鉄改革推進のために今後留意して欲しいポイントなどをまとめた一枚のメモを用意し、それに基づいて状況説明を行った。

これがきっかけとなって、一九八五年四月頃から橋本行財政調査会会長と国鉄の改革グループは三カ月に一度くらいの間隔で、意見交換の場を持つことになり、この集まりは諸葛孔明に因んで「伏龍会」と名づけられた。橋本氏の印象は、若々しく、颯爽としている。頭の回転が速く、機知に富んでいるが、人一倍負けん気が強いということだった。伏龍会は橋本氏が運輸大臣となるまでの一年余りにわたり、二、三カ月に一回のペースで続けられた。こんなわけで、橋本運輸大臣の登場には、意表を突かれはしたが、歓迎だった。

風向きの微妙な変化

国鉄分割民営化が事実上峠を越えたという認識は、運輸大臣人事ばかりでなく、さまざまな関係者の姿勢に変化をもたらすことが予想された。成立が確実となった以上、野党との暗黙の了解を取りつけた上で穏やかに事を進めたいと、政府・与党が思うであろうことは予想された。その後も長く続く自社の関係、なかんずく早晩着手しなければならない消費税の導入などを考えると、国鉄問題で社会党と全面対決することは避けたい。国労に一歩譲ってでも同じ船に乗せ、総評、社会党の面子も傷つけずに事を進めようという動きが、政府、与党の国対・議運方面から表面化することも予想に難くはなかった。

社会労働委員会族の橋本氏を運輸大臣に据えたのも、社会党や総評を宥和しようという期待からなのだと考えれば頷ける。事実、橋本運輸大臣は、極力、国労、総評、社会党との対決ムードを和らげよう、審議をスムーズに進めよう、それが運輸大臣としての自分の役割だと考えているように感じられた。後藤田官房長官の留任も、社会党対策上有利だった。社会党における国鉄問題の窓口は、田辺誠、井上晋方、小林恒人の三代議士が務めていたが、井上代議士は後藤田官房長官の甥に当たる人で、水面下の折衝には絶好の布陣だったのである。

第二臨調からこの時期までのマスコミの論調は、労組を甘やかしすぎた国鉄経営へのバッシングから始まり、その延長として国鉄改革を激励する方向で推移してきた。しかし、分割民営化が事実上成ったとなれば、これからは一転してやりすぎ批判に方向を変化させるだろうことが予測された。国鉄職員の自殺者が急増しているという報道などにその兆候はすでに現れていた。

2　国労、組織崩壊の始まり

政治の場での大勢は決したものの、我々の担当する労務問題、職員問題はこれからが正念場だった。希望退職の募集は一九八六（昭和六一）年六月三〇日から始まっていた。合理化の交渉も大詰めに差しかかっていた。雇用対策も着々と進んでいた。しかし、最大の労組である国労は徹底抗戦の姿勢を崩しておらず、全てはその抵抗を除きつつ国鉄最後の日まで続く長い道のりの途上にあった。

九月中旬からの臨時国会では、国鉄改革関連八法案の審議が始まる。成立は確実だが、それと引き替えに、どんな譲歩を与党・政府が受容するかが問題だった。社会党、共産党の関心が国労支援、杉浦総裁の労務姿勢転換にあることは明白だったが、ここで無原則な妥協をすれば分割民営化後の労使関係は国鉄時代に逆戻りすることが目に見えていた。これまで職員局は先手、先手と新しい課題を提起して改革を牽引してきたが、秋の臨時国会では主導権が政治の場に移行し、総裁は専守防御に徹せざるをえない。それまでに事態をできるだけ煮詰めておく必要があった。

鉄労は当初から国鉄改革全面賛成であり、動労もまた七月の大会で分割民営化賛成、鉄労との歴史的和解へと舵を切っていた。

失敗に終わった国労の方向転換

この間、国労にも方向転換をさせよう、そして雇用安定協約を締結させ、組織の動揺を救済しようという試みが、社会党の田辺誠、井上晋方、小林恒人の各代議士を窓口にして行われた。小林代議士は国労札幌地方本部の出身で、バランス感覚が良いのを田辺誠書記長に評価されて、社会党と国鉄当局との窓口に起用されていた。国会対策委員会で田辺代議士と気心の知れた仲だった金丸信代議士が、田辺氏からの依頼を受けて腰を上げた。金丸氏は小此木彦三郎代議士に我々との調整を任せた。まず労使共同宣言に調印し、それをもって雇用安定協約を締結するという筋書きだった。文言調整の詰めに入ったのは、通常国会で希望退職法案が通ってから間もない頃だった。

「先行して労使共同宣言を結んだ三組合よりも緩和された条件というわけにはいかない」と我々は主張する。「しかし、全く同じ文言ということでは、国労のプライドが許さないだろう」と小此木代議士が言う。

双方の条件を満足させるために、文言調整を何回か繰り返した。都合三度にわたって私と南谷労働課長で、早朝に小此木邸にうかがい、朝食をいただいた後で案文の読み合わせ、修正をしたのである。ご夫人手作りのアサリの炊き込みご飯が、大変美味であったことだけが記憶に残り、文言修正作業の詳細は忘れてしまった。

後に小林恒人代議士に聞いたところでは、我々に少し遅れて社会党の田辺、井上、小林代議士が到着、別室で待機しており、できたての案文を見せられて調整が行われたのだという。最終的にまとまった案文を、小此木氏が国労の山崎委員長に手渡し、あとは中央執行委員会と、それに続く大会での方針転換を待つのみということになった。

我々は、仮に山崎委員長が本気だとしても、主流派さえまとめることは困難だろう、まして革同と協会派が代議員数の半数近くを占めている状況では、運動方針の転換などできるわけがないと見ていた。しかし、いくら我々が説明しても、結果を見なければ、金丸、小此木両氏は納得しないだろう。我々はそう考えていたのだが、はたして結果はその通りとなった。

労使共同宣言案を決定するはずの中央執行委員会の日に、待っていた小此木代議士のところに山崎委員長は遂に姿を現さなかった。我々は、翌日、小此木氏に呼ばれた。「あの件はもう忘れてよい。私は誠心誠意調整を試みたし、君たちもよく付き合ってくれた。山崎は我々の信頼に応えられなかった。田辺、小林が『申し訳ない』と可哀そうなくらい悪びれて謝りに来た。彼らに対する義理は十二分に果たしたことを、金丸さんにも報告してわかってもらった」。

国労はここでも方向転換の方針を決められないまま、七月の千葉大会に突っ込んでいった。国労にとって七月二二～二五日までの四日間にわたる千葉大会は、希望退職の募集がすでに始まっている現状を見定め、自ら現実的な路線に舵を切る、文字通り最後の機会であったはずである。山崎委員長は冒頭、「雇用確保と組織防衛を最重点目標とし、その達成のための戦術的決断は中央闘争委員会に一任」してくれるように求めたが、反主流派の抵抗の結果、「緊急・重要な課題の決定については事前または事後に機関に諮る」という曖昧な条件つきの妥協でお茶を濁す結果となった。もしここで明確な方向転換ができていれば、国労の組織崩壊は軽微にとどまったかもしれない。

しかし、山崎執行部にその厳しい現状認識はなく、したがって、ここで職を賭し、身命を賭して方針転換をしなければ、国労が消滅するなどとは夢にも思っていなかった。仮に決死の覚悟で方針転換を図ったとしても、それが可能であったか。恐らく困難であっただろう。国労の勢力分布は、代議員数から見ると、主流の民同左派がおよそ二分の一強、反主流のうち革同・共産が四分の一弱、社会主義協会派が四分の一弱という比率で、数の上では主流派が優勢だった。しかし、大会の場では物理的な行動力に勝る反主流派が数の上での劣勢を補って余りある力を発揮する。千葉大会で国労は、従来の分割民営化反対の方針を継続することを決め、新たに下田書記長を選出、山崎委員長、酒井副委員長、栗山副委員長、秋山企画部長の体制となった。最大勢力の東京地方本部は、圏外に立ち、形勢観望を決め込んだ。

国労の組織動揺が加速

国鉄改革が着々と進みつつあるという現実と、分割民営化反対という非現実的な運動方針の板挟みになった国労組合員の中からは、すでに政府、自治体など公的部門への転出を志す者が続出していた。希望退職の募集が始まるとともに、国労の組織崩壊も始まった。一方では、予想を上回る希望退職の応募者があり、その中には多数の国労組合員がいた。また、全国各管理局の非現業部門や工場など、日勤職場の職員が五〇名、一〇〇名という単位で国労を脱退し、自分たちだけの小組合を結成し始めた。国労の固執する分割民営化阻止の旗印には、これ以上ついて行けないと誰もが感じていたのだ。

最初に動きが出たのは静岡鉄道管理局の非現業で、約九〇名が国労を脱退し、「静岡鉄道管理局鉄道産業協議会」を結成したのだ。六月頃から始まったこの動きは、七、八月になると加速し、たちまちに三〇を超える小組合が出現、それぞれの人数も急速に増加した。その流れは非現業だけでなく、現場にも広がりつつあった。典型的には「〇〇局鉄道産業協議会」というような命名をして、鉄労、動労などが構成する改革協に参加してきた。一方、国労組織の崩壊を阻止すべく、総評や社会党は、社会労働委員会、国会対策委員会、労働省労政局、治安当局などあらゆる人脈を頼りに、政府や国鉄経営陣を揺さぶり、労務対策の方向転換をさせる最後の努力を試みていた。しかし、制御不能の錐もみ状態から国労を脱却させる目途は誰にも立てられなかった。

総評や社会党のみならず、鉄労や民社党の一部からも、職員局は動労を甘やかしすぎるとの批判があり、それが国鉄経営陣の一部と連動している気配があった。しかし、最大の労組である国労の抵抗を排しながら、分割民営化発足までにこなさなければならない数多くの課題を考えると、分割民営化に賛成する勢力の選り好みは不可能だった。また、鉄労と動労は互いを不信と警戒の目で見つめながら、国労との組織戦を有利に進めるために、便宜的に協力し合っているにすぎない状況であり、それも総裁や職員局の分割民営化に対する確信を紐帯とすることなしには維持できない状況であった。

経営側が少しでも曖昧な態度を見せ、揺れるようなことがあれば、改革協はトランプのカードで作った家のように、たちまちに壊れること確実である。そうなれば、我々を信頼してついてきた現場管理者や、真面目な職員たち、それに政府部門に転出した者、希望退職に応募した者、広域異動に応じた者などの全てを裏切ることになる。我々の課題である要員合理化、雇用斡旋、希望退職、職員の振り分けなど膨大な作業を、並行的に、しかも短期間に進めるには、最後の最後まで壊れやすい労使、労労間の信頼感を守り、複雑な連携を維持し続けることが不可欠であった。そのためには、たとえ孤軍となっても原則を守り続けるほかない。

全ての当事者と完全に平等な条件で合意する。わずかでも不均等なニュアンスを出せば、全ての信頼を失う。それは、これまでの成果の全てを無にすることだ。そう考えつつ職員局では来るべき臨時国会に備えるとともに、その後に必要となる正確・詳細な個人別勤務評価の整備を進めていた。

このような全体状況下にあった一九八六（昭和六一）年の夏、我々は、まず分割民営化を巡る一連の要員効率化施策のバックアップ施策として「人材活用センター」の設置を行い、次に労使間の信頼強化のための最後の一手として「第二次労使共同宣言の締結」と「スト権ストの二〇二億円損害賠償請求裁判の取り下げ」を提起した。

そして、それらを巡って与党・政府・国鉄経営陣と社会党・総評の間に国労の命運を賭けた駆け引きが展開されたが、国労が混乱の一途をたどった末に崩壊、分裂してしまったことにより、全ては「兵《つわもの》どもが夢の跡」となってしまった。国鉄の分割民営化は、国会の審議を前に事実上決着したのだ。以下、国鉄改革の天王山ともいえる「一九八六年の夏の陣」の流れをたどってみる。

3　人材活用センターの開設

七月から各鉄道管理局や工場の現場などで「人材活用センター」（以下人活センター）の設置が始まった。退職者の不補充、政府部門への採用決定、希望退職者の募集などの余剰人員対策にもかかわらず、要員合理化の急速な進展に伴い、各現場における過員数は増加の一途をたどっていた。大規模な過員の存在は勤務緩和、勤務時間内労働運動、職場規律の弛緩《しかん》に繋がり、ひいては旅客の安全を脅かす要因となる。「人活センター」というのは、このような弊害を避けるために、各現場ごとに設置される暫定的な組織であり、そこに人員を分割配置し、会社にとって、あるいは本人にとって、少しでも意義ある業務に活用しようという目的で設置された。

当然のことであるが、旅客の安全を第一とする輸送機関の使命を考えれば、服務姿勢、技術・技能などの評価が高い者から順次本務に充当していくことになる。そのため、国労は人活センターに配置になると「国鉄清算事業団への片道切符」を渡されたかのごとく受けとめ、激しい抵抗運動を展開した。

加速する組織動揺に危機感を強めた国労、総評、社会党は、その原因を次々と設置される人活センターに求め、国政調査権をちらつかせつつ社会党議員による現場調査を申し入れてきた。「人活センターでは非人間的ないじめが日常化している」というプロパガンダと表裏一体をなす動きで、生産性向上運動のときの成功体験にならった予想通りの行動だった。国鉄改革の推進について国民世論の強い支持を背に受けている上、国鉄改革がすでに停滞も後退も転進も許されない段階にまで進んでしまった今日、与党がこの程度のことで揺れる心配はないと思われたが、油断は禁物である。

我々は総裁を中心に毎日のように情勢分析を行い、与野党の議員を回り、説明を繰り返した。出先で国労の資料配布部隊と鉢合わせすることもしばしばだった。この種のことは相手の動きを読み、その機先を制して情報を入れた方が勝ちである。我々はおおむね情報戦、根回し競争を優位に進めていた。

そんなあるとき、再建実施推進本部事務局長が、人活センターに対する社会党議員団の立ち入り調査要求を条件付きで認めた方がよいと、総裁に進言しているところに鉢合わせして愕然としたことがあった。彼は社会党には必要十分な制約条件をつけて現場立ち入りを認め、その代わりに審議促進に協力してもらう方がよいという意見だった。

「そんなことをすれば現場は疑心暗鬼になる。絶対にだめだ」

「実害のないような条件をつけた上で社会党の顔を立てるだけだ」

「いったん職場に入れたら、社会党の調査団は新聞記者たちに対し、あることないこと取り混ぜて言いたい放題言うだろう。火を消すつもりが、反対に油を注いだ結果になるのは目に見えている。現場はそんなやり方を見れば疑心暗鬼になる。貴方が日頃非難してやまないマル生時代の磯崎総裁と同じことを杉浦さんにやらせようと言うのか」

そんな内容のやりとりになったところで杉浦総裁が断を下し、事は未然に防止された。しかし、彼はなぜ我々に対して直接意見を述べなかったのだろうか。それは「コップの中の嵐」の最初の兆候であったように思われる。

国政調査権は衆参両議院の権利であるから、議院として正式に決定しない限り行使できない。しかし、衆参両院とも与党が圧倒的に優勢であり、社会党ペースでの国政調査権発動などありえようはずもない。ブラフに動揺したり、迎合的になったりしさえしなければよいのだ。総裁と協議の結果、「議院の正式手続きなしに、野党の代議士や参議院議員が現場に立ち入りたいと言ってきた場合、明確に拒否する。気心の知れた国会議員が少人数で管理局を訪れ、説明を求めた場合、鉄道管理局長の判断により管理局で応接することは可。その判断、説明は局長自身が行う。現場に入れることは絶対に不可。現場長にこの趣旨を徹底する」ということに統一した。

4 第二次労使共同宣言の締結と二〇二億円訴訟の取り下げ

「人材活用センター」を設置したそのときから、早晩、国労、総評、社会党がここに焦点を定めて攻撃してくることを我々は予想し、その場合の対応法について検討・立案してあった。

常に先見的、主導的に新たな改革施策を提起し、状況の主導権を握ることが、我々の基本戦略であり、これまでの成功の秘訣でもあった。そして、これから打とうとしている最後の一手は以下のようなものであった。

最後の一手

①「民営・分割の実施に協力する」「民営化して争議権が付与された場合でも、健全な経営が定着するまでは争議を自粛する」などを内容とする第二次労使共同宣言を各組合に提案する。第一次労使共同宣言を未締結の国労に対しては、一次、二次を併せて締結するよう申し入れる。

②労使共同宣言を締結した労組はその趣旨に則り、経営側に対する全ての訴訟を取り下げ、紛争状態を解消する（鉄労との間には訴訟事案はなかったが、国労、動労は違法スト首謀者の解雇や規律違反に対する処分を不服として多数の訴訟を提起し係争中だった）。

③経営側はそのような条件が整備された場合には、スト権ストの二〇二億円損害賠償請求を取り下げる。

我々の読みとして、鉄労は直ちに賛成するだろう。動労も、一月に第一次共同宣言を締結したことを皮切りに、広域異動、総評脱退、社会党支持撤回、分割民営化賛成と矢継ぎ早に急旋回してきた年初来の経過を見ると、今回の提案にも必ず乗ってくるだろう。国労は新たな課題の出現により、「人活センター」に対する攻撃の出端《ではな》を挫かれることになるだろう。

もし国労が先行する他組合と同様の労使共同宣言を結び、改革の施策に協力するならば、国労に対しても二〇二億円損害賠償請求訴訟（二〇二億円訴訟）を取り下げることになる。最善のシナリオは国労が土壇場で、これまでの遅れを一気に飛び越え、先行組合と一線に並ぶことであった。しかし、すでに田辺・小此木調停工作が失敗に終わった経験から判断して、国労には方向転換能力はないと思わざるをえなかった。

労使共同宣言の狙いは、組合に問いかけると同時に職員一人ひとりに直接問いかけることにあった。国労はそのことを知りつつも、組織内派閥の論理に足を取られ、これまでと同じように迷走する。国労の組合員は失望し、自分と家族の生活を守るために、自律して行動せざるをえなくなる。いずれにせよ、改革は一歩前進する。我々はそう読み切っていた。

二〇二億円の損害賠償請求は、国労、動労に対して一括して請求されたものであり、それぞれがいくらずつと区分されているわけではなかった。だから、一方の請求を取り下げた場合でも、残る一方に二〇二億円を請求するのが筋だ。我々はそれを原案とした。

また、支払い能力を保全するために、組合の施設に対して財産保全の仮処分申請を行うことも検討した。これらのパッケージは国労に決断を迫る最後通牒的な効果を持つと考えられた。

根回し

しかし、その実施には慎重な根回しが必要だった。二〇二億円訴訟は、一九七五（昭和五〇）年一一月末から八日間にわたって行われたスト権奪取のための違法スト（いわゆる「スト権スト」）に対する国民的な怒りと、自民党中曾根幹事長の強い意志が、嫌がる国鉄経営陣を動かして無理やりに提起させた、曰くつきの訴訟であった。だから、折あらば、何かと取引をした上で取り下げるか、あるいは和解したいというのが、国鉄当局の姿勢であった。

現に、一九八一（昭和五六）年、経営改善計画スタートに先立ち、七万人の要員合理化と訴訟の引き延ばしを取引材料にしようとしたことが批判を呼び、それが高木総裁更迭の一因ともなっていた。

今回はどうか。組合間で対応が異なる可能性の高い本件の実施に先立って、まずやらなければならないのは、法律的な正当性の検証であった。これまで国労、動労を一体として請求してきた訴訟を、ここにきて分離し、動労に対してだけ取り下げることが可能か否かの検討がなされた。

第一次、第二次の労使共同宣言で、国鉄期間中はもちろん、民営化後も経営が安定するまでストライキは行わないと約束する、その上に、組合側から会社側に対して起こしている懲戒処分撤回の訴えを全て取り下げると言うのであれば、そのような決断をした組合に対して、当局も二〇二億円の賠償請求を取り下げる十分な理由になるという結論になった。

また、動労に対する訴訟を取り下げた場合でも、国労に対しては、依然として二〇二億円を請求するのが最も自然ではあるが、仮に国労分と動労分を区分し、動労分を差し引いて国労に請求することが法的に可能かとの検討も併せてなされ、それも法的には可能という結論を得た。

さらに重要だったのは、きわめて政治的な色彩の強いこの訴訟を取り下げるためには、政府、与党の要路に対し、二〇二億円という請求額を遥かに上回る国民的な利益が、取り下げによりもたらされることを理解してもらうことだった。

その手順は、まず、改革協の動労、鉄労に説明し、双方の賛同を確認しておく。その上で政府、与党のキーパーソンに説明し、支持を取りつける。ここまでの過程で事が漏れると、逆回しや、新聞の報道や評論・解説の対象となり、全てが混線、ぐるぐる回りになってしまう。したがって、説明対象は真に重要な少数に限り、極力短期間に合意を形成し、直ちに実行する。素早く、隠密裏に準備を進め、電光石火実施することができるか否かが、成否の鍵を握っていた。

このカードが切られたときに、職員局は考えられる労組対策の手持ちのカードを出し切り、専守防御の態勢に入るのだった。

職員局内の検討は、保秘のために人数を絞り、一週間で済ませた。

八月一八日に、総裁の決断により実行の方向が決まり、一九日から根回しに入った。

まず、動労と接触した。動労は我々が作成・提示した第二次労使共同宣言の文言を全て了解し、二〇二億円訴訟の取り下げと引き替えに、当局に対する全訴訟（三一件）を取り下げる意思を明らかにした。鉄労の志摩組合長も二つ返事で大賛成だった。

鉄労、動労と接触した翌二〇日、国労本部の山口英樹中央執行委員が接触してきた。下田書記長の使いだった。「分割民営化反対の旗は降ろせる、労使共同宣言も結べる、国鉄改革法二三条の新規採用方式は認められない。書記長の下田と会って欲しい」という言伝てであったのでいつでも会う旨を伝えた。動労、鉄労に根回しした事柄は、全く漏れていないことがわかった。山口氏は札幌地方本部出身で、社会党の小林代議士の秘書兼連絡将校として動いていた。

八月二〇日の一七時四〇分に小此木代議士に説明。政府与党に対する根回しが始まった。

小此木氏は動労に対する訴えを取り下げたのに、請求額が二〇二億円のままでは「国労いじめ」と受け取られ、世論の反発を買う。二〇二億円を国労分と動労分に区分し、動労の分を取り下げた場合、国労に対する請求額は二〇二億円マイナス動労分ということにすべきだと言う。すでに法的に検討を終え、金額も試算を終了していたので、その方向でやると答え、小此木代議士は了承した。

総理への根回しは、二五日に小此木氏から、まず総理の耳に入れてもらい、その後で杉浦総裁から改めて総理に説明すること、党三役の根回しは三塚代議士が自ら労を取り、二六日夕刻に、根回しの結果を教えてもらうこととなった。

その上で、二七日に第二次労使共同宣言を締結し、動労は国鉄当局に対する訴訟を全て取り下げる。その結果を踏まえて、二八日に動労に対する二〇二億円訴訟の取り下げを発表するという筋書きができあがった。

八月二一日、橋本大臣に杉浦総裁から説明し、了解を得た。大臣の一言。「やろう。しかし、怖いことをする人たちだね。国労が可哀そうになるよ」。

八月二六日、労働問題担当の顧問弁護士に説明、アドバイスを受けた。①動労がまず国鉄当局に対する訴訟事案を取り下げ、その上で当局が二〇二億円訴訟を取り下げること。②動労が訴訟を取り下げる意思表示をするのは、二七日に第二次労使共同宣言を締結した後とすること。③労使共同宣言の締結を国労にも強く迫ること。

いずれも我々の考えた手順を裏打ちしてくれるものだった。

八月二六日一五時三〇分に大塚秘書役から電話があり、杉浦総裁が中曾根総理に説明した際の総理の意見が伝えられた。「やりたまえ。大変なことだ。計り知れない利益がある。ただ国労の支払い能力担保のため、国労財産の仮差し押さえをするというのは国労いじめに見えるからやめた方がよい。動労に対する訴訟を取り下げるだけで十分だ。総裁談話の中に『動労の方から当局に対する訴訟を取り下げるという意思表示があり、当局もそれに応えて二〇二億円訴訟を取り下げることにした』という一節を入れるように。党三役によく話しておくこと」とのことだった。

後藤田官房長官は「結構である。しかし二〇二億円の損害があったという事実はどうなるのかな。動労首脳部は革マルだ。いずれ本性を出すぞ」。

竹下登幹事長、伊東正義政調会長は、「三塚君から聞いたよ」ということだった。

社会党国会議員の人活センター立ち入り調査については、総理、官房長官、運輸大臣、それに竹下幹事長の四人から「絶対に入れてはならない。国鉄当局の既定方針を堅持せよ」との強い指示があり、大いに安心した。

八月二七日、一一時に瀬島氏を訪問し、状況を説明した。瀬島氏から三点について言及があった。「一つ、国労とは中途半端な妥協をすべきではない。新会社に移行する二一万人は改革協一五万人、国労六万人くらいだと理想的かな。二つ、運輸大臣を三塚氏から橋本氏に替えた人事はどう受けとめたか。びっくりしたかもしれないな。あの人事のこころは、党の三塚、政府の橋本、国鉄の杉浦を三頭立てにして、総理総裁である中曾根総理が御して行く体制ということだ。三つ、これからの主要課題は新会社のトップ人事だ。国鉄ＯＢは使わない方針だ。よくここまで来たなあ。もう方向は変わらない。ご苦労さん」。

政界、財界の関心は新事業体首脳人事に移っていることを感じながら事務所を辞した。

国労以外は妥結

二七日一五時一五分から総裁室で労使協議会が開かれ、第二次労使共同宣言が締結された。総裁が改革協の決断を評価し、今後、法案の審議に全力を挙げることを述べ、鉄労組合長の志摩議長がこれに応え、改革協結成以来自分たちが申し入れてきた主張が、第二次労使共同宣言に結実しており、満足している。経営が安定するまで争議権の行使を自粛するということは素晴らしい。国労とも労使共同宣言を結ぶつもりとのことだが、第一次労使共同宣言から今日に至る過程で積み重ねた実績を尊重し、それより甘い条件で結ぶことのないようにしてもらいたいと釘を刺してきた。予想された反応だった。

一五時四〇分、労使の共同記者会見が行われ、第二次労使共同宣言締結の事実を公表した。それまでの水面下の作業は、いっさいマスコミに漏れなかった。

一六時三〇分から国労との会談を開催、第一次、第二次労使共同宣言の内容を兼ね備える宣言を結ぶよう強く要請した。国労は下田書記長、秋山企画部長ほか数名が出席したが、「他に道はないのか」という曖昧な返事だった。

八月二八日、一三時、伊香保で行われた全施労の大会に来賓として出席した杉浦総裁は、来賓挨拶の中で、初めて二〇二億円訴訟の取り下げに言及した。

「第二次労使共同宣言は、戦後の労働運動のエポックをなすものである。これから国鉄改革は正念場を迎える。その最大の問題は、社員の振り分け（新事業体各社の採用候補者名簿作り）と余剰人員対策である。全力を挙げて事に当たる。ところで、第二次労使共同宣言の延長線上で、動労から重要な提案がなされた。当局を相手に提訴している訴訟事案三二件を全部取り下げたいと、動労の執行委員長から申し出があったのだ。合理化に協力し、余剰人員対策に協力し、その上でストを自粛、訴訟を取り下げる。ありがたいと思う。思えば一〇年前、スト権ストによる損害二〇二億円の賠償訴訟を国鉄は提起した。しかし、今この新たなる進展を目にして、私はそのうちの動労相当分について訴訟を取り下げたいと思う」

この挨拶を済ませた後、総裁は本社に戻り、一七時三〇分に動労に対する二〇二億円訴訟の取り下げについて記者レクを行った。新聞論調は冷静、客観的であり、成功だった。

九月一日「内ゲバ」発生

九月一日未明、東京、大阪の六カ所で同時多発襲撃があり、真国労の幹部一名が死亡、八名が重傷を負った。警察は直ちに極左セクト間の内ゲバであると発表した。

この事件は警察の言う、いわゆる内ゲバの面もあったと思う。しかし、国鉄改革関連法案の国会審議の直前、国労組織の急減というタイミングや、襲撃された顔ぶれが国労を脱退した真国労の指導的メンバーということから判断して、国鉄改革と無関係ではありえないというのが我々の見解だった。

次なる真国労型分裂を牽制し、国労の組織動揺に歯止めをかけることが直接の目的であったことは明らかだが、これを契機に国労はもとより、社会党や総評も労務政策批判を展開するに違いなかった。

「鉄労、動労との労使共同宣言を背景に、国労に方向転換を迫る国鉄当局の労務対策は、労働問題の解決に性急なあまり、治安問題を飛び出させた。言わば藪をつついて蛇を出したようなものであり、このことからだけ見ても杉浦労政は失敗である」

彼らの声が耳に聞こえるようだった。

一方、杉浦総裁と我々職員局は、国会審議に向けて専守防御、持久に徹する態勢に入った。これまでの一年余、職員局は誰もが不可能と見ていた広汎で前人未踏の労務・要員上の課題を、当事者自身でも信じられないほど成功裏にこなしてきた。施策の合理性・正当性は我々の側にあった。総裁の方針が毅然として揺るがなかったことが決定的だった。

僚友にも恵まれた。その上で成功の秘密は、常に主導すること、集中すること、速攻すること、一貫継続すること、徹底することにあった。これからの国会審議では、それが封じられ、専守防御に徹しなければならない。やるべきことはやったという充足感と、これからが困難という緊張感に心身が張りつめていた。

5　政労交渉

鉄労、動労など改革協の各組合との第二次労使共同宣言の締結、動労との紛争の解消、なかんずく二〇二億円訴訟の取り下げは、国労に方針転換を迫る最後通牒と受けとめられた。九月一日に社会党・総評が直接仲介の動きを開始したことが、それを物語る。

まず、労働省労政局経由で総評事務局の幹部四人が接触を求めてきて、南谷労働課長、門野職員課長と私の三人で対応した。

彼らの主張するところは、「総評としては国労組織の減少は看過できない。国労が中央委員会で本部一任を取りつけ、決意と展望を示したら、それを評価して雇用安定協約を結んでやって欲しい。それを武器として、国労本部は組織内をまとめ、大会で運動方針を修正し、労使共同宣言を締結する。反主流を押さえ込むための武器としてそれが必要だ。総評がそれを裏書き保証する」ということだった。

「それでは食い逃げになる。国労だけが組合というわけではない。九万人の改革協がある。国労にだけ低いバーを跳ばせれば、他の四組合を裏切った形となり、九万人との信頼関係は崩れる。両方に同じ問題を解いてもらうほかない。それはとりも直さず、運動方針を修正することだ。反合理化、反分割民営化、階級闘争路線では、労使共同宣言の内容と全く矛盾する。仮に運動方針をそのままにして共同宣言を結んだとしよう。それで共同宣言が実効的に機能すると思うか。東京地方本部は従わないだろう。『七月の千葉大会で雇用確保と組織防衛に関しては本部に一任したのだから指示に従え』と本部が言っても、東京は『一任したのは運動方針を実現するための戦術までだ。東京は運動方針通りやっている。統制違反を犯しているのは本部だ。我々は運動方針と異なる内容の労使共同宣言を結んでよいなどと一任した覚えはない』とうそぶくに決まっている。どうですか」と尋ねた。

すると、「どこかで手を握らないと、自民党は葛西さんのクビと審議促進への協力を取引するでしょう。それでは元も子もないでしょう」と揺さぶりをかけてきた。「いっこうに構いませんよ。好きでやっているのではありませんから」「そう開き直られてはみんなが困る。動労を説得できるのはほかにいないんだから」というやりとりの後で、結局は「放っておくしかない。しかし、我々の地下水脈は繋げておきましょう。改革が済んだら一杯飲みながら、一緒に回顧談でもしましょう」ということで、その日は解散となった。

「揺さぶり」の活発化

九月一二日、国労の下田書記長、連絡係の山口中央執行委員と丸の内ホテルで会った。彼らの意見は「総評の指導は尊重する。第一次、第二次労使共同宣言の内容と運動方針が矛盾する点について、大会でこれを修正するのは重すぎて無理だ。国鉄改革関連法案に賛成の決議はできない。中央委員会での修正なら可能かもしれない。中央委員会は七三人の会議で主流派が押さえている。ここで、分割民営化賛成、国鉄当局に対する訴訟を取り下げるという決定をし、後は地方本部ごとに委員長名で方向転換することはできるかもしれない」ということだった。

九月一三日、連絡が林審議官からあった。橋本運輸大臣、大出俊社会党国対委員長、井手総裁室長に林氏の四人で一六日夜に会談、それを受けて一七日一四時に杉浦、葛西、江田虎臣総評副議長、平四郎総評副事務局長の四人で会う段取りになったという。

「総評との会談は喧嘩にはならないようにくれぐれも頼む」というのが大臣からの伝言であった。本来、労使で行うべきところに、大臣や総評が出てくるのは筋違いである。ただ、社労委が長い大臣が、国会審議に先だって政労交渉で地ならしをしておこうと思うのは、予想されたところだった。

国労救済の政労交渉が始まり、大臣からの指示で総裁が総評と会うことになったのと、ときを同じくして、各新聞社や国会議員のところに現場長を自称する匿名の書簡がいっせいに送付された。杉浦労政批判、職員局批判を内容とするものだった。

一六日、三塚代議士の庄司秘書から電話があり、後藤田官房長官が、法案が通ったら三人組を切ると言っているという。また、後藤田官房長官が杉浦総裁に電話をかけ、国労対策をうまくやれと言ったという新聞記者情報も入ってきた。真偽のほどは明らかでなかったが、経営側に対する揺さぶりを狙った攪乱情報と思われた。特に職員局と再建実施推進本部事務局の分断が狙いで、その発信源は、後藤田官房長官に近い社会党筋だろうと推測された。葛西、松田は仲違いをしたとの噂も流されていた。さまざまなキャンペーンが、政労交渉に合わせて集中的に展開されているに違いなかった。

匿名書簡の内容は、多くの現場長、現場管理者が、杉浦労政についていけないと言っているという歪曲されたもの。無視するに如くはないと判断した。しかし、現場長を僭称されたことに怒りを覚えた多数の現場長たちが、間髪を容れず署名入りの書簡を出し真情を吐露した。それは「管理者の会」と会名を名乗り、代表者である東京駅長の署名があった。

「現場長たちは杉浦総裁と職員局の労務対策を全面的に信頼・支持しているので妥協すること

なく改革を実現させて欲しい」という内容であり、堂々と姓名を名乗っての書簡であるだけに説得力があった。国会審議を意識した匿名書簡作戦は、審議開始後の野党質問で言及されたが、運輸大臣が正々堂々と東京駅長の署名した書簡の内容を読み上げることにより、旬日を経ずして忘れられてしまった。

総裁・総評副議長会談

江田・平、杉浦・葛西の四者会談は九月一七日一四時、国鉄総裁室で行われた。

江田総評副議長が切り出した。「国労との労使関係を今日の時点から正常化したい。国鉄には現在三〇以上もの組合が乱立していると聞く。そういう状態はよくない。痩せても枯れても国労。双方が大人になって交渉し、円滑に話し合える状況を作りたい。運輸大臣からもお前さんが労を取ってくれと言われた。国労三役とも話をしてきた。今日中に決着をつけたい」。

杉浦総裁が答える。「気持ちは同じである。国労とも改革の志をともにして行きたい。経営の現状と改革の必要性を理解して欲しいとこれまでずっと思ってきた。国労との関係が不正常になるよう私が仕向けたことはない。全ての組合に公平、平等、対等にやってきた。残念ながら前へ進むスピードが組合により大分違う。結果として差が出てしまったのは非常に残念だ。それを改善できるか否かはもっぱら国労の問題である」。

「スピードの差もある。乗り違えもある。問題は昨年（一九八五年）一一月末の雇用安定協約の再締結交渉の時点に遡る。この出発点に戻り、国労にも対応せよと言っている。私も素手では来ていない。最終的には当事者問題だが、国労からは全てをお預かりしてきている。雇用安定協約を国労と結ぶことが全ての出発点である」

「どんどん世の中は変わっている。後戻りしても仕方ない。労使共同宣言の締結は運動方針の変更なしにはできない。雇用安定協約の締結の前提条件は労使共同宣言だ。締結できるような実態が整えられればいつでも結ぶ」

「それはやる」

「なにをどうやるかだ」

「イデオロギーの違う集団を一つにまとめよと言っても、短期間には困難である」

「まず、それを先にやっていただきたい」

「運動方針を修正し、それに基づいてやるというのは、ハードルが高すぎて無理だ。私を信頼して欲しい」

「総評は当事者ではない」

「三〇も小組合が乱立しているのは問題だと思わないか」

「いま一本化の方向にある。国労にも他の組合と同じスタンスで取り組んでもらうしかない。運動方針を変えることがそれだ」

「労使共同宣言を結ぶことは方針を変えることだ。全てを同時にクリアせよと言われても不可能だ。全部やれというのは無理だ」

「運動方針の変更は、全部ではなく最小限だ。他の組合はこの一年間でずっと先に進んでいる。第一次、第二次にわたる労使共同宣言の締結、合理化の推進、広域異動などなど。それと全く同じところまで進んで見せよと言っているわけではない。先行他組合を納得させるだけの条件を整えて欲しいと言っている。先行組合の説得は容易なことではない」

「私を信用して欲しいと言っているのだ」

「江田さんのご苦労には感謝する。しかし、事実を前にしない限り先行組合は私を信用しない。江田さんを信頼したのだと言っただけでは、先行組合を納得させるのは無理だ」

「他の労働組合に気兼ねするようでは、総裁の役割は務まらない。あなたの主体性とはそんな弱いものではないはずだ」

「他組合との平等、公平は本質的な問題である。信頼の基本だ」

「山崎の判を取ってきた。空手では来ていない」

「まず、国労に条件整備をやらせて欲しい。ストの自粛、国鉄改革への協力の二点だけを解決すればよいと国労に伝えて欲しい。とにかく事実をもって示してくれ」

「総評の指導性まで否定するならば、我々も手を変えねばならない」

「なんと言われようとそれは無理だ」

「官房長官に会ったときに、私は労使共同宣言と雇用安定協約を結ばせますと言った。橋本大臣にも言った。大臣は、江田さんと平さんで総裁と葛西君に会ってくれ、彼らには私から話しておく、とは言ったが、条件は一つもつけなかった。手続き方法まで言われては困る」

「国労に対しては労使という場であらゆる努力をしてきた。それでもできなかったことを、やってみせるから黙って信用しろと言われてもそれだけでは信用できない」

「信用しろ。あなた方にとってプラスになる。この時期を逃せば右と左から反乱が起こる。度量を見せてくれ。それで組合も組合員もついてくる。どの道を選んでも東京で混乱は起こる。国労働運動でないところはコントロールできない。セクトを敵にするのは得ではないと思う。国労組織は自らの中にそのセクト、つまりは体質的な混乱条件を持っている。組合組織の力で押さえさせるべきである。今の国労本部に、条件をクリアできる能力があれば、私たちはこんな話を持ってきたりしない。総裁、どうなんだ」

「私は、江田さんのおっしゃるような決断はできない」。すると江田氏は私の方を向いて、「どちらがよいのだ、葛西さん」と迫ったので、「国労をご指導ください」と答えると、江田氏が言った。

「共同宣言は大変なことだ」

総評副議長と総裁の会談は、当然のことながら接点を見いだすことなく終わった。

国労の内情

二〇〇五年刊行された武藤久氏（山崎委員長の前任の国労委員長）の回顧録によれば、総評と社会党は九月一一日に山崎委員長以下を箱根に呼び出し、白紙委任状を提出させてあった。その意味で江田総評副議長が総裁に「国労から一任を取りつけてきた」と言ったのは事実であり、彼は山崎委員長の判を取ってきていた。しかし、国労内部では白紙委任の範囲について山崎委員長が厳しく追及され、立ち往生した。武藤氏は、下田書記長の懇請により江田総評副議長に渡した白紙委任状を取り返しに行き、反対に一喝されたということである。この白紙委任状に、いかほどかの実効性があったかと言えば、皆無というのが実態だっただろう。

翌九月一八日、林審議官から私に電話があった。井上代議士から電話があり、以下のようなやりとりだったということだった。井上代議士は社会党ではあるが、後藤田官房長官の甥に当たる人物である。官房長官の国労、動労問題についての判断は、警察情報と井上情報に基づいたものと思われた。また、新聞記者たちが時折もたらす官房長官の意向や発言についての情報の発信源も、井上代議士だと我々は見ていた。

「どうしたらいいんだ」と井上氏が切り出した。

「共産系、協会派を切るしかない。山崎じゃあ切れないだろう」

「江田提案のようにすれば、組合員は主流に集まる」

「それは駄目だ。他組合が絶対に許さない。そこで国労に甘くすれば、国鉄の中は収拾不能の大混乱に陥る。まず、二条件をクリアして欲しい」

「そこなんだ。それでは皆散ってしまう。どうしたらいいんだ」

こんなやりとりだったという。

国労の救済を巡る臨時国会前の政政、政労、労使の対角線折衝は「杉浦、江田会談」で事実上終焉となった。江田提案は、運動方針の転換をさせるという総評首脳部の言葉を信じて、すでに実績を積み重ねてきている先行組合と同じ扱いをして欲しいというもので、これに一歩でも譲って国労と雇用安定協約を結べば、国労は安心して迷走を続けること必至である。それは余剰人員対策三本柱を巡る交渉で証明済みだった。総評・社会党は懸命に国労を指導するだろう。しかし、すでに小此木調停で証明済みのように、国労は方向転換などできないだろう。そうなれば、改革協との信頼関係はガタガタになる。言いにくいことだが曖昧にしてはいけないものだった。杉浦総裁の一貫、毅然とした、さまざまな圧力、揺さぶりに動じない姿勢が頼もしく思われた。

6　国鉄改革は終わった

臨時国会召集直後の九月一九日一九時、橋本運輸大臣と杉浦国鉄総裁の夕食懇談会が赤坂の料亭で行われた。井手、松田、大塚各氏と私が陪席した。まず、運輸大臣が口を切った。

「今回のことは江田さんが振りつけ通りに動かなかったのでうまくいかなかった。初めは、葛西君がまた突っぱねたのかと思ったが、そうではなかった。しかし、総裁ももう少し日本語に気をつけてくれればよいのにと思った。ところで、杉浦さんや三悪人は、法律が通ったらクビになるんだそうだね」

「そうですか。それは嬉しいことですね。もしそうなら職員の振り分けの前に解放してくださいね」

「喜ばれたんじゃあ面白くもない」

橋本大臣、席を蹴る

この日の会合は杉浦・江田会談が決裂した直後だったので何かあるだろうと覚悟していた。こんなふうにユーモアめいた皮肉で始まったのだが、それはいつものことなので、まずは、みなほっとした頃に運輸大臣が切り出した。

「社会党国対筋から山崎がコペルニクス的な方向転換を決心したと言ってきた。大会を開き、訴訟事案を全て取り下げ、運動方針の変更をやると言っているそうだ。そこまでやるのなら、国労大会の会場の隣の部屋に国鉄当局を待たせておいて、ワンタッチで雇用安定協約を結ぶこともありうると社会党には話したのだが、どう思うか」

七月の千葉大会の際に、自民党は金丸・小此木ライン、社会党は田辺・井上・小林ライン、国鉄は橋元雅司副総裁、葛西、南谷ラインで国労に労使共同宣言を結ばせ、雇用安定協約を再締結しようと試みたことがあった。そのとき山崎委員長は田辺氏たちに約束したが、結局、反主流派の抵抗で果たせなかった。

「山崎の言うことなど一言だって信じてはいけません」「こちらは焦る必要はない。様子を見ましょう」「臨時大会の開催は反主流派の要求であり、山崎の思うようにはならないでしょう。彼が何を言ったかではなく、何をやったかを見て判断すべきだと思います」

国鉄側が代わる代わる意見を述べると、大臣はそれに応えて、「決まらなければ分裂になるから、それでもよいではないか」とご執心である。

「国労が分裂しそうになったら、社会党は、ここまで努力をしたのだから雇用安定協約を結んでやって欲しい、主流派を援けてやって欲しいなどと言ってくるでしょう。社会党も焦っているのです。一歩引いて見ていたらどうでしょうか」

「審議日程がかかっている」

「たいして影響しないと思いますが」

このような総裁とのやりとりのあとで橋本運輸大臣は沈黙し、一呼吸整えてから「ちょっと隣の部屋にいる秘書官を呼びたいのだがよろしいですか」と言った。「どうぞ」と答え、仲居が秘書官を呼びに行った。何事かと思って駆けつけた秘書官が、大臣の横に来て立て膝をついたとき、大臣がおもむろに口を切った。

「あなた方は労務対策についての私の見識を信頼していないようだ。確かに私は素人だ。そこまでご注文があるなら手を引く。今後、私はいっさい口を出さない。今日は不愉快だからこれで帰らせてもらう。これからは直接会うことはないと思ってくれ。席を立つ前に、私からも一つ注文を言わせてもらう。あなた方は自分の説明義務を十分果たしていない。動労の指導部は依然として革マルだ、偽装転向だと全ての治安関係者が確信している。その誤解を解く努力は全く不十分だ。それだけ言わせてもらう」

切り口上でそう言って大臣は席を立って帰ってしまった。予想外の展開に、総裁以下我々もすっかり気圧されて早々に解散となった。

翌日、大臣の機嫌を直してもらうために運輸省に行くことになった。もう会わないと言われても、それでは仕事が回っていかない。特に総裁室が担当するトップ人事、経営計画室の担当する資産分割は運輸省との折衝なしには進まない。

「井手と俺で行ってくる。職員局は来ない方がよい」と松田氏が言うのでお任せすることにした。国会審議での焦点となるのは労務であるが、直接の当事者以外はどうしても、「もっとうまくやれるはずだ」という思いが、心のどこかに生じがちである。平時ならそれでも済むだろう。しかし、今日のような非常時となると、唯一のやり方は合理性と正当性のある原理原則に愚直に従っていくことだ。身をもってそれを実践してきたのが杉浦総裁である。

いわゆる、社労族の橋本大臣が社会党、総評との付き合いを生かしてスムーズに国会審議を進め、大方の期待に応えたいと思う気持ちもわかるが、総裁や我々職員局の相手は国労だけではない。鉄労、動労などの改革協九万人の信頼は、愚直に彼らとの約束を守ることによってのみ維持できるのだ。だから、大臣との接点が多ければご機嫌を損ねることを覚悟の上で言うべきことを言わなければならない場合が多くなる。それならお任せしておいた方がよいかもしれない。我々は黙々としてやればいいんだという思いもあった。

九月二七日の深夜近く、国鉄クラブの記者から取材電話が入った。二五日に運輸省クラブ（経済部の交通研究会）の記者が運輸大臣から聞いた以下のような話について、当方の反応を打診してきたのだった。

「雇用対策の対象となる六・一万人（公的部門三・〇、民間企業一・一、国鉄関連企業二・〇）が全て国労組合員だと仮定してもなお、七万人の国労組合員が新会社に採用されることになる（この時点での国労組織人員は一三・一万人）。国労と敵対状態のままで新会社に移行した場合、これをまとめきれる労務担当者がはたして国鉄にいるか疑問だ。職員局の連中などには、それを何回も言っているが、反応は今ひとつだ。縄田・太田のときも駄目だったが、今の連中も駄目だ。山崎が来たから、いつでも相談に乗ると言っておいた。一七日の杉浦・江田会談だが、一つの組織の指導者が決断しようと言うとき、わかり切った細かなことは言うべきではない。微妙なときには話の持っていき方一つで相手の対応がガラリと変わってくる」

電話の受話器を耳に当てながら考えた。総評が決断したら国労がそれに従うだろうか。仮に主流派がそうしたいと考えたとしても、国労全体としての意思決定能力があるのだろうか。いずれも答えは否である。こんな場合、言葉づかいや話の持っていき方などで、どうにかなるものではない。なんと言われようと、愚直に鍔ぜり合いをするだけだ。

総理大臣の一言

このようにして東京で国会開会直前の政労交渉が続いていた頃、軽井沢では新聞各社の政治部キャップが、中曾根総理の招待で、臨時国会を前にした懇親の場を持っていた。「国鉄改革はもう終わった」。総理は記者たちを前に上機嫌でそう話したと言う。取材に来た記者が、みやげ話代わりに教えてくれた情報であった。

7　国労分裂

九月一七日に総評の工作が失敗に終わった後も、なんとか国労に方向転換をさせ、崩壊から救おうとする試みが、社会党の田辺、井上、小林の各代議士たちによって続けられた。小此木代議士、橋本運輸大臣も、国会運営のことを考え、いろいろと彼らの相談に乗っていた。

幻の中央委員会

国労側では、主流派若手のリーダーと目されている門司地方本部出身の下田書記長ともコンタクトが始まった。大会は招集せず、少人数で開催できる（七〇人余り）中央委員会で方針転換を決定、下部に指令し、後はそれぞれの地方の自主性に任せるという奇手を用いようとする彼らの案に、我々も期待した。

それは、月末に中央委員会を開催し、運動方針を転換、分割民営化阻止の旗を降ろすとともに、提訴事案を取り下げることを決議し、その実行は各地方の独自性に委ねる旨の指令を発するというものだった。我々は中央委員会決定に基づいて地方本部が方針転換した場合、その地方本部との間に労使共同宣言、雇用安定協約を結ぶことは可能であると示唆し、事の成り行きを見守っていた。

このような奇手を用いる場合、その成否は意表を突いて決断し、速やかに実行することにかかっている。だが、同じ主流派でも山崎委員長、栗山副委員長、秋山企画部長は、中央委員会ではなく臨時大会の開催を決め、臨時大会で運動方針を改める方がよいという考え方で、下田案で決断することをためらった。案の定、主流派の思惑を察した反主流派は、中央委員会の招集を決めるための九月二四日の中央執行委員会に際し、若手活動家を動員し、山崎委員長以下主流派の執行部にストームをかけた。その激しさは山崎委員長の上着がぼろぼろに破損するほどであったという。追い込まれた山崎委員長は中央委員会ではなく臨時大会の開催を決める羽目になった。開催日は一〇月九・一〇日、場所は修善寺と決定した。

修善寺大会

臨時大会開催は反主流派の要求であり、強硬派の思う壺でもあった。また、開催場所の修善寺は、東京を拠点とする反主流強硬派が多数を動員し、大会の主導権を取るのに好都合な場所であったから、大会の帰趨は明らかだった。主流派の民同左派の国労支配は、この九月二四日の自発的な方向転換の試みが失敗したときをもって、消滅したものと我々は理解していた。山崎委員長は臨時大会に諮れば主流派が敗北し、国労が分裂せざるをえないことを知っていたはずである。そうと知りつつなぜ玉砕の道を選んだのか。たぶん、彼は厳しい板挟みの状況にあり、そうすることだけが窮地から解放される道だったのだと我々は推測した（この点について当時の山崎側近は「大会を開けば必ず勝てると委員長が確信していた」と口をそろえる）。

夕刻に小林代議士より電話。「単純な策だけが成功する。当局は実に単純に割り切ってやっている。教えられた。下田からくれぐれも『謝っておいてください』と頼まれた。もし大会がうまくいかないなら勝手連だ。元気づけを頼む」。

一〇月五日、夜の一〇時過ぎに、静岡時代から付き合いのある沼津革同のリーダーが電話をくれ、修善寺の情勢についての革同の見方を教えてくれた。

「執行部の運動方針変更提案は否決される。太田協会派が寝返った。革同七一、協会七〇、太田協会派一六で過半数だ。新委員長には大阪地方本部の三宅委員長、書記長には東京地方本部の鈴木書記長、それに副委員長が門司地方本部の徳沢中央執行委員（革同）の三頭立てになる。山崎委員長はこの案に嚙んでいる。秋山謙祐（企画部長）は完全に力を失った。大会は議決までいくだろう。横浜支部が運営を仕切るが、これは九月二四日の中央執行委員会になだれ込んだのと同じやつらだ。方針転換などできるわけがない」

この情報は他の情報源のものとも一致、ほぼ我々の読みを裏づけるものであった。

一〇月九日、修善寺大会の初日、小林代議士から電話が入った。「本部の運動方針変更提案は採決されず、翌日に延期となった。二日目にもし否決となれば黙って退席し、東京に帰ってこいと指示した。国労の葬式を出すことになるかもしれない。飛び出した者は救ってくれるんだろうな。そこで突き放すようなら死にものぐるいの喧嘩だぞ。嫌なやつだが、動労とも手を組むつもりだ」。

「国鉄改革を進めようとする者は誰でも仲間と考えていますよ」と答えた。

一〇月一〇日、本部の運動方針修正提案は否決。執行部は総辞職となった。主流派は新執行部成立まで修善寺で缶詰めにされ身動きが取れなかった。一一地方本部は新執行部に反対して独自の動きを取るとのことである。

新委員長は盛岡地方本部出身の六本木中央執行委員、書記長は門司地方本部出身の稲田中央

執行委員となったが、彼らの力量を知る者は誰もいなかった。委員長、書記長に取りざたされていた大阪地方本部の三宅委員長や東京地方本部の鈴木書記長もともに固辞したという。その後間もなく、国労は事実上の分裂状態となった。大会を制した革同、協会派が国労の正統の継承者となり、主流派は身一つで飛び出して各地で鉄道産業労働組合（鉄産労）を組織した。国労は崩壊したのである。

修善寺大会の真の狙いは何だったのだろうか。国鉄の分割民営化阻止が不可能であり、国労分裂が必至ならば、未だ残っている国労の財産を誰が手中に収めるかが関心の焦点となる。修善寺大会はそのための争奪戦だったのだと見る者が多かった。山崎委員長は革同、協会派の国労財産分捕りに荷担した結果となった。

旧主流派のその後

修善寺大会で敗北した主流派は新組合結成に動いた。中央では社会党の田辺、井上、小林の各代議士が後見人になり、下田、山口の両名らが連絡役となって動いていた。自民党の小此木代議士や運輸大臣も社会党田辺グループの相談に乗っていた。職員局では私と南谷氏で窓口を務めた。

小此木・田辺・小林の三代議士の間で国労主流派地方本部の扱いについて、自・社で確認をしたので心にとめておいて欲しいと、一〇月二四日に小此木代議士から私に電話があった。

「諸条件が整った地方本部から地方レベルで労使の窓口を設けることにする。諸条件とは国鉄改革賛成の方針決定、紛争事案の取り下げ、点検摘発、誹謗・中傷の中止の三点である」とのことであった。

一〇月二七日に小林代議士から電話があり、三条件の整いそうな地方本部は一一地方本部。第一グループは札幌、静岡、福知山、広島、鹿児島、大分の六地方本部、第二グループは名古屋、天王寺、米子、熊本、第三グループは金沢である。三条件の整備ができた地方から順次、総務部長にコンタクトし労使正常化のための窓口を開いてくれるよう求めるからソフトに受けとめて欲しいとのことだった。

その旨、各局総務部長に連絡した。しかし、主流派が掌握していたはずの国労の各地方本部とも、シナリオ通りに速やかに事が運ぶことはなく、時が過ぎていった。

この後も社会党の田辺、井上、小林の各代議士と総評事務局との接触が続いたが、日時の経過とともに、問題の焦点は労使共同宣言や雇用安定協約などの間接的な処方から、具体的な採用候補者名簿作成作業に移っていった。

一一月六日二〇時、社会党の三代議士から赤坂の料亭に招待され、労働課長、職員課長を伴って行った。社会党からのご招待というのはただ事ではない。指定時刻の三〇分前に到着し、下座に着いていると、三人がやって来て、今日はあなた方が客なので上座に着いてくれなければ困ると言う。固辞してそのままで話が始まった。

「社会党と自民党で決めた。葛西さんと小林で窓口をやってくれ。マル生のとき、私たちは勝者だった。しかし、徹底的に勝ちを求めず、一分の情けをかけた。今度は私らが敗者、あなた方が勝者だ。お願いする。武士の情けだ。国労を飛び出して国鉄改革に賛同しようとする者には手を伸べてやって欲しい」

「国鉄改革に賛同してくれる人々は誰でも仲間だと思っています。その動きの具体化に期待しています。ご安心ください」

「そう思ってくれれば、ありがたい。よろしくお願いする」とのやりとりで話は終わり、後は打ち解けた談論がしばらく続いて解散となった。

その後、小林代議士、下田、山口氏らの動きは各地方での鉄産労の形成、そして一九八七(昭和六二)年二月の日本鉄道産業労働組合総連合(鉄産総連)の結成に収斂した。その勢力は三万弱程度となっていた。国労分裂に際して山崎委員長と行動をともにした秋山氏は、しばらく舞台から姿を消していたが、国労企画部長時代の人脈と実務処理能力から、鉄産総連のスポークスマンとして復帰し、JR発足後、鉄産総連を発展的に解散させてJR各社の穏健派労組の産別組織であるJR連合を形成するのに貢献した。分裂後の国労は約四万の勢力であった。

8 「コップの中の嵐」

国鉄改革関連法案の審議が大詰めにさしかかり、国労の崩壊・分裂が進行するにつれ、判官贔屓のマスコミ論調は、国労に同情的、国鉄の労務管理に対して批判的に風向きを変えた。内ゲバやテロ攻撃の発生、国労組合員の自殺などがそれに油を注いだ。国鉄改革の終着駅が見えたという安心感がその根底にあった。

労務・要員対策の実施部門である我々職員局の目から見ると、雇用対策、要員合理化、希望退職募集、職員の採用事務のいずれをとっても、これからが山場。しかも国鉄最後の日まで気を抜くことはできない、それも逆風の中でということになり、一層緊張の度が強まった。

改革グループの溶解

ちょうど時を同じくして国鉄内部にも職員局に批判的な空気が流れ始めた。

「動労執行部は革マルである」「松崎明は革マルを辞めたと言っているがあれは偽装転向である」「職員局は動労を甘やかし過ぎである」「人材活用センターは国労いじめだ」「三〇も雨後の筍のようにできた小組合をなぜ鉄労に加入させないのだ」等々の内容で、いずれも職員局の労務姿勢を批判するものだった。

「コップの中の嵐」がこのような形で顕在化した背景、意図は何だったのだろうか。我々はおおむね次のような事情によるものと分析していた。

第一点は、改革グループの中に生じた気の緩み。改革グループは国鉄本社の中でもほんの少数であり、杉浦総裁就任後も顕著に勢力分布が変わったわけではなかった。そしてこの孤立状態が「分割論に対するニュアンスの相違」を超え、一部の人々の「功名心（こころざし）」を抑えてグループを結束させてきた面もあった。

しかし、改革が進捗していくにつれ、国鉄の中で形勢観望から改革推進に転換する者が増えてきた。通常国会で希望退職法が成立し、しかも七月六日の衆参同日選挙で自民党が大勝したとなると、もう「バスに乗り遅れるな」とばかり雪崩を打つように分割民営化賛成に転じ始めた。改革グループは多数派、主流派になったのである。その結果、一九八六（昭和六一）年の夏頃からは結束も緩み始めた。あえて言えば、この時点でいわゆる「改革グループ」は溶解し、二つに再編成されたのだとも言える。一つは職員局を中心とする「労務・要員対策グループ」、もう一つが総裁室・経営計画室を中心に、本社各主管局で人事や資産分割を担当する一部の人々を結んだ「再建実施推進グループ」とでもいうべき人々である。

第二に、もともと改革グループ内部にも、分割民営化に対して「出口論」的な考えと「入口論」的な考えが並存してきた。しかし、「基本方策」により「出口論」を推進する首脳陣に対し旗幟《きし》の差を鮮明にするためか、改革グループ内の「出口論」は、一時は影を潜めた形になっていた。

ところが、「基本方策」を推進していた首脳陣が更迭になり、杉浦総裁の分割民営化路線が着実に進展し、国鉄改革関連の法律の成立が確実となったときに、改革グループ内でのニュアンスの差が顕在化したもの、それが「コップの中の嵐」だと考えれば納得できた。

私自身は第二臨調時代から「入口論」の旗幟を鮮明にしており、私の率いる職員局は押しなべて「入口論」に立っていた。「入口論」というのは、「民営化をする以上、初めからキッチリ分割して逆艪を外すべきである」という見解であり、これに対して、「いきなり非可逆的な分割をするよりは、まず民営化して一定期間やってみるべきである。その上でどうしても地域分割しなければならないか否かを判断すればよい」というのが「出口論」である。「改革グループ」の中でも突き詰めてゆくと、職員局以外は「出口論」が優勢だったのかもしれない。

「出口論」の立場に立つと、どうせ建て前通りに全てのＪＲの株式が上場されることなどありえないのだから、民営化の成否が明らかになるまでは、形の上では分割されたように見えても、実質的にはどこかで繋がっていて、経営基盤の弱いＪＲ三島会社やＪＲ貨物に対してＪＲグループの基幹となる「看板会社」が資金、人材両面にわたる援助ができるような仕組みを残す方がよいということになる。「コップの中の嵐」は国鉄改革が煮詰まったときに顕在化した「出口論」からの「入口論」への批判とも解しえた。

民営化後の労務をにらんだ前哨戦

第三に、当初は不可能視されていた労務・要員対策が奇跡的に成功を収めたため、後は職員局という砕氷船がなくても労務・要員面での自力航海が可能だという楽観論がしだいに国鉄全体に広がり、国鉄内部の関心の焦点は、分割民営化後をにらんだ首脳・幹部人事や国鉄資産の分割承継作業に移っていったことが挙げられる。それと同時に、一方では国労や総評・社会党の怨念を引きずり、もう一方は動労とのしがらみに足を取られている職員局と自分たちは一味違うという点を強調する方が、分割民営化後の仕事がやりやすくなるという考えが強まった。

キャリア人事や資産分割作業に関わる総裁室や経営計画室は、各主管部門の対応責任者と「再建実施推進グループ」とでもいうべき新たな人的ネットワークを形成して、職員局とは距離を置きながら内々に作業を進めたと思われる。

動労は偽装転向であると見る者が国鉄内部でも大多数だったが、誰もが改革が成功するまでは偽装であろうとなかろうと、動労も含めてあらゆる勢力を糾合しなければならないだろうことは十分理解していた。

だから改革が成るまでの労務は職員局に任せるが、改革後の「看板会社」であるJR東日本の労使関係には、職員局出身者はタッチさせない。新事業体が発足したら改革期間中に生じた労組とのしがらみを清算し、真の意味で白紙から労使関係を作り上げることが望ましいという空気が、再建実施推進グループ内に萌芽していることは皮膚感覚で感じとられた。

実際、職員局主力は一人も看板会社であるJR東日本には行かず、JR東海とJR西日本にほぼ均等に配置された。また、再建実施推進グループからJR東海やJR西日本に配属となった者は一人もいない。この事実は、そのことを物語る。コップの中の嵐は「宮廷革命」が仕上げの季節を迎えたことを感じさせる「春疾風」であった。

動労の協調路線は偽装転向か

ここで職員局が、分割民営化発足後の労使関係について、どのようなビジョンを持っていたかを要約しておく。まず労使関係についてであるが、当時、我々が接点を持っていた治安当局者、労組関係者の全員が、動労執行部の多くは革マル派の構成員であると見ていた。我々もまた、彼らが現に革マル派のメンバーであるか、少なくとも一時期にはそうであったものと認識していた。しかし、同時に動労執行部はこの機会に自らの革マル色を払拭し、通常の労組リーダーに変わろうとしているのかもしれないとも期待していた。

経営側にとっての国鉄改革は公共企業体の負の遺産である累積過去債務と余剰人員を清算し、新たに出発することを意味した。同じように、動労執行部もまた、国鉄改革を契機に革マル派という過去を清算し、民主的労組として再生しようと考えているのではないかと我々は期待したのである。

偽装転向という見方は治安当局の中には根強くあったし、一九八六（昭和六一）年九月一日の真国労幹部襲撃事件からはますます強まった。しかし、私たちの目から見ると、一九八二（昭和五七）年の第二臨調基本答申から始まる動労の方向転換の軌跡、すなわち職場規律是正、運転士の労働生産性を画期的に向上させるための協約の改正、出向・休職制度などの余剰人員対策に対する全面協力など一貫した労使協調路線は、偽装にしては重すぎるように思えた。

一九八五（昭和六〇）年七月の国鉄再建監理委員会最終答申により国鉄分割民営化が決まり、それから一年余りの間に我々は一〇万人の要員合理化、二万人の希望退職募集、四万人の雇用斡旋、ＪＲ各社と国鉄清算事業団への職員の振り分けなど、前代未聞の大作業をやらねばならないことになった。改革に賛成する者は全て仲間と見なし、力を糾合しなければとてもやり遂げることはできなかっただろう。そして動労はその全てに協力したのである。

なかんずく、北海道、九州の余剰人員を東京、大阪地区に配転する広域異動、労使共同宣言によるスト自粛の誓い、当局に対する訴訟の全面的取り下げなどはとても偽装でできることとは思えなかった。しかも、これらの施策は全て職員局が主導し、シナリオを書き、提示し、彼らが受け入れたのである。国労は全てに反対だった。偽装転向を指摘する人々に対し、我々は「彼らの言行が一致している間は偽装ではないと信じることにする。万一偽装であることが明らかになったときには握手している手を離すだけだ」と言っていた。

「握手した手を離す」とは

「手を離す」とは何を意味するのか。ＪＲ発足後に結成される新しい労組は国鉄の非現業部門、現場の助役、旧鉄労、旧動労、国労脱退者など五つのグループからなる寄り合い所帯であり、その中で動労の勢力は、人数的には二割程度であった。鉄労、動労、国労に所属していた人々は互いに長い期間にわたる相克の歴史を引きずっており、気持ちの上での融合一体化は容易ではなかろう。したがって、互いにそのことを踏まえて、理性的、意志的に譲り合い、気を遣い合わなければならない。

そうして時間が経てば、しだいにわだかまりは解けていくだろう。しかもＪＲ発足から三年経過すれば、国鉄清算事業団における旧国鉄職員の雇用対策が終了し、ＪＲ各社では新規採用が始まり、過去のしがらみを持たない者の比率が年々増加する。動労もその中に自然に溶け込んでいく。経営側はこのような民主的運動を展開する労組との間に節度ある労使関係を築いていく。これが我々のメインのシナリオだった。

万一、動労の労使協調路線が偽装転向で、ＪＲ発足後に持ち前の行動力で全体を支配しようとしたとしても、労組の民主的な運営が確立してさえいれば、単独で全体を制することは不可能であり、多数派が手を携えて動労を包み込んでいくことができる、そう考えていた。

すなわち「手を離す」とは、主力労組が組織内の少数派として民主的に制御するのに任せるという意味だった。発足後のＪＲ東海の労使関係はまさに予想されたシナリオに従って展開した。二〇年を経た今、旧動労の大多数は我々のメインシナリオの通りの経過をたどって、社員の九〇％を組織する主力組合に完全に溶け込んでいる。そして民主的で建設的な活動を展開し、旧動労、旧鉄労や旧国労などという意識は完全に解消されている。

目指すは信頼で結ばれた労使関係

我々がＪＲ発足後に達成すべく目指していたのは一言で言えば「民主的な労働組合」との間に「信頼で結ばれた労使関係」を構築することだった。信頼で結ばれているということは、テーブルを挟んで互いに「見つめ合う」だけにとどまらず、並んで立って同じ遠山を眺め、その山頂を目指す志をともにすることである。そのために必須の条件は、労使それぞれが「節度ある行動」をとることに尽きる。

「経営者の守るべき節度」とは労組の運営に介入しないことは当然だが、それ以前に何人《なんぴと》にも経営権に対する容喙《ようかい》を許さないことだ。およそ経営者たる者は、経営権の三要素、すなわち人事権、価格決定権、設備投資決定権の自律性を、職を賭する覚悟で守らなければならない。これらについて労働組合の容喙を許すような経営者、特に人事介入を容認するような者は、経営者の名に値しない。国鉄再建監理委員会委員長であり、日経連の副会長でもあった亀井氏が繰り返し述べられた労務管理の基本だった。節度ある労働運動とは「民主的な労働運動」のことである。言論の自由、批判の自由を全組合員に保障する。いかなる場合でも組合員の投票により代議員を選出し、その多数決によって執行部を選出し、方針を決する。これらの手続きを堅持することこそ民主的労働運動の基本である。宮田義二、鷲尾悦也両氏が発足間もない組合を前に説いた民主的労働運動の基本だった。

そして民主的労働運動が根づくためには、経営者が毅然として経営権を堅持することが必要である。あの頃から二〇年余り、この考え方で一貫・継続してやってきたＪＲ東海の労使関係は今我々が描いた通りの展開を遂げている。

コップの中に嵐を吹かせた一部の動きにもかかわらず、嵐が嵐を呼ぶことはなかった。職員局側がその動きにはいっさい反応しなかったからである。我々はただでさえ国労、総評、社会党など分割民営化反対勢力からの反撃、改革協に結集する鉄労と動労相互間の不信と軋轢、国鉄内部の反改革勢力からの批判など、さまざまな困難をさばきながら、要員の合理化、雇用対策、希望退職の募集、職員分割配置などの任務を最後の一日まで気を抜かずにやり遂げなければならない立場にあった。

「コップの中の嵐」に反応すれば、結局は反改革勢力を利するだけだ。仕掛けてきた人々は、分割民営化発足後の職員局の発言力を抑えればよいという程度にしか考えていなかったのかもしれないが、我々の対応次第では改革そのものの成否が左右される状況にあり、前線の管理者たちに号令して分割民営化反対の勢力と対峙していた職員局は、そのことを一番よく知っていた。だから、柳に風と受け流し、必要があれば一九八七（昭和六二）年四月一日の民営化以降に修正することにしたのである。

第4章　国鉄改革関連八法案の成立とＪＲ首脳人事

1　国鉄改革関連法の成立（一九八六年秋）

臨時国会の国鉄改革関連法案の審議そのものは予想した通り、あまり盛り上がらず、むしろ希望退職法案のときよりも淡々と進んだ。気にかかったのは、審議の内容よりは、むしろ橋本運輸大臣の杉浦総裁に対するわだかまりだった。

国会審議の場などで、総裁と大臣は席が近接することも多かったが、大臣と総裁が目を合わせることはほとんどなかった。九月一九日、杉浦総裁や我々と国労対策についての見解を異にし、懇談の途中で席を立って帰った、あのときのことがしこりとなっているのだと直感した。

あの時期、国鉄改革の中で最も困難視された課題は、労務・要員対策だった。外部の支援をあてにせず、さまざまな外圧に揺らぐことなく、総裁が全責任を取って成し遂げなければならなかったのは、労務・要員対策であった。そして国鉄改革の施策の中で、分割民営化後の経営改善に最大の寄与をしたのも、労務・要員対策だった。最悪の時期、鉄道収入の実に八五%をも占めていた人件費は、分割民営化直後の一九八七（昭和六二）年度においては、三〇%程度にまで効率化された。この数字は何よりも雄弁にそのことを物語る。

この労務・要員対策の成果は、大臣のご機嫌を損じても、揺らぐことなく愚直に原則を貫き通した杉浦総裁の姿勢と、それを強力に支えてくれた自民党の三塚代議士、運輸省の林国鉄再建総括審議官ほか、多くの理解者の存在なしには成し遂げられなかった成果であった。

労使問題に終始した国会審議

国鉄分割民営化の国会審議では本来ならば新幹線保有機構によるリース方式の是非論、貨物輸送を旅客輸送と分離して会社を作り、全国一体の第二種事業者（自社で線路を持たずに、旅客会社から線路を借りて運行のみを行う会社）にすることの可否など、より本質的な問題について踏み込んで討論されることが望ましかった。その後の推移を見れば、新幹線保有機構は欠陥制度として解体され、ＪＲ貨物の経営は国土交通省鉄道局の憂慮の種となり、分割方式の初期設計にミスがあったことを証明している。しかし、この種の本質論はほとんど議論されず、職員局が予想した通り、労使関係、国労の存亡が野党の関心事項のほとんど全てを占めていた。

具体的に言えば、「人材活用センター」が攻防の焦点となった。また、運輸省が心配していた新会社の設立委員会による新規採用方式、すなわち日本国有鉄道改革法第二三条それ自体は、国会審議ではそれほど問題とならず、むしろ設立委員会の定める「採用の基準」の方に関心が注がれた。

採用基準について言えば、国鉄職員時代の勤務成績が重きをなすのは常識である。国労は合理化反対、余剰人員対策反対、分割民営化反対など非現実的な方針を修正できず、組合員を違法なストライキやサボタージュなどに駆り立ててきた。また、彼らのスローガンを表したリボン・ワッペンを着用させることを組合への帰属心と団結の証として要求し、服務規律違反を繰り返させてきた。したがって、国労組合員の勤務成績がよいはずはないと考えたのだろう。社会党は衆参両院の審議の中で、その点だけに焦点を絞り、勤務成績を採用基準にしないという答弁を引き出そうと一生懸命だった。

これに対して運輸大臣答弁では、適性は明確に採用基準にするとしたが、勤務成績についてはあいまいで、むしろ否定的に聞こえる答弁をした。

適性を広く考えれば、なんとでもなるという意見もあったが、折り目正しく服務・就業してきた職員たちの失望感を誘うものであることは明らかであり、我々にとっては残念だった。しかし、我々は沈黙を守り審議が終了するのを待った。一般的に言えば、審議は実にスムーズで、七月の衆参両院における与党の圧勝がものを言っている感じであった。

しかし、この間「人活センター」に関しては国労のキャンペーンはかなりの効果を上げた。「人活センターへの配属は国労差別、事実上の選別であり、国鉄清算事業団への片道切符であり、自殺者増加の原因である。そこでは熟練した乗務員や車両検査・修繕技術者たちが見せしめ的に車両清掃や草むしりのような仕事に従事させられている」という趣旨のプロパガンダは、分割民営化はもはや大丈夫と見極めたマスコミの移り気をそそり、人活センターについてのNHKの特集番組が放映されると、かわいそうな国労組合員、居丈高な国鉄当局というイメージが強まった。

与党はマスコミの動向を気にする。政府も敏感になっていた。一一月八日、運輸省の林国鉄再建総括審議官から「人活センターはそろそろ慎重にやってくれ。昭和四〇年代の生産性向上運動（マル生）の二の舞になる」とのメッセージが入った。それ以前からこのような空気は職員局ではすでに感知され、対策の検討がなされていた。

そろそろ人活センターを廃止してはどうかという声は、再建実施推進グループの中にあったが、それに応ずるわけにはいかなかった。現場における過員の数は、希望退職や採用内定先でのＯＪＴの進捗にもかかわらず、要員合理化が進展するにつれ、一時的にではあるが増加していた。人活センターは所要数を上回る実員の存在が、勤務緩和、勤務時間内労働運動や規律紊《びん》乱《らん》の原因とならぬように活用することを目的とする組織である。まさにその役割が最も求められている今、廃止などすれば部内からは外圧に屈したと受け取られ、部外の目には国労や一部マスコミの主張を事実と認めたと映ることになる。それこそマル生の轍を踏みかねない。

そこで職員局では、人活センターはますます活用するが、服務成績がよく、能力の高い者も他への模範として配置し、またいったん配置になった者の中から、服務成績の改善著しい者は積極的に本務に戻して要員の循環を図るなど、きめの細かい要員操配により、いわれのない攻撃をかわすこととした。

その旨を各鉄道管理局の総務部長に徹底する会議が一〇月一六日に行われた。国会審議中の微妙な時期であり、総務部長をこの時期にあからさまに招集したことが知れれば、人活センター問題について、本社職員局が国会やマスコミの圧力に妥協したという揣摩《しま》臆測《おくそく》を呼びかねない。そこで、会議の目的は合理化の進捗状況、希望退職の応募状況など、一般的な労務・要員情勢の情報交換とし、ブロックに分けて膝詰めで趣旨を徹底することにしたのだった。

人活センターに対する配置の考え方を、多様化、弾力化することについては資料化せず、本社側の説明者の口頭説明とし、その内容の同一性を期するために、メモを一〇部だけ作成、説明者の手持ちとした。会議はその目的を達し、人活センターの運用方針も正確に理解され、実施された。

総務部長会議資料流出のナゾ

ところが、そのときの資料一式と、人活センターの運営方に関する説明者用の手持ちメモまでを国労東京地方本部が入手したことが、一一月四日の時点で判明した。国鉄記者クラブ（ときわクラブ）の日本経済新聞の記者からの情報と、修善寺大会で反主流に転落した国労旧主流派からの情報が同時に入った。そして手持ちメモに基づいて、一一月一三日と同月二一日の二日にわたって参議院国鉄改革特別委員会で二人の共産党議員が質問を行った。

メモの内容は人活センターについての要員配置の考え方を柔軟にするというものであり、問題にされるようなものではなかったが、説明者に限定した手持ちという気楽さから用語のデリカシーを欠いた部分があった。「更正者は本務に戻す」という表現で、質問者はその言葉を捉えて人活センターの性格を曲解しようと試みた。総裁は全く動ずることなく、「私はそのようなメモは見たことはなく、聞いたこともない。ということは、そのメモは私にとっては存在しないということだ」と答えた。事実、総裁はそのようなメモを見たことはなかったし、素性の悪い手段で入手された資料などには一顧だにしない、まさに鎧袖一触《がいしゅういっしょく》の答弁だった。

しかし、総務部長会議の公式資料一式に加えて、説明者の手持ちのメモまでが、事もあろうに国労の手に渡り、さらには共産党議員の質問材料に使われたことは看過できない問題であった。国労からの非公式情報によれば「本社の偉い人」から入手したとのこと。国労旧主流派筋から、東京地方本部の持っている総務部長会議の配布資料のコピーを入手してみると、確かに本物である。ところが、その資料の最初の段落の二行が削除され、それとわからぬように切り貼りされていることが判明した。

本社幹部に配布した資料一〇セットを全て回収して、比較してみると、一つだけちょうど当該部分にボールペンの書き込みのあるものがあった。しかも、その資料はホチキスの穴が二重にあいていた。まさに国労に渡った資料の原典であり、誰かがそれをコピーして国労に渡したが、慌てていたので書き込みに気づかなかった。後でその書き込みを発見し、誰の資料が流出したのかわからなくするために、その部分を鋏で切り取って改竄《かいざん》し、それを再コピーして使用したことは明らかだった。ホチキスの穴が二重になっているのは、折り曲げてコピーをした跡がつかないように、いったんは留め金を外したからである。

さらに驚くべきことは、労働課の保存用原本を細工し、流出したものと同じ部分を切り貼りして、あたかも流出したコピーが労働課の保存用原本から取られたものであるかのごとく偽装を施してあったことだ。ボールペンの書き込みのあった資料はある課長のもので、誰かが彼の不在中に机の上の資料をコピーした可能性が強かった。しかし、本人が心を許している誰か、あるいは職制上断れない誰かに頼まれて一式資料を見せた可能性も否定し切れなかった。いずれにせよ、本社労働課の保存用原本を改竄することのできる者が関与したことは間違いなかった。

資料の流出源を秘匿するために原本に細工したのは、もしその流出源がわかれば、それにアクセスし得た者が限定され、流出経路が明らかになると考えたからだろう。しかし、その特定は困難であり、無視するに如かずという結論になった。その代わり、それからは元旦も含めて、常時二名の宿直態勢をとり、再度の資料流出を防止した。

しかし、その影響もさざ波程度で済み、これだけ大規模な法案にしては、審議は順調に進捗、一一月二八日には参議院も無事通過、国鉄改革関連八法案は成立した。

2 首脳・幹部人事の始動

法律が成立した一一月二八日からの国鉄最後の四カ月を一言で言えば、各社の首脳・幹部人事、国鉄資産の分割、国鉄職員の各社への振り分けの季節ということになる。会長人事は、言わば政治による指名人事であり、国鉄の思い通りにはいかなかった。ＪＲ東日本、ＪＲ西日本の社長人事も同様だった。この時期は就任以来、一年半にわたる杉浦総裁の任期の中で、就任直後の数カ月と並んで、総裁の求心力が最も弱体化した時期である。総裁自身の人事が他人の手中に握られているのだから、当然と言えば当然であった。

この間、キャリア人事と資産分割作業が本格化したが、それらの作業は、労務・職員対策が両本部連絡会の場を最大限活用して情報共有化を図ったのと好対照で、時折、大雑把な経過報告はあるものの、ほとんどは「宮廷内の密事」として進められた。

全国約三〇の鉄道管理局総務部を動かして進める労務・要員業務は、言わば三〇個師団を動かして戦う戦場にあるようなものである。あらゆる知恵と手段を総動員して、分割民営化を骨抜きにしようと試みる抵抗勢力との鍔ぜり合いがあり、賛同する労組グループ相互間に疑心暗鬼があり、何時も与野党、総評、マスコミなど外からの注目にさらされていた。そして、それがかえって内部の結束を強める結果となった。

我々は分割後の人事、資産配分など他グループの課題にはいっさい関心を持たず、希望退職の募集や雇用の斡旋、社員の身の振り方に関する名簿作りの作業などを大車輪で進めていった。労務・要員という任務は、その性格からして満点の結末は期し難い。分割反対派、杉浦体制に恨みを持つＯＢやその追従者たちが攻撃材料を見いだすのに困難はなかったし、予想せぬつまずきにより、新生JR発足前に挫折する可能性はいつも我々の隣にあった。

JRになってからのことは、もしもその日を迎えられたならば、そのときに考えればよい。今は国鉄本社内部の意見対立に巻き込まれて、反改革勢力につけ込む隙を与えないことだ。私自身のみならず、職員局では皆がそう思っていたと思う。我々を上回るプレッシャーの中でも、揺らぐことのない総裁への信頼は強かった。

国鉄清算事業団かJR東日本か——国鉄総裁の処遇

首脳人事の話が動き始めたのは、国鉄改革関連法案の審議が大詰めを迎えた一〇月末頃からだった。

一〇月三〇日、「どうも運輸省は杉浦清算事業団理事長の線で進んでいるようだ。事務次官だけがタッチしているらしく、林さんも知らされていない」と大塚総裁秘書役が電話してきた。運輸大臣と国鉄改革グループとの接点は、例の「途中退席」事件以来、井手、松田両氏がもっぱら務めることになった。しかし、国鉄再建総括審議官の林氏や秘書役の大塚氏から、折に触れて杉浦総裁の処遇については、情報が入っていた。

一一月一二日に総裁室秘書課長宅が放火され、全焼した。九月一日に各地で真国労・動労の幹部が襲撃された同時多発テロ以来のテロ攻撃であった。経営側にも攻撃のターゲットが拡大したのは、国鉄改革の労務対策が、治安問題を誘引したという心理的な圧迫を加えることにより、杉浦総裁の人事に影響を加えるとともに、経営側の結束に楔《くさび》を打ち込む効果を狙ったものと推測された。

一一月一四日、一〇時三〇分に井手、松田両氏とともに瀬島氏を訪ねた。先日の大塚秘書役からの要請もあり、ＪＲ東日本の社長には、ぜひ、杉浦総裁をと意見具申する目的だった。まず労働情勢の説明をしたあと本題に入った。「新事業体での最優先課題は労務対策です。当面の目標は統一された改革協との会社別労使関係の確立です。発足後一年くらいの間にその体制を作り上げなければなりません。そのためには労使の信頼関係が必須であり、民営化の当事者が一貫、継続して取り組んで初めて信頼関係の維持が可能となります。だから、杉浦さんは清算事業団理事長ではなく、東日本の社長になるべきです。世の中には、国鉄改革は前代未聞の大改革で、その結果、多くの職員に辛酸を嘗めさせ、犠牲を強いた。国鉄総裁たるもの率先して清算事業団に赴き、国鉄人の最後の骨を拾うべきだ。それこそ指導者の取るべき美学だというようなことを言う人もいますが、それは間違った考えです。国鉄改革は一九八七（昭和六二）年四月一日で終了するのではなく、そこから第二局面がスタートするに過ぎません。最大の難問は新事業体を無事に離陸させ、安定軌道に乗せることです。それは誰がやっても上手くいくような生やさしい事業ではありません。なかんずく、難しいのは労使関係の正常化です。ここまでようやくやって来て、今扱いを間違えて新事業体が変なことになれば、今までの努力が全て水の泡になるのです」。

「わかった。労務は本当によくやってくれた。ご苦労さん。本当によくここまで来れたと思う。私は一一月頃には半月くらいは汽車が止まることもありうると思い、実はそのための対策を練り、法的措置を検討していたくらいだ。ここまで来れば、もう大丈夫だろう。これからは人事だ。清算事業団は民間で言えば弁護士を雇ってやらせる程度のものだ。大切なのは新事業体だ。トップ人事の決定は二月になるだろう。誰をどこのトップにするのがよいのか、名前を教えて欲しい。今までも君たちの志に共感して動いてきたのだから、これからも改革の本義を失わないように、最後の仕上げをやるつもりだ。杉浦さんは清算事業団でなく東日本というのが君たちの考えだな。OBたちに変なことをやらせては駄目だ。会長は部外から持ってくるにしても、トップは部内の現役にやってもらわなくてはならない」。心強く、ありがたい言葉だった。

「責任を取る」とはどういうことか

一一月一七日、八時、連絡があり総裁室長の部屋に出向くと、改革グループの主要メンバーを新事業体の総合企画本部長に配置し、JR各社の要諦を固める配属案が初めて示された。原案では北海道に松田経営計画室審議役、東日本に井手総裁室長、東海に私、西日本に南谷労働課長、九州に本田勇一郎文書課長、四国に原和安秘書課長、貨物に桝田卓洲経理局資金課長が充てられ、東日本の人事部長に大塚秘書役が挙げられていた。

一一月二六日、一六時、電話があり、総裁室長のところに出向いた。

「今日、運輸大臣のところに総裁と一緒に行ってきた。『社長には口を出すが、二番手以下の人事は君たちに任せる。事務次官と相談してやってくれ』と大臣は言っていた。大成功だったと思う。各社にそれぞれ改革派を配置し、責任を取る案を用意してあったのがよかった。『伏龍会はどこにいるんだ』と聞かれ、丸印をつけていくと『なるほど、結構だ』ということになった。私の股肱《ここう》である秘書課長を四国に、文書課長を九州に配置しましたと大臣に言うと、『これだけのことをやるんだから、杉浦さん、あなたは責任を取るべきだ。井手君や葛西君のように中心となって進めた人たちもだ』と大臣が言った。大臣は杉浦さんに狙いをつけている」

「大臣が狙いをつけているのは杉浦さんだけでなく、井手さん、あなたと私もですよ」

総裁室長の話を聞きながら私はこんなふうに考えた。「大臣は国鉄清算事業団に行って雇用対策をやることこそが責任を取る道だと考えているらしい。そもそも責任を取るということは、より困難で不確実な任務に就くことだ。清算事業団のように定められた期間の中で、定められた課題を、敷かれたレールに則して進めるのなら誰がやっても結果は似たようなものだろう。瀬島氏が『清算事業団の仕事は民間であれば弁護士を雇ってやらせる程度のもの』と喝破したが、まさにその通りである。真に困難なのは地図のない道を行くこと、すなわち予想できない障害を乗り越えて新事業体を軌道に乗せることであり、それこそ改革を主導した者の責任である。経営を安定させ、安全で、安定的で、快適なサービスを旅客に提供し、しかも二一・五万人の社員にやり甲斐のある職場を与えること、それが最も重く、不確実な使命だ。スタートの時点では何も約束されていない。収入の一％程度の経常利益という試算は、行く手に横たわる不安定さと困難を予告するものでしかない。リーダーシップと、戦略の巧拙が問われるのはまさに新事業体においてである」。

それにしても大臣はどうしてそんなことを言うのか。大臣の身近にいる誰かが、別の人物をＪＲ東日本の社長にと推し、そのために弁じている可能性が高かった。

井手総裁室長の要請で、井手氏本人と松田氏、私のほか基幹要員として配属案の決まった九人は日付の入っていない辞表を書き、総裁に預けることになった。改革グループはあくまで杉浦総裁の下で結束しようという趣旨だと説明された。杉浦総裁をＪＲ東日本の社長にという人事の困難さを実感させられた。

一二月一日、一〇時三〇分、国鉄再建監理委員会委員長の亀井氏を訪ねた。林国鉄再建総括審議官からの示唆に基づき、杉浦総裁の人事について理解を得るためであった。

「政治の介入を排除し、地域密着を前提とした人事をやらなければならない。分割民営化さえすればあとは黙っていてもうまくいくというように、安易に考えるのは大間違いだ。新事業体が期待通りの実績を上げ、浮上するためには、多くの困難を乗り越えなければならない。その中でも一番大切なのは労務管理である。新事業体のトップを選ぶ際に、第一に考慮しなければならないのは労務管理を任せられるか否かである」。亀井氏の言葉に意を強くした。

ＪＲ東日本は住田氏と確信

同じく一二月一日、一七時三〇分にキャピトル東急ホテルの事務所に来るようにという瀬島氏からの電話連絡があった。一人で来ること、私のすぐ後に、橋本大臣が来ることになっているので、顔を合わせない方がよかろうと別室を設《しつら》えてあることを瀬島氏は付言した。この瀬島氏の細心の配慮に、事態が好ましくない方向に進展したことを直感した。

「トップ人事は一二月末には大筋決まるだろう。具体的には総理、官房長官、運輸大臣で決めることになる。政党には介入させない。杉浦総裁は常識的に言って東日本か清算事業団である。橋本大臣は加藤六月とも三塚とも距離を置いていてフェアである。総裁からどんどん出向いていくべきだ。トップ以外は大臣と総裁で決めればよい」

政党はトップ人事には介入させないというのは、三塚前大臣の意見は聞かないという意味に違いなかった。三塚氏は杉浦総裁の最大の理解者であったことを考えると、この間に瀬島氏の手の届かないところ、おそらくは中曾根総理のレベルでＪＲ東日本の社長は杉浦総裁以外の誰かに固まったことがうかがわれた。杉浦総裁以外の候補者として、その時点で名前が挙がっていたのは、元運輸事務次官の住田氏であった。

予想を上回る希望退職応募者

一二月四日、八時三〇分より総裁室で希望退職についての打ち合わせがあった。総裁の招集だった。希望退職はこの時点ですでに計画数二万人を上回り、二・二万人に達していた。このまま放置すれば軽く三万人は超えることが明白だった。それが明らかになると国労東京地方本部が、国労を選別・排除できなくなったと言って鬼の首でも取ったように大宣伝するだろう。しかし、これまでも月々の応募者数を発表してきており、今月からは発表しないというわけにはいかない。とすれば、発表の時点で希望退職の募集を打ち切ってはどうかというのが総裁の思案のポイントだった。少しでも国労排除の余地を残すべきだというのである。総裁は迷っているように見うけられた。

職員局の意見は明確だった。放置すれば希望退職は三万人を超え、本州では全員採用となりかねない。しかし、たとえそうなっても募集を打ち止めにすべきではない。当初から二万人と限定しての募集であればともかく、二万人は単なる目標値扱いであるから、打ち止めにすれば、かえって労務対策の失敗という国労のプロパガンダを認めたことになる。多々ますます弁ずということで、年度末のぎりぎりまで募集を続けるべきであると強く進言し、それが結論になった。

もともと、JRの採用人員数二一・五万人には、適正所要人員一八・三万人に加えて三・二万人の余剰採用分が入っている。要員需給が許すのであれば希望退職が五・二万人に達しても、それは新事業体の人件費を削減することになるのだから歓迎である。その時点で要員合理化の進捗は予想以上に順調で、一〇万人の合理化達成は確実な状況であった。すなわち、所要員数は一九・五万人ということになり、四万人までの希望退職者増加はなんの問題もなかった。要員効率化の結果として余剰人員が発生し、選別が必要になるのであって、選別排除を目的として合理化の推進をやるわけではない。仮に全員採用となったのは杉浦・葛西労政の失敗だと国労が逆宣伝しても、それは、所詮負け惜しみに過ぎない。当方に理のある話なのだから、黙って無視すれば済むことだ。小細工をすれば却って立場を弱くする。この主張に反論はなかった。ただ、総裁が多少弱気になっているのではないかという気掛かりが残った。

我々の予測した通り、国労は希望退職が予想を上回り、ＪＲ本州三社で国労の選別排除ができなくなったことを捉えて、杉浦・葛西労政は失敗したのだと盛んに宣伝をした。論理的に考えれば、採用候補者名簿に載せる条件は、設立委員会の採用基準に適合するか否かであり、数の問題ではない。地方鉄道管理局サイドからは、公的部門などに転出していった者たちとの公平感のためにも、最小限度の選別はやらせて欲しいという要請がしきりだった。法律的な検討を尽くした上で、一九八三（昭和五八）年度から八六年度の間に停職処分二回以上、または停職六カ月以上の処分を一回でも受けた者、それ以外にどうしても採用基準に適合しないという理由がある者は、要員需給上の問題としてではなく、採用基準不適合ゆえに名簿に載せないという判断となった。その結果、本州で七〇人余りは候補者名簿に記載されなかった。もちろん、その上で希望退職の募集は淡々と進められ、最終的には四万近い人数となった。

始動した社員の「振り分け」作業

政府は、一九八六（昭和六一）年一二月に国鉄事業を承継する一一法人の承継基本計画を閣議決定、新会社は翌八七（昭和六二）年四月一日からスタートすることになった。この承継基本計画の内容を見ると、すでにJR東日本採用が部内的には決まっている、再建実施推進グループのお手盛りの跡は隠し難い。この点については後で触れることにする。

一方、設立委員の選任が進められ、一六名の共通委員と各社ごとの委員各数名が任命された。一回目の会合は一二月一一日、テーマは労働条件についての基本的考え方と各社の採用基準、二回目は一二月一九日で、具体的な労働条件と代表権を有する役員の人選基準、三回目は明けて一九八七（昭和六二）年二月一二日、新会社の採用内定者の決定、新会社の組織・機構と本社所在地の決定、四回目が三月一七日で役員候補者と各社の定款という手順で四回開催されることになった。

一二月一一日、第一回の設立委員会が会合し、斎藤英四郎経団連会長が委員長となり、以降、設立委員会は事務的に淡々と進んだ。

職員採用候補者名簿の作成は労務対策・要員問題と一体を成すもので、職員局の責任事項である。一方、キャリアの名簿作成は総裁室の担当事項であった。

一般の社員の場合は、応募者名簿の作成は職員課山田総括補佐から、一二月下旬に応募の様式を全国の地方機関の人事課長に指示、募集作業に入った。すでに一年前から希望先アンケートをとり、勤務成績などの綿密な評価データを積み上げて、個人別管理台帳を事前整備させてあった。それに従って順番をつけていく。応募者は入社を希望する会社を第一順位から第五順位まで記入して提出するのであった。事実上、本州の全員が現在勤務している職場が帰属するＪＲ会社を第一希望とし、そこに受け入れられた。北海道、九州だけは地元では飲み込みきれず広域的に採用をせざるをえない需給状況だった。

キャリアの応募の仕方は総裁室長の指示により一般職員とは異なった様式となった。「キャリアは一般社員の手前『どこにでも命ぜられるところに行きます』という姿勢を示さなければならない。故にその意思表示のやり方として、全員が画一的に北海道を第一希望とし、以下東日本、東海、西日本、九州、四国、貨物の順番で、北から順番に希望を記入すべきだ」というのであった。恐らくその真意は「誰の希望が優先され、誰の希望が劣位に置かれたかわからないようにする」ことだったと推量される。そしてその裏打ちとして、発足後いずれかの時点で「看板会社」であるＪＲ東日本と地域ＪＲ会社との間でキャリアの入れ替え人事を行うという「ＪＲ東日本看板会社構想」が用意されていた。

しかし仮に実態はその通りだったとしても、表面は完全な分割民営化が建前であり、それ以

（図表4－1）国鉄の余剰人員対策スキームと実績

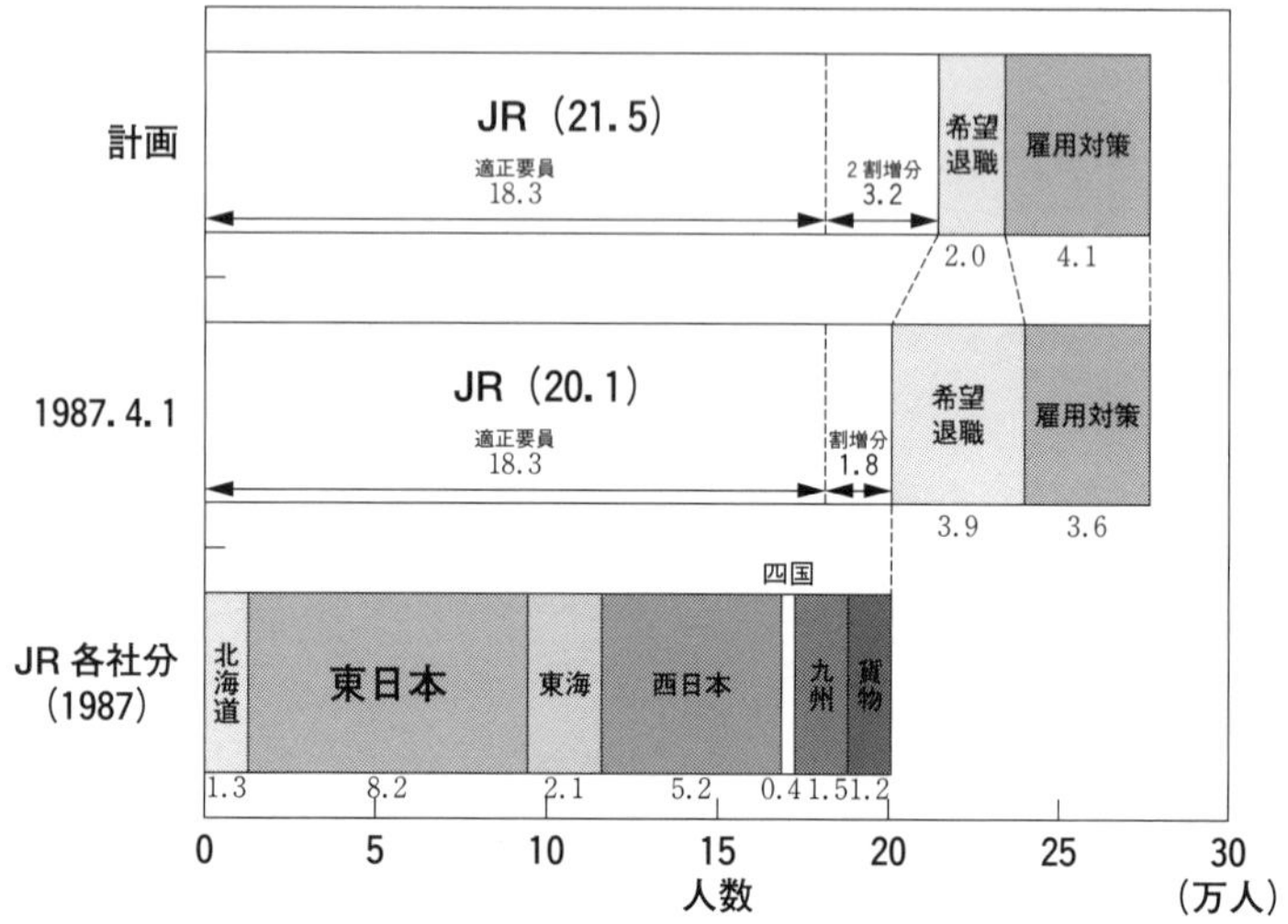

外のことは約束できない。万一人事に不満を持つ人間が、職業選択の自由を認めないやり方で応募先を強制されたと訴え出たらどうするのか、不可解だった。

希望退職者が計画の二万人を一・九万人も上回ったのは、就職斡旋を受けることなく退職していった要員が多数に上ったことを意味した。その結果、公的部門、民間企業への転職実績は計画数に達しなかったにもかかわらず、JR各社で余剰に採用するはずだった三・二万人は一・八万人で済むことになった。JR各社の採用数は二一・五万人よりも一・四万人少ない二〇・一万人となった（図表4－1参照）。

杉浦総裁と社会党幹部との懇談

一二月一〇日、小林恒人代議士に仲介してもらい、社会党の田辺、井上、小林の三代議士と杉浦総裁、澄田職員局長と私で昼食懇親会をやった。江田総評副議長との会談で杉浦総裁は終始筋を通し、毅然として対処してくれた。それが橋本大臣とこじれた一因だと私は感じていた。ＪＲのトップ人事の最終局面を前に、与党に強い人脈を持つ社会党の三人と杉浦総裁が懇談の場を持ち、胸襟を開いておくことも有益と考えたのだ。こんなやりとりだった。

「真面目にやろうとしている連中をよろしく。北海道・九州から本州に採用して欲しい。鉄労といえども駄目な者は排除すべきだ」

型どおりの挨拶が済んだ後で、まず口火を切ったのは田辺代議士だった。

「そのつもりである。あくまで改革反対を唱える本部と袂を分かち、一本立ちして欲しい」

「国労の穏健派もだらしがない。地方本部ごとに早く方針転換をやれと言っているのに、さっぱり腰を上げない。笛吹けど踊らずだ。飛び出す覚悟がいることが、わかっていない。あんな有様だから全てが手遅れになる。それにしても総裁もずいぶん頑固だと思っていた」

「そうでなければここまで来られなかった」

「今となってみればそうだ」

「新事業体の命運は労使関係にかかっている。これからが大変だ。修善寺大会はあれでよかったのかもしれない。本音と建て前が分離できた」

「あなた方にとってはまさにその通り。こちらは完敗だ。城が落ちるときというのはこんなものだ」

昼食懇談は友好裏に終わり、わだかまりは解消したと感じた。

暮れも押し詰まった一二月二六日、八時三〇分から、職員局内での勉強会があり、人活センターの取り扱いを決めた。JR本州三社では、事実上、全員が勤務箇所のJR会社に採用となるが、三月上旬に新事業体発足に対応した要員配置態勢を整えるための人事異動が行われる。その時期に合わせて人活センターは企業人教育目的、あるいは構内売店など付帯事業推進のための組織に改変し、その形で新事業体に移行することとする。鉄道の本務と混在させることはしない。この方針の発表は一月中旬とすることになった。

3　分割後の地方管理組織を巡る激論

総裁室と職員局は同じ業務の異なった側面を分担し、それが一体性を持つように調整しながら仕事を進める局面が少なくなかった。総裁室秘書課は指定職（将校クラス）の人事と定数管理を、職員局職員課は一般職（下士官クラス以下）の人事と要員需給をそれぞれの担務としていた。また、組織の改廃や規程の制定は総裁室文書課が、それらに伴う要員の配置は職員局職員課が責任を担い、地方組織の上では鉄道管理局の総務部長が両方の下部機関となっていた。

一一月頃から総裁室と職員局の間で、分割民営化後の本社組織と地方組織のあり方について、複数回の意見交換が行われた。本社組織については大きな意見の食い違いはなかったが、地方組織については国鉄改革の機を捉えて徹底的に地方の鉄道管理局組織を簡素化し、指定職の定数を削減しようとする総裁室と、労務管理や安全運行の観点から地方機関、すなわち鉄道管理局の組織、建制は極力現行のままで移行すべしと主張する職員局、この両者の間で烈しい議論が戦わされた。

鉄道の管理・運行は一〇〇年以上にわたる歴史の中で、本社と鉄道管理局（約三〇局）を非現業の骨幹とし、各鉄道管理局が担当地域内の現業機関を有機的に組織化する基本形態が形作られ、多少の変化・修正は加えつつも、習熟の結果、有効に機能してきた。

管理局の標準的な組織は、管理局長のもとに総務部（企画室、文書課、法務課、人事課、能力開発課、労働課、厚生課）、経理部（主計課、会計課、審査課、調度課）、営業部（総務課、旅客課、貨物課、公安課）、運転部（総務課、列車課、保安課、機関車課、客貨車課）、施設部（総務課、契約用地課、保線課、工事課、建築課、踏切保安課）、電気部（総務課、電力課、変電課、信号課、通信課）、事業開発部（総務課、開発課）の七部三三課が配置され、それぞれの部長、課長が職務を分掌する構成であった。

ＪＲが発足すると、従来は一社だった本社が七社に増加する。その増加分を他の部分の削減でバランスをとる必要性があるのはわからなくはない。しかし、総裁室が提出した組織改正案はそれにとどまらず、この機を捉えてさらに徹底的に簡素化し、削減を図るプランであった。すなわち従来の管理局を支社に改名し、部制を全面的に廃止し、総務課、運輸課、工務課の三課制とする。平均的に言えば、七〇〇キロメートルほどになる鉄道管理局の路線を、数地区に区分して受け持ち、列車の運行、職場規律の厳正という観点から、現場を指導する中間的な管理組織として機能してきた運輸長室は、全面廃止するという烈しいものであった。

結果として地方組織における参事（部長クラス）以上のポストは大幅に削減されるので、現職ならびに登用直前の者はほとんど退職、指定職の定数は各管理局で二分の一以下に削減されることになる。この案を見て、職員局が直感的に危惧したのは、列車運行の神経系統が混乱し、安全運行に危惧を生ずるという一点だった。

組織が機能しているということは、各人が自らの担務に習熟しているだけでなく、指揮命令系統が体に染みこんでおり、何が起こっても速やかに適切な箇所に報告・連絡し、指示を受けた上で敏速、的確に対処しうる状態を意味する。規律があれだけ乱れていた時期ですら国鉄の輸送は世界一正確であり、安全であった。それは本社、管理局を通じての指揮命令、管理・運営の神経系統が維持されており、四万人の現場管理者が現場を守っていたからであり、鉄道一〇〇年の歴史と伝統が生きていたからにほかならない。

分割民営化により、一夜のうちに七本社が出現するだけでも重大な変化である。せめて列車の運行、設備の維持修繕など、鉄道の運営に直接関わる鉄道管理局の組織はできる限り手慣れた現行の姿で移行すべきではないか。分割民営化はいま奇跡的に実現しようとしているが、発足とともにシステムが機能不全に陥り、輸送が混乱することはありえないことではない。またそれを期待している人々は決して少なくない。まずは七つの本社が発足し、分割民営化の本社体制が一応の安定を見るのを待ち、それから必要ならば地方組織を簡素化すればよい。組織の名称は支社でよいし、ポストに対応する階級は一ランク下げてもよい。今、神経の脈絡を変更するのだけは止めるべきだ。

また、土木技師と電力技師、信号・通信技師をひとくくりにして、工務技師と呼ぶことにしたとしても、それぞれの技術は別であり、決して相互に汎用・代替できるような単純なものではない。民営化したとしても、鉄道という技術の本質は変わらない。分割民営化後、我々が最も意を用いるべきは安全・安定運行だ。発足当初のＪＲは脱皮したばかりのソフトシェルクラブのような状況にある。一時に、何もかも変えようと思わず、じっと岩陰に隠れて、定着を待つべきだ。

我々はそう主張したが議論は白熱し、平行線をたどるばかりだった。非現業組織の簡素化で生み出される指定職の員数は、人数的に見れば全国でたかだか数百人単位の問題であり、新事業体の収支に影響するほどのものではない。それに希望退職者が予定より二万人も多くなった結果、ＪＲ各社が採用する予定だった余剰人員の数は大幅に減り、人件費負担は十分に軽減されている。それならば慣れた組織を維持し、忠誠心の高い管理者たちに安心感と達成感を与える方がはるかに得ではないか。なぜこのように自明のことがわからないのか、理解不能だった。

年が明け一九八七（昭和六二）年の年初早々に開催した総務部長会議でも同じことが話題に

なった。管理者をできるだけ辞めさせず、慰留しなければ民営化発足後の運営に支障を来す。そのためには彼らの信頼を繋がなければならない。人事上の処遇が大切であり、管理局の幹部や現場長以下の管理者たちが捨てられたと思わないようにしなければならない。指定職の数を二分の一にせよと言うが、そうすると四〇歳代の有能な者たちまでをも辞めさせなければならなくなる。降格してでもよいから少しでも残したい。運輸長制度をなくしてしまうと事故対応ができなくなる等々、総務部長たちの主張することは、いちいちもっともに感じられた。

彼らの気持ちを汲んで、総裁室長に再考を促しに行った。

「管理体制は現場が守ったのではなく本社の姿勢がしっかりしていたからこそ改革できたのだ。新会社の組織を全面的に変えても、トップがしっかりしていれば大丈夫だ」

「地方管理局育ちの管理職や技術者に、私たちキャリアの代わりはできない。しかし、私たちもまた、列車を安全・安定・正確に運行する上で彼らの技能の代わりはできないのだ。彼らは極力温存して活用するべきだ。また手慣れた神経系統を維持するために、少なくとも当面は、地方組織は現行のままで移行すべきだ」

所詮、同じ議論の繰り返しだった。

4　ＪＲ各社首脳人事の決定

二月二日、一六時、井手総裁室長から連絡があり、松田経営計画室審議役と私の三人が集まった。総裁室長が言った。「林さんから電話があった。総裁が大臣に呼ばれ『東日本は住田だ』と言われた。『改革派を重点配置して体制を固めること、ＪＲ西日本には松田がよい』というのが大臣の希望だ。もはやこれまで。次期あるを期するほかない。杉浦さんは清算事業団理事長を受けるべきだ。総理、運輸大臣に貸しを作った方がよい。彼らも次回は考えると言っている。林さんも同じ意見だ。松田は他の者との関係もあり北海道がよいと思う」。三人とも同じ意見だった。

二月三日、総裁と井手氏、松田氏、私の四人で打ち合わせ。「我々は次期あるを期します。総裁も自重してください。幹部人事は既定路線通りやりましょう」。総裁室長の提案に総裁が答えた、「勝負はついた。後は君たちが改革の体制を守ってくれ。再起はないものと思って欲しい。松田君は北海道に行くのがよい。私はいずれかの時点で再び会社間の人事異動をと思っていたが全ては夢となった。住田ではそんなことは絶対にありえない」。

二月四日、一八時三〇分から新橋の料亭で新日鐵の社長と杉浦総裁の懇親の席があり、井手、松田、大塚の各氏と私が陪席した。開宴一時間も経たないうちに本社から井手氏に電話があり、二〇時に三人で赤坂の料亭に来るようにとの運輸大臣からの指示だと言う。ＪＲトップ人事の申し渡しだと直感した。

一九時三〇分頃に席を辞し、早めに現地に到着して待機していると大臣が入ってきた。「やあ、すまん。まずはすまないと言うほかない。葛西君とは本当に久しぶりだね」。そう言いながら大臣は席に着いた。

「人事のことではこれまで井手君、松田君といろいろ相談してきた。三人来ると目立ちすぎる。二人だけに絞ったのはそういうわけだから悪しからず。今日はこのメンバーだから、全てを打ち明けようと思う」

大臣との会席は臨時国会を前にした九月中旬、総裁との懇談の場に井手氏、松田氏、大塚氏と陪席して以来だった。

「国鉄改革は未曾有の大改革で多くの社員に辛酸を嘗めさせた。それが本当に成功したと言えるためには、第一に『国鉄分割民営化により誰一人路頭に迷わせることはしない』という政府の約束が、掛け値なしに実行されなければならない。そのためには改革の総指揮官である杉浦さんには国鉄（国鉄清算事業団）に最後までとどまり、三年間の特別対策を完遂してもらいたい。それが私の気持ちであり、総理大臣も同じだ。ということで、杉浦さんには清算事業団理事長をお願いする。

次にJR各社の首脳人事だが、会長はそれぞれの地元の財界の重鎮から適材を選んだ。社長人事だが、北海道は大森義弘常務理事、東日本は住田元運輸事務次官、東海は須田寛常務理事（現在、JR東海相談役）、九州は石井幸孝常務理事、四国は伊東弘敦常務理事、貨物は橋元副総裁とする。西日本は人選が難しい。経営体力が弱い上に関西財界内に対立がある。加藤六月もいる。私としては、社長は角田達郎さんにお願いしたい。

彼とは忘れ難い一場の思い出がある。第二臨調の基本答申原案では、国鉄再建監理委員会は国家行政組織法の第三条による行政機関として設置することで決定していた。瀬島さんや亀井さんも強くそう主張していた。運輸省は八条機関、つまり諮問委員会に改めるべく必死の巻き返しをかけてきた。角田官房長、吉田耕三鉄道監督局財政課長が私のところに来た。『三条機関とすることは運輸省国鉄部を解体し、消滅させるに等しい。それだけはやめてほしい』と言う。国鉄改革に後ろ向きだからこういうことになるのだと言うと、『これからは心を入れ替えて全力で取り組みます。その証に私自身が出向します』と吉田君が言い、国鉄部長の林君と財政課長の吉田君、つまり国鉄部の上から二人が国鉄再建監理委員会に出向することになった。このときの角田さんの覚悟が国鉄分割民営化を成功させる一つの鍵となった。彼は約束を守ったのだ。だから、彼に報いてあげたい。角田さんを社長とした場合は国鉄出身者が代表取締役副社長としてこの難しい会社の舵取りをサポートする必要がある。君たち三人の中で、今すぐにでも代表権を持てるのは年次的に見て井手君だけだ。井手君は西日本の副社長を頼む。そして角田社長を支えて欲しい。そして君たち三人で本州三社の舵取りをしてもらわなければならない。

松田君は北海道の予定だが東日本に回り、葛西君は予定通り東海で、それぞれ本州三社の要の役割を果たしてもらいたい。頼む。それでよければ、ここで返事を欲しい」

年末に瀬島氏と会った。杉浦総裁の国鉄清算事業団は動かし難いと覚悟していた。そして二月二日に、すでに大臣から総裁に申し渡しがあった話を総裁室長から聞いていたので、JR東日本の社長は住田氏で決定と考えていた。

大臣が松田氏をJR西日本に欲しいと要請しているという連絡が、林国鉄再建総括審議官から総裁室長にあったことも聞いていた。だからJR西日本は松田氏で決まりと思っていた。井手氏もそう思っていたに違いない。杉浦総裁が国鉄清算事業団に行くことになった以上、最長の井手氏がJR東日本に行くというシナリオは一層動かし難いものになると考えるのが順当だった。松田氏と井手氏が入れ替わって、JR西日本の副社長に井手氏、JR東日本の取締役に松田氏という大臣の話を耳にして私も驚いたが、誰よりも一番驚いたのは井手氏自身だったと思う。

「私どもの人事は総裁の決めること。大臣のお言葉に私どもが直接お返事するわけには参りません。明日お返事をさせていただきます」。精一杯の抵抗であった。

翌朝、復命を聞いた総裁は「そうか。どうせオール・オア・ナッシングしかないのだ。その場でわかりましたと言えばよかったのに」と答えただけだった。

大臣はおそらく二月二日の林氏の情報通り、JR西日本には松田氏がよかったのだと思う。それが突然井手氏に入れ替わったのはなぜか。予想外の展開だった。

会社発足直後から、ＪＲ東日本の労務が迷走した一因が、この井手氏のＪＲ西日本へのシフトにあるとする意見は少なくない。その頃、ＪＲ東日本筋から新聞記者を通じて聞こえてきたのは、「葛西さんが労務のプロを根こそぎＪＲ東海に引っ張ってしまったので、ＪＲ東日本の労務が苦労している」などという噴飯措くあたわざる解説であった。実際は職員局の主力は、ＪＲ東海とＪＲ西日本に均等に近い形で配属になっているが、キャリア人事、資産分割に携わった人々の中で、ＪＲ東海やＪＲ西日本に配置された者は一人もいない。

いずれにせよ、この出来事は、重要な人事の一部が変更されたというだけでなく、ＪＲ本州三社の分割民営化後の経営に重要な影響を与えた。

二月一〇日、職員局は全国の総務部長会議を招集、採用候補者名簿作成作業が無事に終了し、設立委員会に引き渡されたことを報告するとともに、その労苦をねぎらった。さまざまなルートからの要請が入り乱れたにもかかわらず、作業は実に整斉と完璧に実行された。一名の漏れも、重複もないできばえは、国鉄百余年の伝統が脈打っていることを実感させてくれた。

希望退職数は、最終的に三・九万人にまで達し、本州で国鉄清算事業団の特別対策対象者がきわめて少数となったのは、作業の上で実にありがたかった。

二月一四日、ＪＲ各社の設立準備室の人事が、全面発令され、国鉄改革人事は遂に完了した。

第5章　国鉄資産分割の実体

1　せめて一社だけでも成功させなくては

国鉄分割民営化に伴う、各会社への資産の分割とキャリア職員の人事は、我々職員局が受け持った労務問題・要員問題と並ぶ、国鉄分割民営化の三大基幹作業だった。

担当したのは、総裁室、経営計画室を中心にし、各部門における対応業務の責任者を結んだ「再建実施推進グループ」とでも称すべき人々であり、限られたメンバーの中で内々に作業が進んだ。

その作業方針となったのは、JR東日本を「看板会社」として、ここに国鉄の保有する首都圏の土地や関連会社株式などを集中的に保有させるというものである。その代わりに、他のJR各社の経営をバックアップさせること、五年くらいの期間を経た後には、地域の各JR会社と看板会社との間でキャリアの人事異動を行い、分割民営化に伴う人事上の不満が出ないようにすること、分割はされてもJR各社は極力連帯を維持し、国鉄の力を完全には分断されないようにすること、などであった。

もちろん、対外的な建て前は、法律に定められた通りに、JR各社を独立した分割会社とし、それぞれを自律的に経営させることであり、「看板会社」の構想は分割民営化の大義名分とは合致しない。

したがって、そのような作業方針は「宮廷内の密事」として、作業グループのメンバーのみに限定して共有されたものと思われる。通常の会議はもちろん、総裁室の「両本部連絡会」の場ですら、いっさい議論の場に供されることはなかった。

それでも、全国鉄に関わる大掛かりな分割作業の実態を、部内外に包みきれるものではない。特に、折衝相手である運輸省筋などから断片的に聞こえてくる情報を寄せ集めれば、上記の作業方針はほぼ推測できたし、何よりも分割民営化発足後に明らかになったキャリアの配置、資産分割の現実が全てを物語っている。

最近になって、当時作業の中枢近くにいた複数の関係者が、今は昔のものがたりとして、淡々と「看板会社」構想の存在を認めるのを聞き、当時の推測が裏づけられた思いがした。

国鉄部内だけでなく、当時の運輸大臣である橋本氏が二〇〇六（平成一八）年四月、JR西日本の福知山線の事故一周年に際しての毎日新聞のインタビューに答える形で、「『民営化の看板会社』としてJR東日本には事業用資産を多めにしたが、JR西日本には特別な考慮を払う要素は少なかった」と語っており、運輸省もまた「JR東日本看板会社」構想を了知していたことを認めている。

「政治の場」で「民営化」を決めることの矛盾

このような二重構造のシナリオが生まれてきた要因として、三点が考えられる。

その第一は、過去の失敗経験からくる予断であり、第二は「新幹線保有機構」に典型的に見られる、制度的矛盾、非合理性であり、第三は私鉄型経営による事業の多角化こそが民営化の最大の効果であるという民営化観から発する土地資産への執着である。

まずは、長年の失敗経験から発した予断について考えてみる。

国鉄が一九六四（昭和三九）年に赤字に転落してから、一九八七（昭和六二）年に分割民営化されるまでの二十余年は、都合五次（廃案も含めれば六次）に及ぶ再建計画失敗の歴史だった。その根本原因は「政治の手法」により「経営の成果」を求める公共企業体という仕組みそのものに内在した。

政治は「対話」という最も原始的な手段により、「コンセンサス」を形成し、「複雑で多様な課題」に対処する。経営は「近代的なツール、システム」を駆使して「戦略的決断」を行い、「利益や市場占有率の拡大」という単純明快な目標を追求する。政治は「妥協」であり経営は「徹底」である。政治は「平等」を旨とし、経営は人的・財的資源の「集中」を鉄則とする。政治の場では「大衆」の意に沿うために「転ばぬ先の杖」は忌避される傾向があるが、経営者は訴求対象を戦略的に絞り込み、その潜在的欲求を「先見的」に提供しなければ、成功を収めることはできない。

このように両者は多くの面で対極的な性格を持っている。したがって「政治の手法」により「経営の成果」を求める「公共企業体」という理念は「木に縁《よ》りて魚を求む」に等しい。

国鉄経営の失敗は、何をやるべきかがわからなかったからではなく、わかっていながら政治的な妥協を余儀なくされ、不十分で、不徹底で、時期遅れにしか実施できなかったからだということを当事者はみな知っていた。

分割民営化はこの公共企業体という二律背反の仕組みがもたらした負の累積、すなわち過去債務と余剰人員を清算し、将来に向かっては自律的責任を取ることを意味した。しかしながら、分割民営化の枠組みを定めるためにさえ、政治の意思決定を経なければならないという根源的な矛盾を免れることはできなかった。国鉄を分割民営化するためには、多数の法律を成立させなければならず、そのためには、立案に際して国会審議を意識したさまざまな妥協を織り込まざるをえなかった。

例えば、北海道や九州においても赤字ローカル線の廃止は行わないとされていたし、各会社が営業する路線の需要特性を反映した運賃の導入、地域の物価水準を反映した賃金設定など、分割に伴う地域特性の反映は、国会審議を意識していっさい織り込まれなかった。

ＪＲ北海道は輸送密度が少ないから、当然、一人当たりの輸送コストは高くなる。したがって、運賃は高くすべきだ。住宅費や食費も含めた生活費は地価や物価を反映して、東京よりもずっと低い。したがって、賃金は地場の水準並みに下げるべきだ。極端に輸送密度の少ない路線は果断に廃止して、自動車輸送に委ねるべきだ。これらの施策は、いずれも単に経営の合理性ばかりではなく、地域経済、国民経済面からの合理性から判断しても妥当な帰結である。

しかし、政治的には論外のことであった。それを言えば分割民営化は野党のみならず与党の賛同すら得られなかっただろう。だから、それらの代償措置として、経営の苦しい北海道・四国・九州のいわゆるJR三島会社に対しては、いっさいの過去債務負担を免除した上に、総額で一・三兆円の経営安定基金を与え、その運用利益で収入不足分を補うこととしたのである。

「JR東日本看板会社」構想

資産の分割作業に携わった再建実施推進グループの人々は過去の失敗の経緯を知り尽くし、新たな分割民営化計画の不安要素も十二分に見通していた。鉄道の収益性だけから判断すれば一にJR東海、次いでJR東日本、この二社は確実に黒字経営が可能である。

ところが、国鉄再建監理委員会の答申に新幹線保有機構による収益調整が盛り込まれたため、東海道新幹線の収益力が、東北・上越、山陽新幹線の内部補助財源として吸い上げられ、しかも新幹線保有機構という特殊法人の手を通じて、東海道新幹線の命運が運輸省の薬籠に収められてしまうことになった。これと過去における失敗の苦渋が過剰に反応し、以下のような思考に流れていったと思われる。

「分割民営化案は、従来に比べれば相当徹底した合理性を追求している。しかし、それでも国会対策、世論対策を意識した妥協は随所に見られる。全ての会社が計画通りに成功する可能性は少ない。恐らくJR三島会社、JR貨物は持続可能性を問われるだろう。JR東海は本来的には収益力が高いが、新幹線保有機構による収益調整の結果、年収の約六年分にも相当する膨大な国鉄債務を背負わされ、自律性も面白味もない借金返済会社となってしまった。ＪＲ各社の中で唯一、収益力と同時に自律性を期待できるのはＪＲ東日本だ。だから、せめてＪＲ東日本だけはできる限り強化して、国鉄改革成功のシンボルとしなければならない。そのＪＲ東日本も強力な首都圏の鉄道網を持ってはいるが、採算性の悪いローカル鉄道網も多く、全体として見れば決して楽観することはできない。だから、含み資産をＪＲ東日本に集中し、私鉄型の関連事業を展開する基礎を作っておかなければならない。含み資産とは首都圏の在来線鉄道用地だ」

その発想は別に斬新なものではなく、国鉄時代の区分経理的思考の変位形とも言うべきものである。第一次再建計画が始まった一九六九～七〇（昭和四四～四五）年頃から、国鉄は全国約二万一〇〇〇キロメートルの路線網を「幹線系線区」と「地方交通線」に二分し、経営責任を持つのは「幹線系線区」約一万キロのみとしてきた。

「幹線系線区」とは一日の平均旅客輸送密度が八〇〇〇人を超え、鉄道の優位性を発揮できる路線網である。そして「地方交通線」は鉄道の輸送機関としての特性を発揮するに足る輸送密度を持たない路線、したがって国鉄としては速やかに廃止するか、さもなくば、公的助成で維持するか、その選択を政府と納税者に迫るという経営戦略だった。

しかしながら、不徹底、不十分、時期遅れな意思決定のため、国鉄再建計画は次々に失敗し、赤字や累積債務が急速に増加していく中で、地方交通線の運営費助成に加えて、いわゆる「構造的欠損」に対する助成が要求されるようになった。

「構造的欠損」の典型として主張されたのが、敗戦時に復員してきた国鉄職員、満鉄、朝鮮鉄道など外地鉄道職員や旧軍関係の技術者などを、国の雇用政策として国鉄が大量に採用したことに起因する負担である。そのために生じた年齢構成のひずみは、次第に高年齢化して、退職金、年金の負担を増大させた。これは国策協力による「構造的欠損」、非経営的負担だから経営責任の外であると主張したのだった。

もちろん、それらは決算分析上の区分経理、すなわち政府助成要求のためのバーチャルな区分に基づく理論計算にすぎなかったのだが、一貫して国鉄の基幹的な経営戦略の一環であり続けた。一九八一年度を初年度とする最後の再建計画、名づけて「経営改善計画」でも「幹線系線区」「地方交通線」の区分は計画の前提となっている。「構造的欠損」を除き、幹線系線区は経常収支で、地方交通線も含めた全体では営業収支において、それぞれ一九八五（昭和六〇）年度までに黒字化することが「経営改善計画」の目標とされたのである。

「JR東日本看板会社構想」は国鉄を「幹線系線区」「地方交通線」「構造的欠損」に三分割して整理してきた従来型の思考の位相をわずかにずらしたものと言える。「構造的欠損」部分が「国鉄清算事業団」、「幹線系線区」が「看板会社＝JR東日本」と考えれば、経営改善計画の構図にそのまま重なり合う。

違いは、国鉄時代の言わばバーチャルな区分経理が、分割民営化ではリアルな会社分割となったことであり、その結果「幹線系線区」という論理的には純度の高い「観念」から、「JR東日本」というリアルではあるが、雑多な「実体」へと移行したことだった。

いずれにせよ、このような思考過程を経て、資産分割作業はJR東日本に経営資源を集中することにより、分割民営化のショウウインドウにしようという方向に動いていった。

2　「新幹線保有機構」制度の欠陥とその弊害

新幹線保有機構は「国鉄債務の返済」および「JR本州三社間の収益調整」という二つの役割を果たす仕組みとして国鉄再建監理委員会の答申に盛り込まれた。その制度的な概要は以下のようなものであった。

制度の概要

① 東海道、山陽、東北・上越の四新幹線の用地および地上設備を「新幹線保有機構」という特殊法人に保有せしめる。一方、車両など上部構造物は列車を運行するJR本州三社の資産とする。

② 新幹線保有機構に帰属した資産は、一九八七（昭和六二）年四月時点で時価評価し、そ

の額に見合う国鉄債務を新幹線保有機構に承継させる（東海道二・四兆円、東北・上越四・七兆円、山陽一・四兆円、合計八・五兆円）。一方、車両などはJR本州三社が簿価で承継し、簿価相当の国鉄債務を承継する。

③　新幹線保有機構は、その保有する四新幹線の土地・地上設備をJR本州三社にリースする。毎年のリース料総額は、新幹線保有機構の引き継いだ国鉄債務を、三〇年間で元利均等償還する額、すなわち、年額約七一〇〇億円とする。

④　リース期間中の新幹線地上設備の維持更新は、運営しているJR本州三社の負担で行い、新幹線保有機構は収受したリース料の全額を債務の返済に充てる。

⑤　東海道、山陽、東北・上越各新幹線の輸送量実績と再調達単価（一キロメートル当たり）の積をもってリース料総額を比例配分し、JR本州三社それぞれが新幹線保有機構に支払うリース料を決定する。結果として、リース料負担割合は東海道新幹線五九％（約四二〇〇億円）、東北・上越新幹線二八％（約二〇〇〇億円）、山陽新幹線一三％（約九〇〇億円）となり、東海道新幹線は実質五兆円余り、東北・上越新幹線は二・四兆円弱、山陽新幹線は一・一兆円強の新幹線債務をそれぞれ負担することになる。

それぞれの新幹線の時価評価額とリース料に見合う新幹線債務額の差が収益調整額となる。すなわち、二・四兆円余りが東海道新幹線の時価相当分（リース料にして年二〇〇〇億円）、残りの二・六兆円弱が収益調整による東北・上越、山陽新幹線建設費の肩代わり分であった。毎

（図表5－1）新幹線保有機構による収益調整

（単位：兆円）

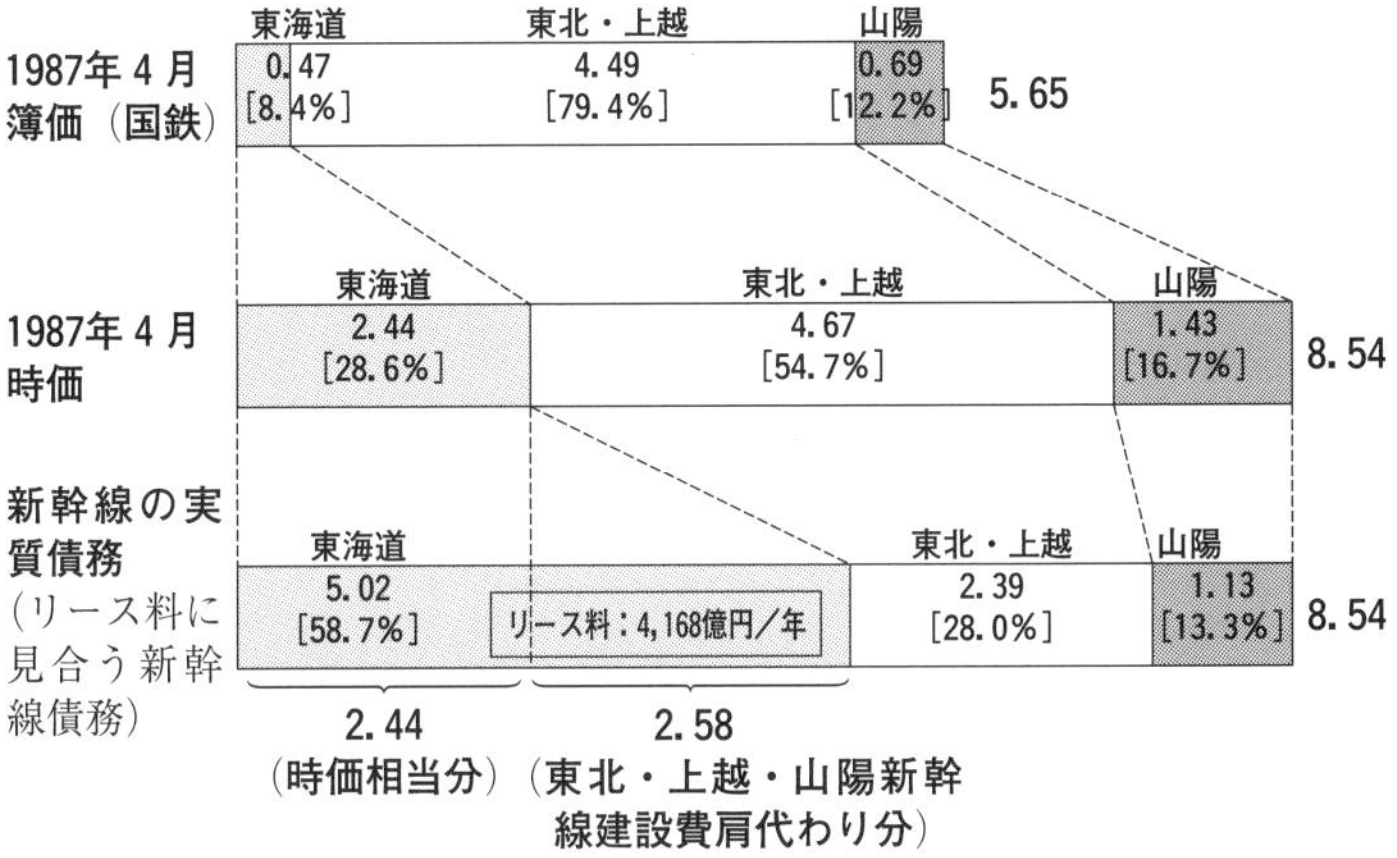

年のリース料ベースで言うと、東海道新幹線は二一〇〇億円強の補助を東北・上越、山陽新幹線に対して行う計算であった（図表5－1参照）。

収益調整はJR本州三社それぞれの経常利益が、営業収入の一％程度になるように行う。

⑥　三〇年を経過し、償還し終わった暁には、各新幹線の地上設備はそれぞれを運営するJR本州三社に譲渡される（しかし、無償とは明示されていなかった）。

⑦　発足後二年ごとに、輸送量の実績によってリース料の負担率を見直す。

この新幹線保有機構の経営・会計学的な問題点と欠陥性については、名古屋大学の牧戸孝郎教授（現・同志社大学大学院教授）が学問的観点から検討を加え、『企業会計』（1990 Vol.42 No.1, No.9, No.10、中央経済社）に三回にわたって論文を寄稿し、きわめて明快で的確な問題点の指摘とその解決策の提案を行っている。そして、牧戸教授がこの論文で提案している通りに欠陥リース制度は解体され、当該新幹線を運営する各社にその資産と負担すべき債務がつけ替えられた。

ここでは牧戸論文を要所に引用しながら、その制度的問題点を列挙するとともに、そのような制度を生み出した政策的意図、それが資産分割作業に及ぼした好ましからざる影響について整理しておくことにする。

部分的な「上下分離」の欠陥と弊害

高速道路輸送の場合、下部構造すなわち高速道路網は公有・公営が世界標準である。一方、トラック、バス、自家用車など上部構造は全て民有・民営であり、多種多様の車両が自由に高速道路を利用できる。言い換えれば、高速道路輸送はその技術特性として上下別々、オープンアクセスの形が最も効率的で高便益となる。だから、それが世界の常識である。

ところが、鉄道輸送はどうかというと、線路・信号・駅・車両基地・保守基地など下部構造と車両など上部構造は技術的に一体化されたシステムであり、上下を一体として一社により保有され、一元的・専用的に運行されたときに、最も安全で効率的に機能する。すなわち、上下一体の専用軌道が常識である（図表5—2参照）。

国鉄の分割民営化はこの常識に従って上部構造物（車両部門、運輸・営業部門など）と、下部構造物（線路用地、軌道・信号・駅など）を上下一体として、路線単位で特定の地域旅客会社に

（図表5－2）鉄道と高速道路の構造比較

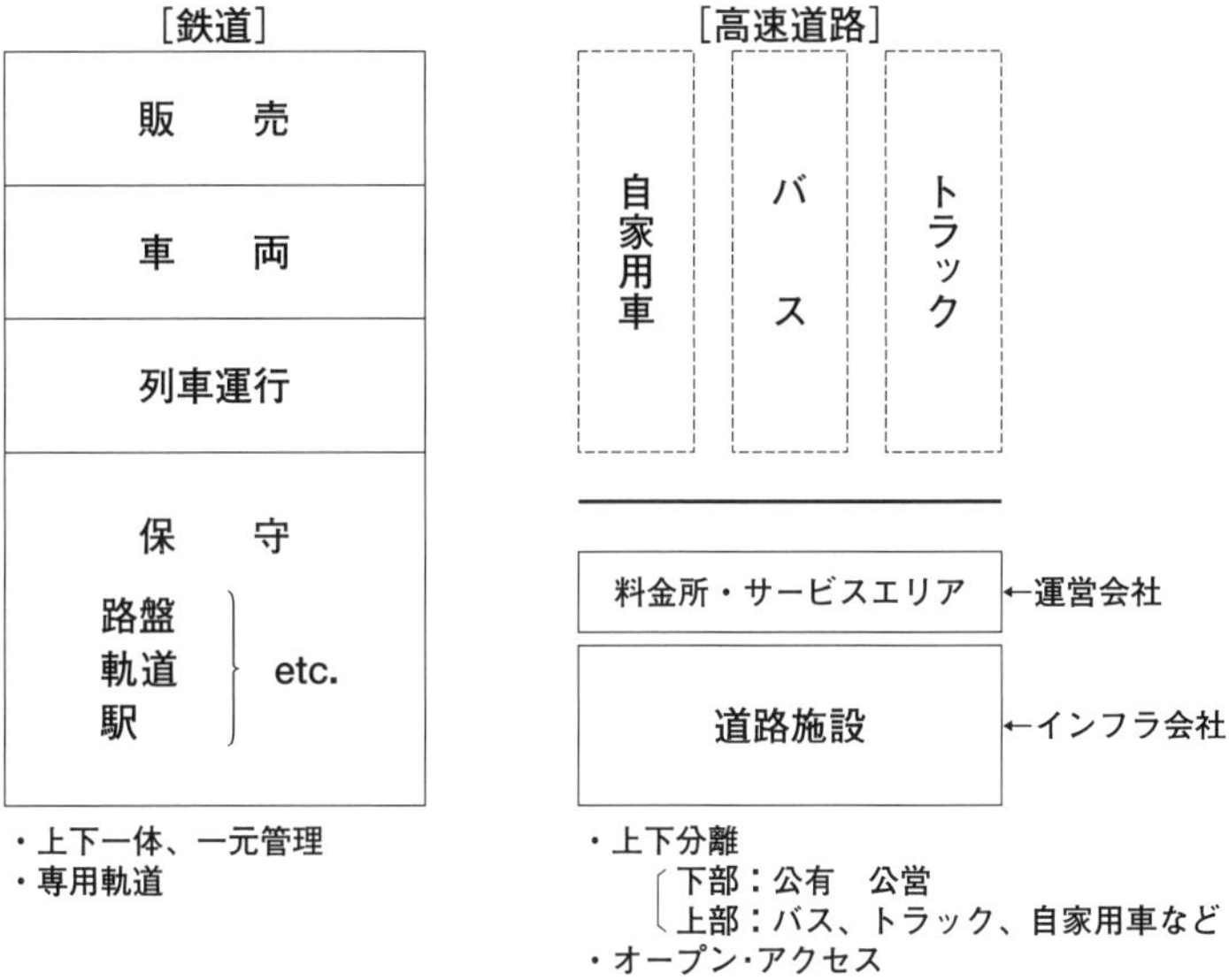

帰属させ、専用的に列車運行させることを大原則とした。

ところが、新幹線保有機構の設置により、新幹線網についてだけは高速道路と同じく上下分離が導入されることになった。それは上下一体の路線単位で各社に帰属させるという分割の一般原則に反し、鉄道ネットワーク全体としての整合性を毀損するものだった。

国鉄再建監理委員会の審議も終盤になってから、やや唐突に議論の俎上に載せられ、強引に提案に盛り込まれた「新幹線保有機構」の仕組みは、新幹線鉄道網を高速道路網と同じように上下分離し、下部構造物は高速道路網と同じように国の建設管理システムの下に置きたいという運輸官僚の永年の夢を実現させるものだった。

その時点では、凍結されていた全国新幹線鉄道整備法（全幹法）による整備路線の工事がいずれ再開され、予定路線が着工される日が来たときに、新幹線保有機構は既存の新幹線債務八・五兆円のプール計算による返済システムの枠を超えて、整備路線、予定路線も含めた全国新幹線網の建設推進マシーンに発展的変貌を遂げる可能性を秘めていたし、既存法改正によるプール計算の拡大にはすでに高速道路の前例があった。

国鉄再建監理委員会の立案当時、国鉄の経営状況は崩壊状態にあり、分割民営化が実現しても、せいぜい赤字を出さず、新規の債務が発生しなければ上々というのが、国鉄、運輸省を通じての雰囲気ではあった。

しかし、それでもなおあらゆる可能性に備えて、先見的あるいは本能的省益拡大のための手を打っておく知恵を出す者が現れる官僚機構の自己保存本能には脱帽の思いがする。

もし新幹線保有機構が解体されていなければ、JR本州三社が今日のような利益体質に成長したとき、新たに完成した整備新幹線の設備・債務を新幹線保有機構に編入し、プールして返済する仕組みとされた可能性は高い。

新幹線保有機構は、後述する通り一九九一（平成三）年一〇月に解体となるが、その際に運輸省は負担債務額を当初の八・五兆円に一・一兆円増額し、この増額分を原資として鉄道整備基金を創設、凍結になっていた整備新幹線の工事を再開した。それはまさに新幹線保有機構という「ころも」の下に隠されていた「よろい」が露出したのだと言うほかない。

非対称な収益調整制度の欠陥と弊害

新幹線保有機構によるＪＲ本州三社間の収益調整が導入された根拠は、国鉄再建監理委員会の「国鉄改革に関する意見」（一九八五年七月）に、「本州の旅客鉄道会社の収支のアンバランスの主要な原因が四新幹線の資本費格差にあるため、これに着目して収益調整を行うことが適当である」と書かれていることに依拠している。新幹線の一括保有方式をとることは、この文言の実現化案として成案に盛り込まれた。

牧戸論文（『企業会計』1990 Vol.42 No.9）では、新幹線保有機構による資本費格差に着目した収益調整は所与の条件として認めた上で、資本費格差の調整をする場合、「建設時期の違いによる建設コストの違い」を調整すること、すなわち「物価の水準を統一すること」には合理性があるが、「設備のグレードの違いについては、それによってコストの差が発生しても、それは本来、受益者が負担すべきものであり、運賃料金に反映させるべきものであると考えるのが妥当である」と指摘している。

国鉄建設局は、往時、東海道新幹線のキロ当たり建設費は約六億円、東北・上越新幹線は約六〇億円であるが、このうち物価や人件費の増加で説明できるのは三〇億円くらいだと説明していた。この場合、収益調整の対象とされる資本費格差は三〇億円ということになる。ところが、この新幹線保有機構の方法ではグレードの差からくる資本費格差までを調整の対象としていることになるので、前述の牧戸教授の見解に従えば、この方法は不適当と言わざるをえない。

その上で私が指摘したいのは、「本州の旅客鉄道会社の収支アンバランスの主要な原因が四新幹線の資本費格差にある」と決めつける大前提の誤りである。ＪＲ本州三社、なかんずくＪＲ東日本、ＪＲ西日本の鉄道網の大部分は在来線である。本州全体で約一・五万営業キロの路線網の中で、東海道・山陽・東北・上越新幹線の営業キロが約二〇〇〇、残りは全て在来線である。収入で見るとＪＲ東海では東海道新幹線が収入の約八五％を占めるが、ＪＲ東日本では約八〇％が在来線収入、ＪＲ西日本でも約六〇％が在来線の収入である。

「会社全体としての収益力」の調整を、路線網、収益力のいずれで見ても全体の一部分でしかなく、しかもその比率が各社各様で大幅に異なる「新幹線の収益」だけに依拠して行うという非対称な制度は、会社の収益力を正当に評価せず、新幹線のウエイトの高い特定の会社に過重な負担をかけるという点で不適切な制度であった。

具体的に言えば、東海道新幹線の収入が営業収入の約八五％を占めるＪＲ東海は、営業収入の五〇％を超える約四二〇〇億円ものリース料を毎年支払うことになり、それでいて東海道新幹線の維持更新投資は自らの負担でやらなければならないということになるので、早期に新幹線保有機構が解体されなければ、日本経済の大動脈としての使命を阻害される可能性があった。

新幹線だけでなく、在来線にも山手線や中央線のような収益力の高い路線が多数あるのだから、それらをも含めて会社全体の収益力を想定し、それに見合った国鉄債務を会社ごとに負担させる方が、収益調整手法としてははるかに対称性、整合性があり、合理的である。

事務局の林次長はその考えで作業を進めていたし、国鉄側で協力してきた我々もそれ以外のやり方はありえないと考えていた。

ところが、国鉄再建監理委員会の立案作業も終盤に近づいた頃になって、運輸省ＯＢの委員から提示されたのが「新幹線保有機構」による収益調整だった。

林事務局次長がそれに強く反対を表明した。その理由は、次項で改めて触れるが、「地上設備を新幹線保有機構から賃借してＪＲ本州三社が運営し、かつ維持更新投資は借り手の負担で行うというこの制度では、借り手側は減価償却費の計上ができないため、借金に依存せざるをえず、安定経営が阻害される。特に、東海道新幹線が全収入の八五％を占めるＪＲ東海では、顕著に問題が現れる」という理由であった。しかし、当該委員は法制局の見解などを背にして林氏の反論を押し切ったという。

ＪＲ発足から三年余りを経た一九九〇（平成二）年、思いのほか早期に、ＪＲ本州三社は上場の形式基準を充足し、株式上場が現実のスケジュールに乗ることになった。このとき、運輸事務次官に昇進していた林氏の指導の下に、新幹線保有機構の解体が執行された。ＪＲ本州三社の株式を上場するための条件整備として、各社の資産および債務を明確に区分し、それを開示する必要があるという判断に基づいてのことだった。

その審議のための有識者会議のヒアリングで、新幹線保有機構の問題点として有識者の一人が「ＪＲ東海の償却費不足と借金の増加」について尋ねた際に、「それは初めからわかっていたこと。その上で割り切ったことだ」と制度提案者自身が答えている。

結果として一九九一（平成三）年一〇月、新幹線の地上設備が各社に譲渡され、新幹線保有機構は解体となったのだが、林氏はその後も国鉄再建監理委員会での新幹線保有機構論議に話が及ぶと、無念さを滲ませて「あれは許せない」と繰り返すのを常としていた。

わずか三年半の後に解体が決定し、四年半後に新幹線保有機構は消滅した。この展開を見るにつけ、あのときの法制局の見解は一体何だったのだろうかという思いを禁じえない。

疑似リース制度の欠陥と弊害

やや長文になるが、改めて牧戸論文（『企業会計』1990 Vol.42 No.1）を引用する。

「新幹線設備は制度上、保有主体と運営主体とが区分されており、運営主体であるＪＲの貸借対照表上にはその資産や債務が計上されない。保有主体である新幹線鉄道保有機構は、いわば、八・五兆円の債務を三〇年間にわたって円滑に返済するためだけの組織であり、設備を保有しているからといって、その維持更新を行うことにはなっていない。したがって、設備の維持更新は借り手であるＪＲが行わなければならない。すなわち、実質的には、ＪＲは新幹線を保有しているのと同じ義務を負わされているのである。

リースの形式をとっている設備に対して維持更新を行うということは、ＪＲにとってみれば、内部的な資金調達手段である減価償却を行うことができないまま、維持更新のための投資を続けなければならないということを意味する。したがって、おのずと維持更新投資のために必要な資金を外部に頼らざるをえず、借入金の増加につながる」

「二五年を経た東海道新幹線を担当するJR東海においては、現実に昭和六三年度一年間で長期借入金等が一一六億円増加しており、危険な兆候が現れている。

他の新幹線もいずれは東海道新幹線と同様に設備更新の時期を迎えるのであり、新幹線リース制度に内在するこのような問題を放置すれば、JRの経営に大きな影響を与えないという保証はない」

牧戸教授の指摘する通り、新幹線保有機構のリースと称する仕組みが、本来のリース制度とは似て非なる破綻した仕組みだったことは明らかである。いかなる物件であれ、賃貸をする場合、その物件の維持更新は所有者である貸し手が行うのが世の決まりである。貸家の修繕や建て替えは大家がやることを思い出せばよい。そのために必要な費用は、当然、借り手が支払うリース料、賃借料の中に含まれている。

新幹線保有機構によるリース料は世の常識的賃貸料よりも安く設定されていたのかというと、さにあらず。地上設備の時価評価額ばかりか土地までも時価評価して加えた八・五兆円を三〇年で元利均等償還する金額とされており、世の中の常識を大きく上回るリース料設定となっていた。とすればなおさら、維持更新費用は、所有者であり貸し手でもある新幹線保有機構が負担するのが当然であろう。新幹線保有機構は受け取ったリース料の中から実体資産を維持更新するために必要な減価償却費相当分を手元に留保し、残りで国鉄清算事業団の債務を返済すべきだったのである。しかし、当然のこととして返済可能な債務はその分だけ少なくなる。

新幹線地上設備を使用する側、すなわちJR本州三社が維持更新投資をするのであれば、JR本州三社には、そのための資金的な内部留保の手立てが認められなければならない。それが企業会計の常識である。減価償却費の計上がそれに当たる。そのためには、資産の所有権はJR本州三社側になければならない。すなわち、新幹線保有機構は成り立ちえない。

そして、減価償却による内部留保のうち、維持更新投資に使用される部分は債務返済に回らないので、返済可能な国鉄債務はその分だけ小さくなる。いずれの側から詰めていっても、答えは同じである。実体資産の維持を前提とする限り、新幹線保有機構かJR側か、どちらかに内部留保が行われる必要があり、それを除いた分しか債務の返済はできない。

新幹線保有機構によるリース制度は、新幹線の設備を維持更新するための内部留保がどこにも行われないという類例を見ない欠陥制度であった。その結果、八・五兆円という実力以上に多額の国鉄債務が三〇年で完済されるかのごとく映ることになる。

しかし、その背後では新幹線網の実体資産の食いつぶしが進行し、いずれかの時点で、新幹線サービスの荒廃劣化が顕在化するのは避けられない。

開業後すでに二三年を経た東海道新幹線の場合は、借金の増加を覚悟で新幹線地上設備の予防的な維持更新投資を行うか、設備投資を抑えることにより設備を食いつぶして当面の利益を高め、問題を先送りするかの選択を、開業初年度から迫られることになったのである。

竣工間もない東北・上越新幹線には、一見縁のない問題のように見えるかもしれない。しかし、インフラ事業のライフサイクル、長期持続性の中で見れば、それは顕在化時期の遅速の問題にすぎず、本質的には東海道新幹線となんら変わらない。

分割民営化が発足してすぐ、ＪＲ東海は一方で借金を増加させてでも設備更新と近代化のための投資を行い、大動脈輸送の使命を果たすとともに、もう一方で新幹線保有機構を早急に解体するように働きかける両面作戦をとり、四年半後には新幹線保有機構の解体が決定した。

ＪＲ本州三社の株式の上場が予想を超えて早期に現実化したため、その前提条件整備として欠陥リース制度の解体が必須となるという幸運に恵まれたから実現したことであった。

リース料配分方式の欠陥と弊害

新幹線保有機構は、すでに述べた通り、国鉄債務八・五兆円を三〇年間の元利均等償還で返済すると同時に、ＪＲ本州三社間の収益調整をも行う使命をおびた制度であった。

まず、各新幹線の時価評価額（一キロメートル当たりの再調達価額）と年間輸送量の積を算出して、それを収益力の指標とする。その指標を用いて毎年支払われるリース料総額（約七一〇〇億円）を三社に比例配分する。その結果、各新幹線の収益力に見合ったリース料が割り当て

（図表５－３）各新幹線のリース料の配分式

$$li=\frac{L\times qi\times pi}{\Sigma(qi\times pi)}$$

li：各新幹線のリース料
L：リース料総計年額　―国鉄長期債務8.5兆円を30年間元利均等償還した際の１年間の総額
qi：各新幹線の輸送量　―輸送した各々の旅客に、各々の旅客が乗車した距離を乗じたものの累積（単位：人キロ）
pi：再調達単価　―１㎞当たりの再調達価額

られるという理屈に基づく仕組みだった。しかし、この配分方式には以下の三点の欠陥があり、合理性を欠くものだった（図表５－３参照）。

新幹線地上設備の再調達価額は、土地の時価と地上設備の時価（経年分の減価償却費相当額を差し引いたもの）の合計である。地上設備の時価が経年分だけ減価された上に、バブル経済で土地価格が暴騰しているさなかの再評価となれば、資産評価額全体の中で土地の割合が異様に高くなるのは避けられない。四新幹線について、簿価では全体の一割程度であった土地価格のウエイトは再評価後には三割を超えることになった。

本来、国鉄改革のように事業の承継を目的とする会社設立の場合、鉄道線路敷のように転用も売却も不可能な事業用地はサンクコスト（sunk cost、埋没費用）として収益力算定の際には除外されるか、多く見積っても簿価を基準とするのが常識である。巨額の土地を資産要素に算入して、それに見合う債務を背負わせると、土地については減価償却費が計上されないため、土地価額対応債務の返済手段がなく、永久に経営の負担として残ってしまうからである。

再調達価額（二・四兆円）を上回る分を「のれん代」、つまり無形資産として償却することにより、内部留保の水準を高めるやり方は理論的にはありえたが、その規模が二・六兆円という膨大な金額に上るため、現実的には困難だった。しかし、牧戸論文（『企業会計』1990 Vol. 42 No.10）で、「のれん代」計上の可能性について検討されている。少々長くなるが、原文を抜粋する。

「商法に規定する『五年以内』の償却は、無形の資産には清算価値がないから、可能なかぎり早期に償却すべしという考え方に基づくものであるが、ＪＲ三社間での利益調整によって発生する営業権は、その設定根拠となる超過収益力の持続期間が推定されているため、とくに五年にこだわる必要はない。むしろ、その推定持続期間によるべきではないか。

すなわち、リース制度では、三〇年間にわたり利益調整を行う予定であった。買取りはすでに考察したとおり、この三〇年間（平成三年度買取りとすれば残り二六年間）の利益調整を一気に行うことを意味しており、したがって買取りによって発生する営業権の超過収益獲得期間は二六年間ということになり、この期間内に一定の償却を行うことが正しい損益計算につながると考えられるのである。なお、税務上は商法等の償却期間に準じて償却を行っているとはいえ、税法上、営業権の償却年数に関する特段の定めはないので、二六年以内の償却の規定を設ければよく、これに関して特に問題はない」。経営の健全性、持続可能性を担保する観点からこのような、あらゆる角度からの検討が十分なされた形跡はない。

もう一つの算出要素である輸送量（人キロ）は収益力の指標としては一般的には妥当なものと言ってよい。

加えて新幹線保有機構によるリース料配分方式では資産の時価（土地および構造物の時価）と輸送量の積を収益力の指標とすることになっていた。土地および構造物の時価（再調達価額）はその生産性により決まってくる。そして生産性は輸送量（収入）と相関関係にあると言ってよい。結果としてリース料配分の指標は輸送量（収入）の二乗に相関することになる。すなわち、東海道新幹線は輸送量比をさらに上回る重い負担を強いられ、他の新幹線は輸送量（収益力）比よりはるかに低い負担で済むことになる。なぜそれが適切なのかについての合理的な説明は、なされなかった。それは説明不可能だったからである。

さらに、この配分式をもとに二年ごとの輸送実績を用いて各社のリース料配分率を再調整するルールになっていた。再調達価額自体が輸送量（収入）との相関で決まってくるのだから、輸送実績を用いて見直しをするならば、再調達価額の方も輸送実績に相関させて見直さなければ論理的一貫性を欠く。にもかかわらず、再調達価額は三〇年間変化させず、輸送量の増減だけをリース料の見直しに反映させるこの制度は、論理的整合性を欠いたものとしか言いようがなかった。

国法に基づく粉飾決算の仕組み

このような、合理性のない算式によるリース料配分の結果、仮に開業初年度における各社の経常利益が表面的には収入の一％程度になったとしても、それは、しかるべき普遍性、法則性の結果ではなく、再現性の全くないまぐれ当たりにすぎない。

そもそも、開業当初において各社の経常利益を営業収入の一％程度に調整するという目標は意味のある目標値であったのか。このリース料配分で、それが達成されたと言えるのだろうか。政府提出のＪＲ各社の収支試算を見ると（次ページの図表5－4参照）、初年度の経常利益はＪＲ東日本一四八億円、ＪＲ東海八三億円、ＪＲ西日本七八億円となっており、表面的には目標は達成されたかのごとく見える。しかし、それが経営の実態を反映したものではないことを示すためには一点だけ指摘すれば十分である。

ＪＲ各社の一九八七（昭和六二）年度の収支（運輸省試算）における減価償却費の計上額を見ると、ＪＲ東海では営業収入の四・三％、ＪＲ東日本では一二・七％、ＪＲ西日本は八・九％となっている。ＪＲ東海の減価償却率が他に比して著しく低いのは、収益の大部分を占める東海道新幹線の地上設備について減価償却費の計上ができないからであった。仮に、ＪＲ東海の減価償却率がＪＲ西日本並みの八・九％だったとすれば、ＪＲ東海は一九八七年度の政府試

（図表５－４）ＪＲ本州３社経営見通し
（1987年度、政府試算）（単位：億円）

	東日本	東海	西日本
営業収入	14,722	8,253	7,725
営業費用	12,238	7,989	6,920
（新幹線使用料）	（1,980）	（4,170）	（941）
（減価償却費）	（1,874）	（357）	（690）
営業損益	2,484	264	805
受取利子	–	–	–
支払利子	2,336	181	727
経常利益	148	83	78
特別損益	–	–	–
当期損益	148	83	78

※　経常利益がおおむね１％程度出るよう収益調整措置が講じられている。

算において約三〇〇億円の赤字となり、ＪＲ東日本並みの一二・七％だったとすれば約六〇〇億円の赤字である。経年の旧い東海道新幹線の維持更新をＪＲ東海が自らの負担で行わなければならないという新幹線保有機構によるリースの仕組みを考えると、ＪＲ東海の設備投資水準、すなわち減価償却費の計上は、他の二社に比べて低位であってよいということにはならない。

しかし、新幹線の地上設備は新幹線保有機構の財産であり、減価償却費は計上できない。となれば、法人税を払った後に残る純利益で、東海道新幹線の維持更新をするほかない。その分を加味すれば表面的には一〇

％程度の経常利益が出て、初めて実質的にはＪＲ西日本の経常利益一％と並んだことになる。言い換えれば、四・三％というＪＲ東海の償却率は、必要な内部留保の水準を反映しているのではなく、リース制度による収益調整の欠陥を物語る証でしかなかった。

減価償却費を過少に計上して黒字に見せるのは最も原始的、典型的な粉飾決算の手法である。政府が国会に提出したＪＲ本州三社の収支試算が物語るのは、新幹線保有機構による収益調整が国家による、国法に基づく粉飾決算の仕組みであったということである。

三〇年後の取り扱いが未定であるという欠陥

ＪＲ本州三社が、三〇年間で八・五兆円の全てを完済したとき、政府は新幹線資産を「ＪＲに譲渡する」とされていたが、それがどのような条件で譲渡されるのかは定められていなかった。

国会の審議で「無償譲渡するものと考えてよいのか」という趣旨の質問に対し、総理大臣は「譲渡の条件はそのときの状況で判断する」という趣旨の答弁をしていた。つまり、三〇年先のゴール間近で、さらにゴールを先延ばしされる危険性は少なくなかった。これでは資産と債務が確定しているとは言えず、自律した企業体とはとても言いえない。

この総理大臣の答弁は、総理自身がリース期間中にＪＲが株式上場を果たすことはありえないと考えていたと理解するほかないだろう。万一、経営が予想よりうまく展開したときは、さらにリース料を上げるか、あるいは譲渡価額を上乗せしようという考えが容易に出てくる仕組みであったことは確かだ。案の定、一九八八（昭和六三）年に、整備新幹線建設の凍結を解除しようと政界が動き出した際、一部にはリース料を増額して整備新幹線建設の財源にすればよいとの暴論も出たりした。

以上述べてきた通り、リース料配分式は非論理的、非合理的なもので、リース料配分率が二年ごとの見直しのたびに数％変動することも十分ありえた。リース料総額の一％は七一億円に当たる。当初試算による経常利益計画で、ＪＲ東日本一四八億円、ＪＲ東海八三億円、ＪＲ西日本七八億円とされていたことを考え合わせれば、この数字はリース料の見直し次第では一気に赤字に転落することも十分ありうることを示唆していた。

二年ごとに見直すことの欠陥

また二年ごとの輸送量実績によりリース料負担比率を修正するという修正条項は、牧戸教授の指摘するように、ある会社の真摯な経営改善努力や巧みな経営戦略の果実を別の会社の放漫経営や拙劣な戦略のつけと平均化してしまうことにより、分割された各社の経営責任を曖昧にし、意欲を減退させるという害毒をも潜ませていた。

簡単なモデルにより、新幹線保有機構のもとで各社の経営戦略がどのように展開するかを、説明してみようと思う。

まずA、B二社が新幹線保有機構からリースを受けているものとする。ときあたかも経済的ブームのさなかで、両社とも輸送量は自然に増加する傾向にあった。A社はそのような環境下において、新型の車両を投入してサービスの改善に努めるとともに、積極的にインフラ等の維持改善投資を行い、長期安定的に安全、快適なサービスを提供する体制を整えた。そしてその結果、輸送量が一般的な傾向以上に増加したとする。しかし、新幹線保有機構の下では設備投資による借金の増加は不可避である。

一方、B社は車両投資や維持改善投資を行わず、修繕費なども抑制して徹底的に経費を抑制したものの、輸送量は経済的ブームを背景にA社には及ばないものの、ほどほどには伸びたものとする。その結果、A社のリース料は増加し、B社のリース料は伸び率の差の分だけ減少する。収入も伸びたが修繕費、リース料などの経費も増加し、車両投資や維持改善投資のための借入金も増加したA社よりも、収入はほどほどの伸びだが、リース料、修繕費や減価償却費などが減少し、借金も減少したB社の方が、利益の幅はより大きく増加し、株式市場の評価が高まることになる。

しかし、それは資産の食い潰しによる見せかけの利益にすぎず、いずれ遠からず、B社は設備の荒廃によるサービスの質的な低下に直面する。また、このような環境下では、経営者は無責任化し、社員は意欲を失い、技術は散逸してしまう。B社に類似する例として、英国国鉄の場合、民営化五年後に列車事故が頻発することになった。

以上、観察してきたように、新幹線保有機構はきわめて問題の多い仕組みであり、それよりもむしろ企業の業績見込みと同じように、新幹線、在来線や関連事業も含めた会社ごとの収支を真っ当に積み上げ想定し、それに基づいて負担債務額を想定する方がはるかに合理的なはずであった。

仮に各社の収益力の評価に確信が持てないとするならば、当初の収益力想定は暫定的なものとして仮置きしておき、一定期間、例えば三〜五年間の実績を見た上で、その妥当性を検証する。もし著しい乖離《かいり》があれば、修正の上、債務負担額を変更、確定させる。その際、各社の経営努力についても十分に査定勘案する。この収益力算定作業の客観性、正確性を担保するために専門家による「収益力評価委員会」を設立、三年ないし五年の期間を限って評価確定作業をやらせる。このようにする方がはるかに対称性・整合性があり、合理性が高かったと思う。そして、負担債務額と資産の時価評価額の差額は、牧戸教授の提案のように、長期の「のれん代」として償却をさせれば良かったのである。

発足から二年を経た最初のリース料見直しに際し、JR西日本は予定の算式によるよりもさらに大幅なリース料の削減を運輸省に請願するに至った。当分は不可能と見られていた株式の上場が、予想を上回る収入の伸びによって、JR東海、JR東日本二社については手の届く目標になっていた。JR西日本はリース料の見直しなしにはその目途が立たなかったのである。

JR西日本のリース料削減交渉は一九八八（昭和六三）年一二月、JR本州三社と運輸省の間で行われた。予定の算式を離れてのリース料削減はいっさいの論理性を装うことなく、ただ単純にJR西日本の負担を二〇〇億円減じ、その分をJR東日本が一五〇億円、JR東海が五〇億円負担を増やす、という運輸省からの提案で決まりとなった。二〇〇億円という削減額はJR西日本が要請した金額だったと思われる。そしてJR東日本、JR西日本と運輸省の間には明らかに事前の了解ができていた。省の提案に対して二社は直ちに賛同、三者で残るJR東海の説得にかかるという図式だった。

皮肉なことに、可及的速やかに新幹線保有機構制度そのものを解体することを最優先戦略と考えていたJR東海としても、この機会を捉え、提案に同意し、その代わり、爾後、リース料見直しは行わず、固定するという関係四者合意を取りつけることにした。既定のルールによる見直しを行えば、JR東海は三三億円のリース料増加となる。それに一七億円の追加負担をすることで不安定な制度を固定できるとすれば、必ずしも悪い話ではないと我々は考えたのだ。

JR西日本は思い通りの負担減を実現し、もともと新幹線保有機構による収益調整の最大の受益者であったJR東日本は、一五〇億円の追加なら安いものだと会心の笑みを噛み殺し、両社とも割高なリース料で固定したJR東海はどういう意図かを測りかねていた。運輸省は、合理性のない配分方式による二年おきの見直しと決別できることで安堵したに違いない。

しかし、このときのリース料の迅速な固定を足がかりに、JR東海は新幹線保有機構そのものの解体を強力に推進し、発足後四年半を経た一九九一（平成三）年一〇月一日にそれを解体させることに成功した。リース料固定は負担債務の固定を意味する。しかし、新幹線保有機構が存在する限り、法改正により再びリース料を上乗せすることは可能である。ゆえに新幹線保有機構を速やかに解体し、各新幹線の設備と固定された債務をJRにつけ替える必要があった。爾後、リース料改定は行わないと運輸省が約束した以上、新幹線保有機構解体に反対する理由はないはずだと我々は主張し、実際にその通りになった。

幸運なことに、開業時から各社とも予想を上回る経営成績を記録し、当初は、早期にはありえないとされていた株式の上場が、現実的課題となった。JR本州三社を上場するためには、各社の債務・資産が確定していなければならない。新幹線保有機構がある限り、上場基準を充たせないという東京証券取引所の判定で、これを解体する必要が生じた。

さらに幸運なことに、時の運輸事務次官は、国鉄再建監理委員会で新幹線保有機構に強く反対した林事務局次長だった。一九九一（平成三）年の末にはバブル経済が崩壊し、日本経済は錐もみ状態で墜落することになる。まさに滑り込みセーフのタイミングであった。あのときの即決がなければJR東海の今日はなかったし、他のJR本州二社も同様である。何よりも新幹線保有機構の解体そのものが、バブル経済上昇期の楽観的なムードの最後の局面にあったこの時期を逃せば、決してできなかっただろう。

3　非整合的な財産評価方式のもたらした歪み

およそ、資産価値の評価を行う場合、その基準は一定、整合的であるべきことは論を俟たない。ところが、新幹線保有機構制度を導入した結果、前に述べた通り、新幹線の上部構造（車両、機器類など）は簿価、下部構造（土地、高架橋、橋梁、軌道、駅、車両基地、保守基地など全ての地上設備）は時価、在来線は上部構造、下部構造ともに簿価という、全く非整合、非合理的な資産評価方式が適用されることになった。

土地に着目すると、新幹線の鉄道用地は時価、在来線の鉄道用地は簿価、すでに関連事業で活用されている用地は時価と、個々に分かれることになる。欠陥制度である新幹線保有機構制度のもたらした害悪は、その非論理性、非合理性による安定的、持続的経営への歪みだけでなく、資産分割作業担当者の心を曇らせたという点で罪深かった。その経過を振り返ってみよう。

首都圏の在来線用地を確保せよ

新幹線の土地と地上設備は時価評価され、新幹線保有機構に支払うリース料を通じて資産価値に見合う額の国鉄債務（八・五兆円）を返済することになっていたが、在来線の鉄道資産は全て簿価で承継された。国鉄一〇〇年の歴史の中で蓄積されたこれら在来線の資産の帳簿価格は、概して時価に対して著しい過小評価となっており、在来線の鉄道用地は大きな含み益をもたらす結果となるわけである。

この非整合的な財産評価が「新幹線にはいっさいの余裕資産を持たせるべきではない。なかんずく地価の高い首都圏の新幹線用地はなるべく余剰土地として国鉄清算事業団に提供しなければならない。なぜならば、そのような高価な土地は、新幹線保有機構の承継する国鉄債務を増大させ、リース料をアップさせるだけだからである。新幹線が現在使っている施設であっても、より地価の安い場所に移転できる場合はできる限り移転させ、リース料負担を極力低く抑えなければならない。一方、在来線の用地は、たとえ実態は遊休地であっても、できる限り鉄道で利用している形を装い、JRの含み資産とすべきである」という作業方針に結びついていった。

この線引きの基本方針は、国鉄再建監理委員会の答申が提出されてほどなく関係者の間で密かに萌芽し、一九八六（昭和六二）年末、国鉄改革関連法案が成立、一一法人の承継計画が閣議決定されると、確固たる作業方針となっていった。

このやり方は、東北・上越新幹線の場合は全く問題を生じない。なぜならば、東北・上越新幹線と在来の東北本線・上越線とは全線がともにJR東日本に帰属するからである。東北・上越新幹線を完全に裸にしても、並行する在来東北本線・上越線に温存してある余裕用地は、将来東北新幹線で必要となれば、いつでも活用できる。

ところが、東海道新幹線の場合は全く異なる。国鉄再建監理委員会の答申では、並行する在来東海道本線のうち最も重要な東京－熱海間はＪＲ東日本の路線、米原－新大阪間はＪＲ西日本の路線で、東海道新幹線を経営するＪＲ東海とは異なった会社に帰属することになっていた（いわゆる串刺し状態）。したがって、東海道本線の半遊休鉄道用地を温存しても、首都圏や近畿圏ではＪＲ東日本やＪＲ西日本の含み資産を増やすだけで、東海道新幹線の増強には何の意味も持たない。一方、日本経済の大動脈である東海道新幹線の輸送力の弾力性確保は、鉄道輸送上の最優先課題であり、そのために最重要なのは都心部のターミナル用地であった。

新幹線保有機構の承継債務、すなわちリース料を高めることなしにこの要請に応えるためには、東北・上越新幹線の場合と同じく、並行する在来東海道本線の全線を東海道新幹線と一体としてＪＲ東海に帰属させ、その鉄道用地を東海道新幹線が活用できるようにするという方法しかなかったはずである。

示すべきだった国鉄人の見識

東海道本線は首都圏、近畿圏の都市圏旅客輸送を担う都市型鉄道という性格と、東海道、山陽を通ずる都市間旅客輸送という二面性を持った路線である。したがって、全線を東海道新幹線と表裏一体のものとして扱うことには、合理性がありまた正当性もあった。そうすれば東北・上越新幹線の場合と完全に整合する。在来東海道本線に温存された鉄道用地（典型的には品川の在来線車両留置線群用地）は、将来、東海道新幹線の増強用に活用できるわけである。

一方、国鉄再建監理委員会が東海道本線の東京—熱海間をJR東日本に帰属させたのは、その都市型鉄道としての性格に着目してのことではあったが、加えて長大な地方路線を抱えるJR東日本の収益基盤を強化するためでもあった。

東海道新幹線の弾力性確保とJR東日本の収益基盤強化という二元連立方程式の解としては、在来東海道本線の東京—大阪間のインフラはJR東海に帰属させるとともに、東京—熱海間の列車運行権とその収益はJR東日本のもの、米原—大阪間の列車運行権とその収益はJR西日本のものとするという選択肢があったと思う。

JR東日本は東京—熱海間の列車を運行して収益を上げ、適切な線路使用料をJR東海に支払えばよかったわけである。この方式は、JR貨物については現に適用されている手法であり、技術的には何の問題も生じない。路線や資産の分割作業に当たった国鉄人は、この点においてこそ、プロとしての見識を示すべきであった。

しかし、現実を見れば、比較的早い時点でJR東日本を看板会社とし、ここに含み資産を集中するという方針が確定したことは明白である。東海道新幹線の収入が八五％を占めるJR東海は、新幹線保有機構に首根っこを押さえられ、経営の面白味がない、借金返済のトンネル会社だ。首都圏の鉄道網を承継するJR東日本こそが分割民営化されたJRの基幹会社であり、国鉄人にとっての「新大陸」だという認識が、再建実施推進グループの中に形成され、資産と利権をＪＲ東日本に集めることに関心を集中することになった。日本の大動脈輸送をいかにして守り、活性化するかという観点での思案がなされた形跡はない。

鉄道の輸送機関としての特性を極限まで突き詰めていくと、シンボリックに言えば東海道新幹線と山手線になる。東海道新幹線は究極の都市間高速鉄道であり、私鉄には全く類例を見ないユニークな鉄道である。鉄道としての最先端の技術がここで生み出され、駆使される。比類ない労働生産性と収益性の高さ、士気、規律、錬度に支えられた安全正確性がその特徴である。

一方、山手線は究極の都市型鉄道である。東急、小田急など全ての大手私鉄は全て山手線と同類型に属する。ＪＲ東日本は、あらゆる私鉄の一〇倍、二〇倍も巨大な都市型鉄道を経営し、きわめて安定した経営基盤を持っている。

しかし、あえてわかりやすい比喩を用いれば、「都市型鉄道」はそれが安定的な収益源である以上に、収益の言わば「植木鉢」であり、その上に咲く「花」は、例えば「駅ナカ」ビジネスのような関連事業である。そのために、在来線の鉄道用地、なかんずく転用可能な実質的遊休用地をいかにして多く確保するかに関心が傾いたのは、自然の成り行きであった。

一方、東海道新幹線はその国民経済的な重要性にもかかわらず、将来の増強のための弾力性を配慮されず、その上二・六兆円もの東北・上越、山陽新幹線の建設費を肩代わりし、五兆円を超える国鉄債務を負担する姿で発足することになった。その源流は、挙げて新幹線保有機構という非合理な制度がもたらした歪みだったと言える。

明白な具体例——品川駅地区の用地の帰属

東京駅や新大阪駅など重要な施設の用地区分は全てこの基本的考え方で線引きされたが、品川駅地区の用地帰属はそれを物語る最も典型的な事例である（巻末の三五六〜三五七頁に掲載の図表5－5「品川地区の用地区分」参照）。

分割民営化当時、品川には東海道新幹線の車両基地と保守基地があり、それぞれフル稼働状態だった。品川に立地することは距離的に見ても至便であり、分割民営化後もその使命は一層高まるはずであった。大井車両基地も機能を分担していたが、車庫からの出入りのためには東京駅と車庫への分岐線の間の本線の線路容量（一時間一五列車）のうち三、四本分は回送列車に充当しなければならないなどの不便があり、それが輸送上のボトルネックとなっていた。

東海道新幹線の将来を考えた場合、品川に立地する基地を持つ方が明らかに有利だった。その用地面積は一〇ヘクタール（青色）である。一方、品川の在来線の車両留置線群用地は二三ヘクタール（赤色）にも上るが、その時点ですでに実質的には遊休地に近い状況だった。今日も春から夏にかけてはうっすらと青草が生え、東京の都心とは思えぬ茫漠とした広がりに目を見張らされる。

この利用実態はすでに多くの国鉄人がつとに認識していたところであるにもかかわらず、東海道新幹線の品川車両基地、保守基地は大井に移転し、その用地を余剰地として国鉄清算事業団に差し出す一方、鉄道用地として十分に利用されているとは言い難く、将来その可能性も乏しい品川の在来線車両留置線群用地二三ヘクタールの全てを在来東海道本線の「鉄道用地」として簿価でＪＲ東日本に承継させる決定がなされた。

新幹線の車両基地・保守基地用地の簿価は三・三億円、品川の在来線車両留置線群用地は七・五億円だった。一方時価は（一九八九年試算）それぞれ〇・九四兆円、二・二兆円だったから、ＪＲ東日本は七・五億円の国鉄債務を負担する代わりに時価二兆円を超える土地を手に入れたことになる。

東海道新幹線の車両基地・保守基地に関して言えば、品川で果たしていた機能は必須のものであったから、国鉄清算事業団に提供するためには、その機能をどこかに移転しなければならない。大井の埋め立て地にすでにある基地に隣接、拡大する形で移転用地が確保され、三五〇億円の工事費を国鉄清算事業団が負担して一九九二（平成四）年に移転が完了した。

新幹線保有機構という仕組みがなかった場合、東海道新幹線の品川運転車両基地・保守基地を余剰用地として供出することなど決してありえなかっただろう。代わりに、往時すでに遊休地同様の使用状態であった品川の在来線車両留置線群用地の一定部分を、国鉄清算事業団に提出することになったものと思われる。

資産分割作業にあたって、東海道新幹線の将来の増強、改善に配慮がなされた形跡は全くないばかりでなく、東海道新幹線の自律的増強施策をＪＲ東日本が封殺しうるような手立てが講じられている。品川の東海道新幹線軌道用地の外側を、ほんの薄皮一枚のＪＲ東日本用地で包囲した用地区分になっているのは、東海道新幹線の自由な経営施策を封じ込めうるための工夫、換言すれば新幹線保有機構からＪＲ東日本を守ることを意識しての予防措置としか解しえない。同じ手法が東京駅の用地境界設定の場合にもとられており、単なる偶然ではないことを証明している。

鉄道の強みを最大限発揮できるのは都市間輸送では東海道新幹線、都市圏輸送では東京の鉄道ネットワークである。それぞれが自律的にダイナミックに施策を展開し、サービス改善と経営の効率化を追求する、なかんずく安全で安定的なサービスを守ることこそ、分割民営化の目的だった。その東海道新幹線のダイナミックな経営を、極力封じ込めようという不適切な資産分割をもたらしたものこそ、新幹線保有機構制度である。薄皮一枚の包囲網はそうとでも考えるほか説明がつかない。

4　在来線鉄道用地の確保が民営化成功の鍵か？

少し視線を転じて民営化の効果を考えてみる。ＪＲ東日本と首都圏の在来鉄道用地に過剰に執着を示した人々は、余剰用地の確保こそが民営化後の経営活性化の鍵であると思っていたと思われる。それは部分的には正しいと思う。しかし、決して民営化の目的の全てではなかった。

しかしながら、この思い込みが在来線用地の会社間配分に対する執着を生み、作業結果に少なからぬ捻れをもたらしたことは否定できない。

一般に分割民営化のメリットは、①分割されることによりJR会社相互に競争が生まれ、活性化する。②私鉄並みの規制緩和により自由な企業展開が可能になり、活性化する。③運賃の決定、賃金の決定、設備投資の決定など経営の意思決定に対する政治の関与が排除され、それが経営を活性化する。以上の三点で説明される。

第一の、「分割されるとJR各社が相互に競争し、活性化、効率化がもたらされる」という説明は「民営化は良いが、何故分割するのか?」という問いに対してわかりやすく答えるために、主として国会答弁などで援用された論点だが、必ずしも正鵠を射ているとは思えない。分割の効果は、内部補助を容認可能な範囲に限定するとともに、当該地域内での交通量、地価、物価、地場賃金などを運賃、賃金に反映し、収支の改善を図ることが目的である。またJR東日本とJR東海の場合を例にとってみれば明らかであるが、両者は競争関係ではなく圧倒的に相互補完関係に立っている。したがって、この論点は非現実的観念論の嫌いなしとしない。

私鉄型多角化こそ民営化の魅力

次に規制緩和による関連事業拡大こそ民営化の果実と見る立場であるが、それは私鉄型成功モデルに倣おうとするものであった。鉄道サービスは強い公共性のゆえに、一方で鉄道事業法により路線権を保障され、安定的ではあるが、他方運賃水準の規制を受けていた。運賃の上限は運輸大臣の認可とされ、その水準は鉄道事業にかかる営業費などの適正な原価に、支払利息や株主への配当を含む適正利潤などの正当報酬を加算した額を超えないものに抑制されていた。

したがって、鉄道事業だけにとどまれば、安定的ではあるが、日本経済の高度成長に見合った高収益を十分に手にすることはできない。企業としての成長拡大、活性化を志向するためには新規事業展開にフロンティアを求めなければならない。それには鉄道という交通手段を保有していることの優位性の活用、言い換えれば鉄道の外部経済効果を回収することが最も確実だと私鉄経営者は考えたわけである。

多くの利用者が集散する首都圏や関西圏の鉄道駅および周辺は、その好個の立地であり、デパート、飲食事業、オフィス、ホテル、リゾート開発、住宅開発などの分野に私鉄は展開していった。そして日本経済が高度成長期にあった昭和三〇年代から四〇年代においては、この私鉄型モデルはおしなべて成功を収めた。だからそれを横目で見ながら民営化されたら自分たちも同じことがやれる、これこそが民営化の最大の魅力であると考えた国鉄人が少なくなかった。

首都圏の都市型鉄道を最大の収益源とするＪＲ東日本については、この観点は理解できる。そのための条件として、できるだけ多くの事業用資産をＪＲ東日本に承継させる努力が払われた。すでに開発されている用地や開発可能な宿舎用地などは時価評価され、それに見合う国鉄債務を背負わされることになるので魅力が乏しい。このようにして簿価承継される在来線の鉄道用地、それも用途変換可能な潜在的余剰地を確保することが資産分割の基本方針となっていった。

国鉄人だけでなく金融界などの財界人も同様で、今は消滅してしまったある長期信用銀行の幹部が、「自分たちにとって最も魅力的な会社はＪＲ貨物である。都心近くに広大な貨物駅、貨物ヤード用地を持っているからだ。私がＪＲの株式を買うなら貨物の株だ」と本気で話すのを聞いて耳を疑ったこともある。不動産バブルに向かう時代の幻想でもあったのだが、こんな世相を背景にして、いかに多くの在来鉄道用地、なかんずく首都圏の土地を「看板会社」であるＪＲ東日本に温存するかに関心を集中することになった。

皮肉なことではあるが、国鉄民営化後ほどなくバブル経済が弾け、ゼロ金利、デフレ経済に突入した。今日、私鉄にとって、かつての花形だった関連事業群が本業の足を引っ張る状況が顕れてきている。それは時代の変遷による生活、レジャー、旅行のパターン変化を映してもいるのだ。また在来線の用地、設備を簿価で承継することは、首都圏では膨大な土地の含み益を引き継ぐことを意味したが、それは設備面では含み損、過少償却と表裏一体のものであった。

民営化のメリット――自律性、先見性、戦略性

最後に鉄道事業の本業の観点から見れば、政治の手法による経営の意思決定という矛盾から解放されたことこそが、民営化の最大の効果だったという点を見過ごすことはできない。公共

企業体の場合、運賃や賃金、設備投資など経営の主要事項はおしなべて国会の議決に委ねられていた。政治の意思決定はコンセンサスに基づく。妥協と、不徹底と、時期遅れはその必然的結果とも言えた。一方、経営の本質は先見性にある。利用者が自分でも気づいていない潜在意識を先取りして提供した者だけが勝者となれる。自律性、先見性、戦略性の発揮こそが民営化の最大の効果となる。

例えば、五〇年、一〇〇年先をにらんだ超電導MAGLEVの開発、一五年以上を要した時速二七〇キロメートル化の推進、品川駅の建設などは、いずれも政治のコンセンサスからは生まれえないものだった。

しかし、それは長期、超長期的な戦略判断に基づいて鉄道そのものに巨大な投資をするという点で、私鉄型の経営者の発想とも異なる。東海道新幹線を基幹とするJR東海は都市圏の私鉄には類例を見ないユニークな鉄道会社である。労働生産性は都市型鉄道の二倍以上高く、一人の旅客が支払う平均的運賃・料金は都市型鉄道の場合三〇〇〜四〇〇円程度なのに対し、東海道新幹線では約七〇〇〇円に上る。JR東海においては鉄道こそが収益源であり、「植木鉢と花」の両方なのである。鉄道本業の活性化こそがJR東海の存在理由であり、活路でもあったが、そのために重要だったのは戦略決定の自律性を与えられたことだった。

５　分割民営化体制に内包される自己矛盾

一九八六（昭和六一）年の秋も深まる頃になると、国鉄事業を承継する一一法人の承継計画が閣議決定された。最後に残されたのは東京駅、新大阪駅など大都市圏の共同使用駅の施設や用地の帰属決定であったが、それは先にも述べたように、ＪＲ東日本を分割されたＪＲ各社の「看板会社」とする、という基本方針に則して進められていった。

それは分割民営化された各社がそれぞれ自立して上場基準をクリアし、分割民営化後一〇年以内を目途に上場、その株式の売却益を国鉄債務の返済に充てるという法律の建て前とは矛盾する。換言すれば、分割したようでもあるが、完全には分割しきれていない準分割構想であり、対外的に公にはできないことを当事者たちは十分知っていた。

このように法律の建て前と少なからず食い違う実行行為をしても、それほど後ろめたく感じない国鉄経営陣の気風は、五次にわたる国鉄再建計画失敗の歴史の中で、自らはもちろん、政府も、与党も全員が不十分・不徹底で実現不可と知りながら、国会審議の場では「やってみせます」と言わされ続けているうちに、半ば習性化してしまったものだったのかもしれない。

上場すれば他社の経営支援などできるはずはない。にもかかわらず「ＪＲ東日本看板会社」のような構想が納得性を持ちえたのは、国鉄内部のみならず運輸省においても、誰も一〇年以内に上場が実現するとは考えていなかったからだと解するのが妥当であろう。

そもそも、国鉄改革関連法そのものが、一〇年以内の株式完全売却という建て前と、上場はできないだろうという現実認識の自家撞着を内包したものとなっていた。

自家撞着の典型例として、すでに指摘した新幹線保有機構が挙げられる。それは、言わばJR東日本とJR西日本のための生命維持装置であり、分割により断たれたはずの内部補助が変形して生き残ったことを意味した。発足直後の一九八七(昭和六二)年度の内部補助額は、東北・上越、山陽新幹線の時価相当のリース料五一〇〇億円のうち、毎年二一〇〇億円強を東海道新幹線が肩代わりするという大掛かりなものであったが、その内部補助額はすでに述べた通り、二年ごとに輸送実績に基づき見直す仕組みになっていた。すなわちリース期間(三〇年間)は、資産、債務の実態が三社連動しており、JR本州三社各社の新幹線の資産と債務額が確定できないことになる。新幹線保有機構がある限り、つまり少なくとも三〇年間はJR本州三社の株式上場はない、それが国鉄改革関連法案の暗黙の前提となっていたわけである。

JR三島会社についてみても経営安定基金のある限り上場などは思いもよらない。そしてJR三島会社が経営安定基金を必要としなくなる日は予見できる将来には来そうもない。

JR貨物は、現在アボイダブル・コスト(avoidable cost)という経済学上の一概念を適用して、通常のコストよりも大幅に安い線路使用料で旅客会社の線路を使用し、辛うじて経営を維持している。本来の旅客列車と同等の線路使用料を支払えるだけの収益力を持てるようにならない限り、上場できないわけだが、それはすなわち不可能と同義語に近い。

一方では一〇年以内の全社上場を目標に謳いながら、他方ではこのように上場できないことを前提とした生命維持装置が各所につけられている。国鉄改革関連法のこの自家撞着を逆手に取ったのが「ＪＲ東日本看板会社構想」だった。

職員局の考え方は明快で「分割する以上、各社が自律的に鉄道輸送機能を維持・活性化できるよう、できるだけ徹底的で完結した資産の分割をやるべきであり、ＪＲ東日本に含み資産を集中的に持たせようなどと考えるべきではない。また、キャリアといえども、いったん所属した会社に骨を埋めるのが当然のことである」。少なくとも我々のいた職員局ではそう考えており、一般の社員の会社別の配置は、当然その考え方で行われた。

したがって「看板会社」構想は我々の耳目には触れることのないように、慎重に遮蔽されていたように思われる。少なくとも私自身、国鉄時代には直接耳にしたことはなかった。

6　資産分割の仕上げ

一一法人による承継計画の閣議決定が近づくと、国鉄資産をＪＲ東日本に対し集中配分する動きはますます加速した。その典型的な事例を二点紹介する。

東京駅の資産分割

東京駅の資産分割の経緯は、国鉄が最後まで二律背反の板挟みとなっていたことを示す好例である。「看板会社」であるJR東日本に資産を集中するために、どのような名分をつけるかという観点で理屈が構築された。「東京駅はJR東日本の駅とし、その施設管理はJR東日本が一元的に行う。したがって東京駅の駅長は一人とする」ということになれば、東京駅全体を扼《やく》することができる。そうなれば東海道新幹線の運行を、事実上意のままにJR東日本が制御できる。

収入の八五%を東海道新幹線に依存するJR東海は、事実上JR東日本の子会社と同様になる。分割した形はとるが一体性を維持するという「看板会社」構想を徹底すればそういうことになる。新幹線保有機構を通じて運輸省の「くびき」につながれた東海道新幹線を、できるだけ国鉄人の手で押さえたいと考えるのであれば、東京駅一駅案がベストである。

分割民営化実施のときに、国鉄本社の中枢に居合わせた数人の人々から聞く東京駅の資産分割にまつわる回想を要約すると、以下のようなことになる。そこからは、当時の資産分割の思考過程が透けて見える。

「東京駅はあくまで一駅とすると初めに聞いた。その場合、『在来線と東海道新幹線の責任分野ははっきり区分し、駅長は二人とする。駅の組織は会社ごとに別々、社員の身分も東海に所属する人間と東日本に所属する人間に振り分ける。しかし、駅そのものはあくまで一つの東京駅である』。そんな考え方だった。一つの駅ということは必然的にＪＲ東日本の駅という意味である。さらに徹底して、『一駅とする以上、駅長はあくまで一人として、内向きにはＪＲ東海、ＪＲ東日本の責任分野、組織、社員に区分するが、外向きにはあくまでも一駅とした方がよい』という意見もずっと並存した。その理由とされたのは『東海道新幹線列車に天皇陛下をご先導申し上げる責任者が二人いるようなことがあっては畏れ多い』ということがあったと記憶する。

しかし、最終的にはＪＲ東日本の東京駅とＪＲ東海の東海道新幹線駅の二つに分割し、二駅体制とすることになった。そしてお召し列車については、陛下を駅にお迎えして新幹線ホームまでご先導するのはＪＲ東日本の駅長、東海道新幹線の列車から降りられた陛下を東京駅の車寄せまでご先導するのはＪＲ東海の駅長という責任分担に整理された。

どこで二駅体制に決まったのかはわからない。恐らく政府筋の指導があったのではないだろうか。次に決めなければならないのはいかに東京駅の資産を分割するかである。本来であればそれぞれの機能が自律的に果たせるようにすべきであろう。しかし、実際の資産分割は、『新幹線ができる前からあった東京駅は、全てＪＲ東日本に帰属させ、東海道新幹線が建設されるときに新幹線特別会計で建設した部分だけがＪＲ東海の帰属になる』と説明された。新幹線特別会計というのは、東海道新幹線を建設する際に世銀から借款を受けたが、世銀の貸付条件として新幹線のプロジェクトを区分経理して、融資の対象範囲を明示することを要求された。これは世銀の借款を受けるためだけの区分経理で、開業後、万博輸送などのために東海道新幹線の東京駅を大増強したときは、新幹線特別会計などというものとは全く関係なしに設備投資がなされた。本来であれば、東海道新幹線の機能を果たすのに必要な施設は、土地を含めて全てJR東海に帰属すべきなのであって、世銀借款のための新幹線特別会計など、開業後大発展を遂げた東海道新幹線の機能を充足するには全く不十分である。

ところが、資産分割の作業をやったグループは、できるだけ看板会社であるJR東日本に財産を持たせようとして屁理屈を考えたのである。その結果、東京駅の資産区分はやたらに入り組んだ複雑怪奇なものとなってしまった。『昔からあった在来線（JR東日本）の東京駅の中に東海道新幹線の駅がインクレメンタル（付加的）にできたのであり、ゆえにその部分だけを東海道新幹線の駅とする』ということになったのだ。

JR東日本の駅用地の中に浮かんだ、まるで『浮島』のような形で東海道新幹線の用地と施設が存在する今の形は、こういう考え方の結果としてできたものだ。それはどこでも議論されることなく再建実施推進グループの専権事項として進められ、結論だけを知らされた形だった」

当時、新幹線総局の総務部長であった石塚正孝氏（現在、JR東海副社長）はこう語る。

「当初、東京駅は当然その用途により在来線部分と東海道新幹線部分に二分され、それぞれJ

Ｒ東日本とＪＲ東海の駅となるものと私たちは考えていた。東海道新幹線の列車が着発する一四・一五番、一六・一七番、一八・一九番の三つの島形プラットホームおよびその用地も、当然に東海道新幹線の資産となる、そして八重洲口は東海道新幹線の玄関、丸の内口はＪＲ東日本の玄関となるものとごく自然に考えていた。ところが、法律案が通っていよいよ作業が大詰め近くなった頃になって突然明かされたのは『東京駅全体がＪＲ東日本の駅であり、駅長は一人いればよい』という議論だった。しかし、最後の最後に東京駅は基本としてはＪＲ東日本の在来線駅とし、最小限度の付加的部分だけはＪＲ東海の東海道新幹線駅（共同使用部分はＪＲ東日本の財産）ということに回帰・決着し、駅長は二人体制に落ち着いた。しかし、一番使用頻度の多かった一四・一五番プラットホームの用地、上空はいずれもＪＲ東日本の所有とされ、ホームとその階下の空間だけをＪＲ東日本からの使用貸借という不自然、不安定な形で東海道新幹線が使用できることになった」

東京駅は一つの駅であり、ＪＲ東日本が一元的に管理するという案がどこで提起され、どのような検討過程を経て具体案として浮上したのか、またいかにして最終的には二駅案に帰着したのかについては誰も知らないということである。

職員局で労務・要員対策に当たっていた私たちは、当面の業務に専心しており、そのような議論がなされていることすら知らなかった。

東京駅問題は基本的には今も大きくは変わっていない。ただ一九九七（平成九）年のＪＲ東海の株式上場に先立ち、一四・一五番プラットホームおよび階下の空間の区分地上権化が行われ、さらに二〇〇一（平成一三）年、完全民営化の法律を審議するに際して、業務施設の用地等の権利が複雑に入り組んでいた箇所を、ＪＲ東日本との用地交換等によって整理しえたにとどまる。

東北新幹線　東京―上野間工事の再開

東北新幹線の東京―上野間の工事は、一九八三（昭和五八）年八月の国鉄再建監理委員会の提言によって凍結された。ところが、一九八六年一一月に国鉄改革関連八法案が成立した後、一二月に閣議決定された政府・国鉄事業を承継する一一法人の承継基本計画により凍結を解除され、「新幹線保有機構が建設主体となって承継」すること、「その財源は新幹線リース料でまかなう」こととなった。

工事総額は約一三〇〇億円。リース料の負担比率は東海道新幹線が五九％、東北・上越新幹線が二八％、山陽新幹線が一三％とすでに定まっていたから、ＪＲ東日本に帰属する東北新幹線の東京―上野間の工事は、その七割強を他社の負担（そのうち六割がＪＲ東海）で、分割民営化後に実施されることになったのである。

この決定に先だって、現に使用している東海道新幹線の品川の車両基地、保守基地を、リース料を安くするために廃止し、用地価格の安い大井基地に移転・併設する決定がなされていた。

それと東北新幹線の上野－東京間工事の凍結を解除し、新幹線保有機構が建設主体となって、新幹線リース料を財源として工事を進めるという決定とは明らかに真っ向から矛盾する。

経営主体であるJR東日本が建設するか否かを判断し、もし建設するのであれば自らの負担によってこれを進めることこそ首尾一貫したやり方だ。この二つの相矛盾したかに見える決定を説明する鍵は、両者の時間差にある。この間にJR各社の基幹要員の配置が決定したという事実を考え合わせれば少しも不思議ではない。

7　過ぎたるは及ばざるが如し

国鉄改革の三大基幹作業のうち「啓蒙運動」すなわち労務・要員問題に関する部分は、杉浦総裁が着任し、国鉄再建監理委員会答申が提出された時期から始まり、国鉄最後の日まで一貫して続いた。その全ては総裁のもとでの両本部連絡会を通じて、再建実施推進本部関係者にも共有され、関係労組、政府、与野党からマスコミに至るまでの衆人環視のもとで実施された。

しかも、JR発足後、長期にわたる労働委員会での係争、さらには裁判を通じて、それらは開示され尽くしていると言ってよい。

一方、キャリアの人事と国鉄資産の会社間配分は、いわば「宮廷内の密事」として進められ、関係部局の意見を徴することも、国鉄内部での議論の場に出ることもいっさいなかった。また労働問題のように改革後に労働委員会や訴訟などの場で開示され、あらゆる角度からの検証に晒されることもなかった。

ＪＲ東日本の首脳人事だけが、総理大臣、運輸大臣、自民党運輸族までを巻き込んだ政治的関心事項になり、国鉄原案が変更される結果となったのは内外の人々の目にＪＲ東日本が膨大な含み資産を持った魅力的な利権会社と映ったことが原因だったと思われる。折しもバブル経済、土地神話が絶頂に向かう時期だった。「過ぎたるは及ばざるが如し」の典型とも言えた。

第6章　JR東海の初動　三正面作戦

1　ＪＲ東海の実情

分割民営化はこのようにして発足を迎えた。一九八七（昭和六二）年四月一日、「ひかり」の初列車で、私は東海旅客鉄道の本社が所在する名古屋に向かった。ちょうど六時間前の零時を期して国鉄が分割民営化され、七つのＪＲ会社が誕生していた。テレビニュースはその瞬間をセンチメンタルに報じ、国鉄本社ビル内も少なからず情緒的な空気に包まれていたが、私自身は感傷に浸る気分ではなく、一つの戦場から次の戦場に赴くような冷えびえとした緊張感があるだけだった。私の初任はＪＲ東海取締役、総合企画本部長委嘱、総務・人事担当であった。

「伸びきったゴム」状態だった東海道新幹線

ＪＲ東海は東海道新幹線と一二の在来線を経営する旅客鉄道会社である。発足の年（一九八七年度）の営業収入は政府試算では八二五三億円（二〇〇六年度決算では単体の運輸収入が約一兆一五〇〇億円）、非鉄道事業の収入貢献度は一％に満たぬ微々たるもの、旅客運輸収入の八五％が東海道新幹線の収入だった。すなわち、一言で表現すればＪＲ東海は「東海道新幹線鉄道会社」と言って大過なかったし、この基本構造は今日においても大きくは変わっていない。

分割により誕生した本州三社の中で、ＪＲ東日本とＪＲ西日本が首都圏、近畿圏という大都市圏内の都市交通輸送を主力とする、いわば私鉄型性格の強いＪＲ会社であるのに対し、ＪＲ東海は日本の人口の約六〇％を沿線人口とする東海道メガロポリスの都市間高速旅客輸送を主力とする点でユニークである。

東海道は日本の背骨であり、大動脈である。その輸送需要上の特徴は、大量・高密度の旅客流動が沿線約五〇〇キロメートルに、ほぼ均等に集中していることである。すなわち、高速鉄道輸送に最適な需要構造、サービス距離に恵まれているのである。

しかも、東京駅、名古屋駅、新大阪駅などへの鉄道によるアクセス網が世界のどの都市よりも緻密に整備されている。ＪＲ線、地下鉄網、私鉄網などを利用することにより、旅客は実に便利、正確に東海道新幹線にアクセスし、あるいは最終目的地に行くことができるのだ。換言すれば東海道新幹線は日本で一番大切な大動脈、それは世界で最も高速鉄道輸送に適した需要構造を持ち、世界で最も鉄道によるアクセスインフラが整備されていると言える、その大動脈輸送需要に対し比類のない安全性、正確性、安定性、利便性、快適性、高速性、効率性をもって応えてきた。そしてこれからも応え続ける。それこそがＪＲ東海の使命と存在理由である。

ＪＲ東海の労働生産性は、発足時においてもＪＲ東日本、ＪＲ西日本の約二倍を超えており、鉄道路線としての本来的な収益性は抜群であった。

しかし、国鉄時代、経営が全国的に悪化し、全国二万一〇〇〇キロの鉄道網のほとんどが、赤字線に転落する中で、東海道新幹線は全国の国有鉄道網に対する内部補助の供給源として、その卓越した収益力のほとんどすべてを吸い取られてきた。必要最小限の安全対策投資、維持改善投資を除けば、自らの技術革新、設備強化、サービスの改善に充当する投資の余地はほとんど与えられなかったと言ってよい。国鉄時代の東海道新幹線は国鉄路線網の「種芋」として、働き続けてきたのであった。その圧倒的なサービス優位のゆえに黒字を維持してはいたが、運賃は極限まで値上げされ、開業以来二三年の間に、設備の疲弊・陳腐化が進行する有様で、サービス優位は侵食されつつあると言わざるをえない状態にあった。

分割民営化された後においても、国鉄時代と同質的状況は続いた。新幹線保有機構による本州三社の収益調整の結果、JR東海は毎年二一〇〇億円強に上る収益を、JR東日本およびJR西日本の補助に供することとなっており、国鉄時代と同様の「種芋」状態がそのまま継続する仕組みだった。

国鉄時代の一九七五（昭和五〇）年に、電力供給設備や軌道の疲弊による故障が頻発し、列車の混乱が生じた。その際に、東海道新幹線の「若返り工事」として重軌条化（六〇キログラム化）や重架線化等が行われた以外は、開業後二三年の間にインフラ面での基本的な増強は全くなされていない状況であり、分割民営化直前のダイヤ改正で、一時間当たり「ひかり」六本、「こだま」四本のいわゆる「六－四ダイヤ」が運行されていたが、輸送能力的に見ても、サービスの質、なかんずく走行速度においてもすでに限界に達している、いわば「伸びきったゴム」状態だったのである。大方のことはわかっているつもりであったが、実際に赴任して知る

ＪＲ東海の実情は、思っていたよりも遥かに深刻であった。

大動脈としての使命を守ることこそＪＲ東海の生命線

このような状況の中で、会社発足早々にＪＲ東海経営陣が直面した決断は、「欠陥制度とは言え、悪法もまた法である。新幹線保有機構の定める枠組みを所与の条件として受け止め、その範囲内で最大限善戦するのが自分たちの務めだ。悪法の改正はその結果を見極めた上での国民的コンセンサスに委ねるべきだ」という官僚的な先送り路線で行くのか、それとも「悪法に捉われて思考停止、自己催眠に陥ってはならない。積極的な設備投資と先端的技術の投入により東海道新幹線の機能を磨き上げ、日本の大動脈輸送としての使命を守ることこそＪＲ東海の永続性を保証する必須条件だ。当面はあえて借金の増加を甘受しても積極的設備投資によるサービス改善を行い、並行して新幹線保有機構を早期に解体させるよう働きかけるべきだ」という道を選択するかの、二者択一であった。

前者を選択すれば「民営化」による経営改善の効果を当面は誇示できるかもしれない。しかし、それは維持更新投資を抑制し、設備を食いつぶすことによりもたらされた見せかけの好成績であり、すでに二三年の高密度使用を経た東海道新幹線の基盤設備は、経年とともに、東北・上越、山陽新幹線という「子芋」に養分を吸い取られた「種芋」のように劣化する。一方、社員の士気は衰え、技術が散逸し、最終的には利用者の満足を得られなくなるばかりか、最悪

（図表6－1）減価償却費・設備投資額の推移

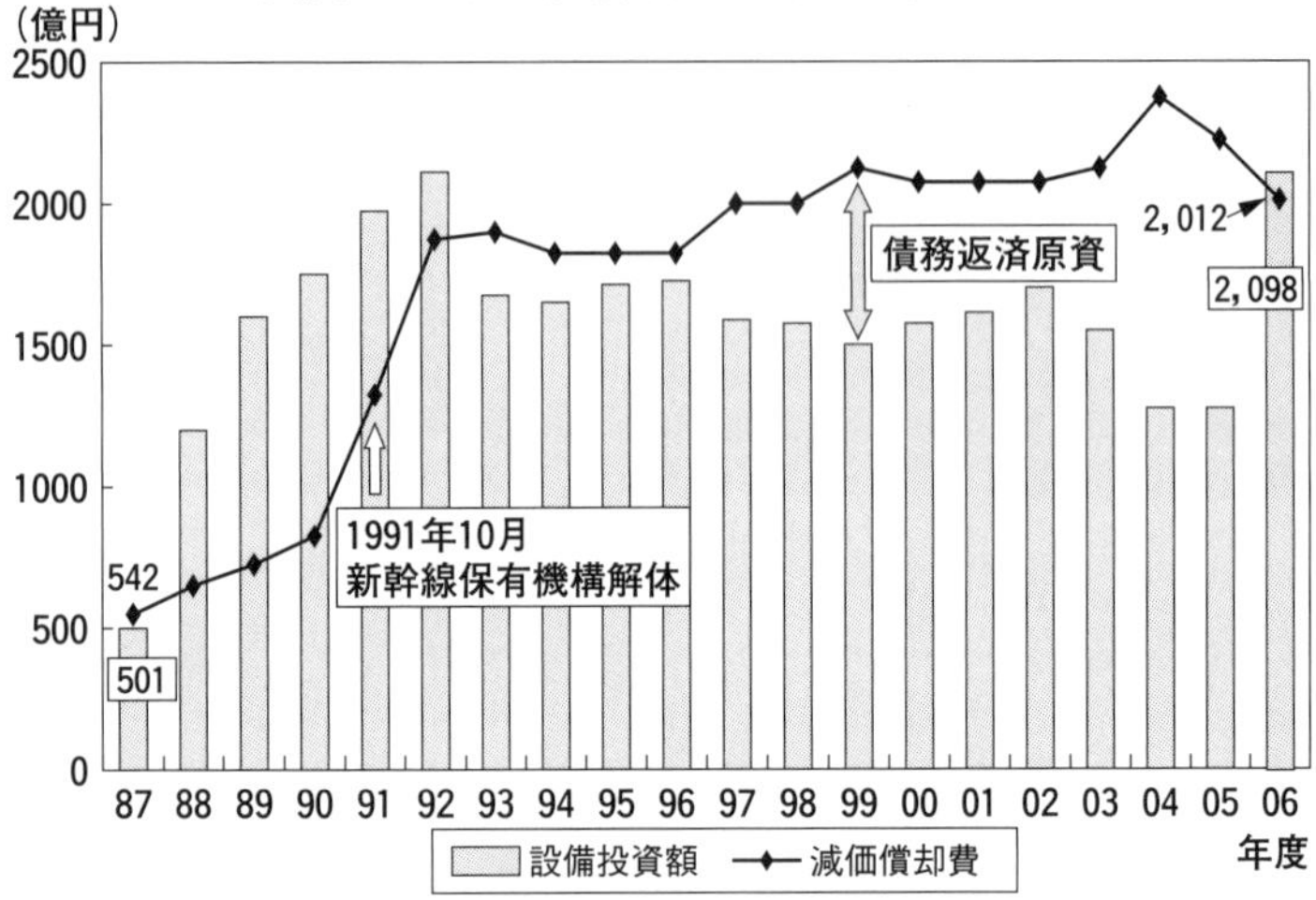

の場合、列車事故に繋がることもありえた（英国鉄の民営化はこのケースをたどった）。

後者を選ぶ場合は、「可及的速やかに悪法を改めて新幹線保有機構を解体し、東海道新幹線の債務と資産を自社保有とすることにより、資産の時価評価額（約二・四兆円）と収益調整による肩代わり分（約二・六兆円）を加えた五・〇兆円に見合った減価償却費を計上できるようにする」ことが必須であり、そうできない限り債務の累増という国鉄と同じ道程をたどり直すことになるのだった（図表6－1参照）。

前者は問題をできるだけ先送りしつつ、確実な衰退をたどる「ジリ貧」の道であり、後者は多くの関係者が「ようやく国鉄改革の大事業が終わった」と思って安堵の胸を撫で下ろしているまさにそのときに「国鉄改革は未完である」と指摘して、できたばかりの枠組みの変更を求める孤独な戦いとなる。いわば乾坤一擲《けんこんいってき》の勝負に出るわけであるが、だめな場合は「ドカ貧」も覚悟しなければならない道だった。

言うまでもなく、我々の基本戦略は後者、すなわち東海道新幹線の存在理由と使命を発展的に果たしつつ新幹線保有機構を解体し、「未完の国鉄改革」を完成させる積極策にあった。

一九八七（昭和六二）年五月二〇日、新幹線「リース方式問題」への対処方を検討するプロジェクトチームが総合企画本部長である私を主査とし、経営管理室長、財務部長、新幹線運行本部総務部長を委員として設置され、新幹線保有機構の解体へ向けての研究が始まった。ＪＲ東海が設置した最初のプロジェクトチームである。

これを皮切りに、会社発足後四〜五年の間に今日のＪＲ東海の礎となったさまざまな施策が、次々と打ち出されることになる。全ては「歩きながら」考えて形づくられていった。

ＪＲ東海に集まった顔ぶれには国鉄改革に際して国鉄本社という「宮廷」の中で幹部人事や財産分割に思案を巡らしていた「廷臣」は一人もいなかった。職員局をはじめその他の部門で分割民営化作業の現場に最後まで踏みとどまって任を果たした者が多かった。

初代社長の須田氏は、本州三社の社長の中ではただ一人国鉄出身（ＪＲ東日本、ＪＲ西日本ともに運輸官僚出身）で旅客営業のエキスパートとして知られていた。経営計画室、経理局、職員局育ちの私と須田氏が編隊を組んで仕事をしたのは、ＪＲ東海のトップと幕僚長という関係が初めてだった。誇り高く決して媚びないところ、私心がなく透明であるところ、一貫し揺れ動かないところ、人生を達観しているところ、部下を信頼して任せ切るところなど、またとない優れたトップだったと思う。

発足時のトップに恵まれたこと、国鉄改革の実務、なかんずく労務・要員の実践を通じて培われた僚友関係が経営陣を固い相互信頼で結びつけていたこと、そして幹部社員全員が、当然自分はJR東海に骨を埋めるのだと自然に受け止めていたこと、これらこそが今日のJR東海を作り上げる原動力となったのだ。

しかし、今振り返ってみれば、いずれの施策も結果的に絶好のタイミングを捉えて打ち出されたことがわかる。この二〇年間、天運はいつも我々とともにあった。

2　会社発足早々に新幹線一〇〇系電車を大量投入

一九八七（昭和六二）年四月分の輸送量実績は政府試算を六％以上も上回ることが明らかになった。そしてその傾向は五月になっても継続した。政府試算では営業収入の一％程度と予定されていた経常利益が、七％から八％の水準に上ることは必至の情勢であった。とすれば、この嬉しい誤算による利益の増加をどのように生かして使うか。その答えはただ一つ、本業の根幹である東海道新幹線の基礎体力と競争力の充実強化、これ以外にはなかった。

JR東海のアキレス腱は、すでに述べた通り、減価償却の薄さである。政府試算による発足初年度の減価償却率（減価償却費÷営業収入）はＪＲ東海の場合四・三％で、ＪＲ東日本の一二・七％との対比は言うに及ばず、ＪＲ西日本の八・九％と比べてもあまりにも低かった。抜本対策は新幹線保有機構の解体以外にないとしても、緊急策としてできることは全てやらなければならない。無為のうちに実力以上の経常利益を計上するよりも優先すべき課題は一目瞭然だった。

ひとつは修繕費を手厚く投入することである。国鉄時代は経営の全般的な悪化のために東海道新幹線といえども修繕費投入は列車運行の安全を損なわないすれすれまで抑制されてきた。この際、修繕費の投入を極力手厚くし、基盤設備や車両の体質を強化することは、国鉄時代の隠れたつけを払い、一層の安全という形で目に見えない貯金をすることであった。

もうひとつは積極的な設備投資である。基盤設備の改良・強化により災害に強い体質とし、接客設備の改善を積極的に進め、旅客の快適性を増すなどの施策を進めるとともに、特に重視したのが新車の大量投入である。国鉄時代は稼ぎ頭の東海道新幹線といえども新車の投入は抑制され、法定耐用年数一三年の車両を六年ないし九年延命して使用していた。会社発足時、ＪＲ東海は九八編成の新幹線電車編成を保有していたが、そのうち九一編成は一九六四（昭和三九）年に制式化された〇系という初代車両で、その約六割は「ひかり」用の一六両編成、残る四割が「こだま」用の一二両編成であった。

あとの七編成は、当時、最新の一〇〇系で、二一年振りに〇系の後継車両として一九八五年一〇月から投入された。技術的には〇系と変わりないが、モーターの性能アップにより一六両中四両はモーターをつけなくても同じパワーが確保できていた。そこで運転台のついている先頭車二両と、編成中央部の八・九号車にはモーターをつけないこととし、その上で八・九号車を二階建てとしたのが一〇〇系の特色である。

八号車は二階に食堂車、一階は厨房と売店、九号車は二階がグリーン座席、一階は個室である。この車両が設計されたのは国鉄末期、私が職員課長のときだった。そのときの車両課長がJR東海で初代新幹線運行本部長を務めた副島廣海氏である。

一九八七（昭和六二）年六月、総合企画本部は車両メーカーの製造能力を総動員して一〇〇系を大量発注することを提案、経営会議の決定をみた。輸送量の増加に対応するため車両の増備が必要であったこと、新幹線車両は発注から約一年で納入され、しかも耐用年数が一三年と鉄道の設備の中では短いので、減価償却を厚くする上で速効性が高いことが二大理由だった。まさに一石二鳥だったのである。

分割民営化当初、国鉄時代の名残でJR各社とも設備投資には抑制的であった。そのムードを反映して電車メーカー側も生産ラインを縮小してしまっていた。したがってJR東海としては密かに準備し、速やかに発注して、一気に電車製造能力を買い占める必要があった。そのためには、すでに制式化されている最新の一〇〇系を大量発注する以外ない。一〇〇系は一九八七（昭和六二）年に最初の一四編成が発注され、翌八八年には二年分の一七編成が追加発注された。合計で五〇編成が製造され、一九九二（平成四）年に最後の編成が納入された。一編成の価格は三一億円だった。

この間、新車投入により競争力をアップし、同時に内部留保拡大を図る政策は在来線についても行われ、一〇〇系の発注後、東海道新幹線の新型電車を開発して本格発注するまでの間隙を縫って近郊型在来線電車の新製投入が行われた。在来線のサービスを向上させるとともに車両メーカーの製作能力を平準的に活用するためであった。結果として国鉄から引き継いだ在来線車両の約半分がＪＲ東海発足から一〇年余りの間に新車に置き換えられ、現在では主要線区における新車化率はほぼ一〇〇％に達している。

この施策の結果、当初の政府試算では減価償却費は営業収入の四％（三五七億円）となっていたが、一九九一年三月期（平成二年度）の実績ではそれが七％（約八〇〇億円）にまで増加した。当然のことであるが、その反面として、新幹線保有機構分も含めたＪＲ東海の債務総額は新幹線保有機構が解体されるまでの数年間、累増する結果となった。我々はこの現実が、新幹線保有機構の欠陥性を証明し、その解体の梃子となることを期した。

3　新幹線の食堂車廃止と「こだま」の一六両化

一〇〇系の大量投入が進行する過程で、その後の新幹線運行の効率化を決する二つの決断が相次いで行われた。

その一は、食堂車の廃止である。食堂車の廃止を決心するにいたったきっかけは「一〇〇系二階建ての食堂車は効率が悪く、列車食堂会社は大きな赤字を出している」という、ある列車食堂会社社長の発言であった。二階建ては一階で調理した上で二階に運び上げて供食するという構造から所要人員が余分にかかり、非効率で、もともと赤字の食堂経営をさらに悪化させているという話だった。

たまたま、バブル期の経済的ブームのせいもあって、グリーン車が予約し難いので、グリーン座席を増やすようにという要請も多かった。この話を契機にして、製造中の一〇〇系の食堂車を全て廃止し、グリーン座席に仕様変更させることを決断した。食堂車の座席は四四座席、東京―新大阪間の実営業時間が準備時間を除いて正味二時間である。座席は東京―新大阪間で平均二回転する。そして旅客一人当たりの消費は平均二〇〇〇円である。これを前提に計算すると、東京―新大阪間の食堂車の営業収入は一八万円足らずということになるわけで、もしこれをグリーン車に仕様変更すれば、一座席で約一万八〇〇〇円になるので、食堂車の収入の数倍の収入をあげることが可能であった。

経営会議では主として営業サイドから旅の情緒が失われるという反対が多くあったが、新幹線の強みは機能性にあり、安全、正確、安定、便利、快適、高速、効率というサービスを突き詰めていくことが本道であるとして押し切った。その後の推移はこのときの決定が正しかったことを証明している。食堂車にこだわり続けたＪＲ西日本も数年後にはＪＲ東海に追随した。

もうひとつの決断は「こだま」の一六両化である。新製一〇〇系車両の当初納入分は輸送量の増勢に対応するための増備にあてられた。それが一段落した後は、当然、老朽〇系の取替えに充当される。この一連の機を捉えて一二両編成の「こだま」を「ひかり」と同じ一六両編成にすべきだと思い立ったのは一九八九年の初めだった。

〇系の「ひかり」編成の取替え分が納入されるのにはまだ時間がある。しかし、迷っている暇はなかった。直ちに新幹線鉄道事業本部長の副島氏と相談し、実行に移すことに決した。

「ひかり」編成を「こだま」に使うとなると八、九、一〇号車の三両はグリーン車となる。ところが「こだま」のグリーン車は一両ですらほとんど空席である。グリーン車三両はもったいない。それに「こだま」はいまの一二両編成ですらガラガラで、なんで一六両にする必要があるのかという意見も一部にはあったがこれもまた押し切った。

「ひかり」と「こだま」の編成相互間の互換性・汎用性を確保すれば、車両運用が効率化する。「どの列車にはどの車両編成を」と指定して運用することを「指定運用」と言うが、そのためには一定の回送列車本数を確保することが必要になる。汎用化は東京駅・大井車両基地間の回送列車を削減し、その分だけ「ひかり」の増発余力を生み出すことになるのだ。増発余力は災害時などの列車の混乱を最小限に抑え、正常運転への回復を迅速にすることにも有効である。そのメリットは総体としてきわめて大きいと考えたのである。「こだま」の一六両化は好タイミングで決断された。

鉄道は「鉈《なた》」、乗用車は「小刀」のようなものである。「鉈」は薪を割るのに便利だが、鉛筆を削るのには向かない。多種多様、千差万別の旅客の趣味や嗜好、旅行の区間や目的が大きな流れとして束ねられたとき、その最大公約数に最も適合したサービスを提供する、それが鉄道輸送であり、安全、正確、安定、便利、快適、高速、効率的なサービスこそその特徴である。東海道新幹線や首都圏の電車列車網は、典型的にこの類型に属する。その場合、民営化効果と称し、外見ばかりが異なる多種多様の車両を線区別・列車種別ごとに投入したり、列車運行体系の多様化を行ったりして「小刀」的なサービスを演出すれば一時はマスコミ受けするかもしれないが、所詮は「鉈」で鉛筆を削るようなもの。全体としての効率を悪化させることになり、鉄道事業の永続的な評価にはつながらない。標準化、規格統一化による互換性・汎用性の確保、列車運行体系の単純化こそ鉄道輸送の基本である。

4　中央新幹線と東海道新幹線の一元経営への始動

発足時点のＪＲ東海が直面していた分割民営化体制の問題点は「新幹線保有機構」という欠陥制度の存在だけではなく、長期持続性のある経営基盤の確立という観点からも重大な欠落点があった。国鉄の分割民営化は既存の鉄道網を路線単位に地域分割した。建設中の路線についても路線ごとに、どの会社に帰属するかが決定された。例えば、北陸新幹線の営業主体は高崎－上越間はＪＲ東日本、上越－大阪間はＪＲ西日本と定められている。建設中の路線のほとんどは、全国新幹線鉄道整備法による整備計画路線、すなわち着工済み路線であった。それらの路線は国鉄末期の経営状況、国家の財政状況の厳しさから凍結されてはいたが、バブル経済のフォローウインドを受けて氷が解けかかってきていたのである。

未確定だった中央新幹線の経営主体

未着工ではあるが、全国新幹線鉄道整備法の予定路線（基本計画路線）として名前の挙がっているものは一一線あり、その中に「中央新幹線」があった。しかし、分割民営化の計画の中では「中央新幹線」の経営主体には一言も触れられていなかった。

しかしながら、インフラ事業の立場に立って考えてみると、近い将来は二〇年、将来は五〇年先をにらんだ国家一〇〇年の計を意味する。我々としてはそのタイムスパンの中で長期持続的な経営を考えなければならない。中央新幹線が万一建設の運びとなれば、それはＪＲ東海にとって経営基盤上の根本的な変化をもたらすことになる。

首都圏－近畿圏の間の都市間旅客輸送、すなわち日本の大動脈輸送を自らの使命とするＪＲ東海にとってみれば、中央新幹線は当然のこととして東海道新幹線の発展的代替路線であり、一元経営の対象でなければならない。中央新幹線以外にはこのような決定的重要性を持つ予定路線はなかったのであるから、その帰属については当然、分割民営化の際に決めておかなければならなかったはずだ。

「国鉄再建監理委員会が会社分割の基本として『首都圏と近畿圏を結ぶ都市間旅客輸送』はJR東海の役割と明文化しているのだから、改めて確認行為を行うまでもなく、中央新幹線は第二東海道新幹線であり、東海道新幹線と一元経営されるべきものである。何も心配することはない」というのが、運輸省国有鉄道部の、その時点での言い方であった。

しかし、未着工とはいえ、法律上の予定路線であり、しかも東海道新幹線とほとんどその機能が重複する中央新幹線について経営主体が未定であることは分割民営化の重大な欠落点と言わざるをえない。新幹線保有機構のような不適切な制度が定められている一方、死活的な経営基盤要件をなす中央新幹線の経営主体に全く言及されてすらいないのは、二つながらに「未完」であり、この点について政府の公式の約束を取りつけること、これはJR東海存立の必須条件であった。

以上、我々は東海道新幹線の輸送力増強とサービス向上のために積極的に投資すること、可及的速やかな新幹線保有機構の解体により借金の累増を抑止すること、中央新幹線と東海道新幹線の一元経営について政府の公文書による確認を取り長期的に持続可能な経営基盤を確立すること、これらについて三正面作戦を展開し、速やかにその決着をつけることを開業当初の基本戦略とした。

中央新幹線の経営権問題を議論の俎上に載せるには、何か具体的な問題提起をしなければならない。「中央新幹線の経営主体はＪＲ東海であると確認してください」と正面から要請すれば、「まだ分割民営化されて会社が発足したばかりのこのときに、そんな遠い将来の雲をつかむような話をする暇があるのか。その前にやるべきことがたくさんあるでしょう」という反応になることは目に見えている。

そこで現実の一歩を踏み出す端緒として、超電導磁気浮上式鉄道の技術開発に取り組むプロジェクトチームを発足させることにした。これならば、ＪＲ東海の単独の意思決定だけで進めることができる。一九八七（昭和六二）年七月二〇日、社内に総合企画本部長を本部長とする「リニア対策本部」を設置した。

ＪＲ東海が取り組む必然性

「リニア対策本部」が発足すると、まず超電導磁気浮上式鉄道の実用化をなぜＪＲ東海が主導しなければならないのか、中央新幹線はなぜ東海道新幹線と一元経営をしなければならないのかについての名分を整理した。その論点の骨子は以下の通りであるが、二〇年後の今日においても変更すべき点は見当たらない。

①　日本の背骨、経済的大動脈としての東海道新幹線の使命は不可欠のものであり、今後もますます重要性を増すと考えられる。

②　開業以来二三年を経た東海道新幹線の輸送力は今や飽和状態に近い。将来にわたって大動脈としての機能を果たすためには、さらに高いサービスと、大きな輸送力が必要である。しかし、それは東海道新幹線の部分的増強では達成できない。

③　東海道新幹線の基本構造物は、すでに二三年にわたって継続的、恒常的に高密度で使用されてきた。今後一〇〜二〇年のオーダーで見た場合、集中的な取替え工事が多発する可能性があり、その時点までに、東海道新幹線の大動脈機能を代替できる大量高速輸送手段を整備しておく必要がある。その場合、災害に対する危険分散を考えれば、当然、中央新幹線ルートが最適である。

④　東海道新幹線の輸送力増強とスピードアップを同時に成し遂げ、基盤設備の修繕、取替え工事の際には発展的代替輸送機関として機能し、災害に対する大動脈輸送の抗堪力を強化する。これら全てを同時に満足させられるのは、超電導磁気浮上式鉄道（リニアモーターカー）による中央新幹線の建設だけであり、しかもそれは東京―大阪間をおよそ一時間で結ぶことにより、国土全体の均衡ある発展の土台となる。

⑤　国鉄改革の基本フレームでは、JR東海は「首都圏と近畿圏を結ぶ都市間旅客輸送」を使命とすることとされている。中央新幹線が建設されれば東海道新幹線の旅客の五〇％強が中央新幹線に転移し、それは中央新幹線の輸送量の約八〇％に該当する。つまり、東海道新幹線と中央新幹線は機能的に一体のものであり、当然一元経営以外はありえない。国鉄改革の基本

フレームも、国鉄債務の処理フレームもそれを前提としなければ成立しないことから見ても、一元経営は当然である。加えてリニアモーターカーの運営には高速鉄道のノウハウが必要であり、それは東海道新幹線を運営してきたＪＲ東海に凝縮している。

⑥　このような観点から、まずリニアモーターカーの導入に向けての調査・検討をＪＲ東海として組織的に行うため、七月二〇日付で社内にリニア対策本部を発足させた。

⑦　リニア中央新幹線計画を推進するため、国鉄改革の際に棚上げされた調査を速やかに再開する必要がある。また、一部区間を早期に完成して運行技術等の確認を急ぐ必要がある。

ＪＲ東海は以上の論点をもって関係各所の根回しを早速開始した。すでに一九八八年度予算要求の季節が始まっており、その中で来年度以降につながる爪痕を残さなければならない。折しも八八年度予算要求作業の一環として、中央新幹線建設促進議員連盟（一九七八年設立）や中央新幹線建設促進期成同盟会（一九七九年設立）が開催されようとしている時期だった。我々はその場に出席し、将来の経営主体として認知を得るべく論陣を張ることにした。説明の席上で「議員連盟」は「リニア中央エクスプレス建設促進議員連盟」と改称し、決議文にはＪＲ東海の名前が初めて登場することとなった。

5　東海道新幹線土木構造物調査委員会

東海道新幹線の土木構造物を更新する際の発展的代替輸送機関として、中央新幹線を位置づける論理構成を行った時点で、それと表裏一体の問題として認識されたのが、東海道新幹線の土木構造物の寿命予測ならびにその延命方法、あるいは取替え工事の発生を分散させるための前倒し施工などについて、並行して研究しなければならないという問題意識であった。そのための検討の場として一九八七（昭和六二）年一〇月の経営会議で「東海道新幹線土木構造物調査委員会」を発足させる決定がなされた。

JR東海の将来を切り開くための資金力の源泉は現在の収入源、すなわち東海道新幹線を基幹とする鉄道ネットワークそのものであり、そのさらなる磨き上げは最優先課題である。その第一はこれまで築いてきた完璧な安全、安定輸送を守り続けること、さらには設備の災害抗堪力を強化することである。そこから生み出された資金が全ての経営施策の原資となる。

長期持続的な体制を志向する場合、その全ては東海道新幹線を基幹とする大動脈輸送の安全、正確、安定、便利、快適、高速かつ効率的な遂行にかかっているのである。

というわけで「東海道新幹線土木構造物調査委員会」が発足した。それは一方で、開業後四半世紀にわたって高密度の列車運行を支えてきた東海道新幹線土木構造物の老朽取替えと、他方で、いずれかの時点で直面する東海沖地震への備えについて調査・研究・対策を講ずるための委員会であり、当時、漠然と言われていた「あと一〇年は保証できるが二〇年となるとわからない」という認識について、専門知識を結集して、より科学的に検証しようとするものだった。ＪＲ東海が東海道新幹線の発展的代替輸送手段としてリニア中央新幹線を建設し、経営主体となることを視野にリニア対策本部をスタートさせたことと表裏一体の関係に立つのがこの委員会の発足である。

取替えに関する分科会、地震対策に関する分科会の二分科会からなるこの委員会は、東京大学工学部土木工学科松本嘉司教授を委員長として、土木工学、構造工学、地震研究所など関係分野の学会の権威、ＪＲ東海の技師、財団法人鉄道総合技術研究所（ＪＲ総研）の研究者合わせて四〇名のメンバーで、第一回の会合は一〇月二六日に行われた。

綿密な調査研究に基づき、一四回に及ぶ委員会が開催され、一九九七（平成九）年三月に中間報告がまとめられた。その骨子は「適切な保守管理を行っていけば、鉄桁・鉄筋コンクリート構造物ともに、当分の間、大規模な補修・取替えが必要となることはない」というもので、「当分の間」とは「今後二〇年程度」とされた。

この委員会の直接の成果は、少なくとも今後二〇年は大丈夫という中間報告の保証を得たことにある。しかし、同時に発足初年度から東海道新幹線の土木構造物の維持管理について一貫して関心を持ち、綿密な設備の点検、調査研究が行われる中で、基盤設備の維持、補修、強化について学会の最高権威の指導も受けつつ、実効的な対策が進んだことも大きな成果であった。開業当時の基盤設備の対災害強度と今日を比較すると、まさに隔世の感を禁じえないほど強くなっている。また、東海道新幹線の鉄桁や鉄筋コンクリート構造物の劣化は予想よりもはるかに少ないことが、品川新駅建設工事で廃出したコンクリート構造物と橋桁の実物調査により明らかになり、東海道新幹線建設当時の施工の丁寧さ、質の高さが証明された。

さらに、二〇〇二（平成一四）年七月に、小牧の研究開発センターが開所すると、実物を使用して鉄桁に対する繰り返し荷重試験やコンクリートの強制酸化テストなどが行われ、今後適切な維持修繕を行えば、さらに長期にわたり安定的な使用が可能であることが証明された。そして、そのための保守管理や補修の方法も具体策が確立した。

6　トランスラピッド社の磁気浮上式リニア実験施設視察

ＪＲ東海が「リニア対策本部」の設置を発表し、議連が「リニア中央新幹線」の早期建設を打ち出すと、それに刺激されたかのようにドイツのトランスラピッド（ＴＲ）社の常電導磁気浮上式リニアモーターカーの売込みが始まった。すでに技術的に完成し、いつでも実用可能という触れ込みで、伊藤忠商事、三菱重工が中心となって動き出したのである。

当社の技術者たちの見解は、「常電導は磁力が弱い。そのため超電導システムでは一〇〇ミリ確保できる浮上間隙が一〇ミリしか取れない。それは加速性能が悪いこと、高速走行の際の車体運動に十分な余裕が確保できないため最高速度も制約されること、多くの車両を連結して長い列車を編成することができず大量輸送に向かないこと、などの弱点につながる。したがってリニア中央新幹線に採用の可能性はない」ということだった。

しかし、百聞は一見に如かずという伊藤忠商事、三菱重工の担当者の勧めで、トランスラピッド社の実験施設を見学、試乗をすることになり、一九八七（昭和六二）年一二月初旬に、デュッセルドルフの北方三〇〇キロほどのところにあるエムスランドの実験施設を訪問し、土木技師の土井利明氏ほか数名が同行した。

まず、実験施設を一周し、オペレーションセンター、車庫に滞泊中の車両を見学した。実験線は全周約三二キロ、直線区間は約一三キロのトラック形施設で、ガイドウェイと車両の形状は跨座《こざ》式モノレールを連想させた。車上電源用のバッテリーを搭載しているためか、一両当たりの平均重量が約六〇トンだと言われ、我々の計画している約二〇トンに比べてずいぶん重いと驚いた記憶がある。

その後、ＴＲ社のクレッチマー副社長がブリーフィングをやり、昼食を挟んで当社の技術陣とＴＲ社の技術陣との間に質疑が行われた。午後に予定されていた試乗は車両の不具合で中止になった。土井氏がＴＲ社の技師から聞いたところでは車体が高温になって冷却しなければならないのだった。一〇ミリ浮上のため、胴体をガイドウェイに擦《こす》ったのに違いない。

結局、試乗は中止になったが、一八時頃に高速走行テストを行うので見学ならよいということになり、直線区間の真ん中あたりで築堤の脇に立って待った。日はとっぷり暮れ、黒々とガイドウェイを囲む松林を包む濃紺の空に冬の月が明るかった。日本の田舎に来たような錯覚を誘う北部プロイセンの夜景の遠くに、三両編成の試験車両が見えた。それは明るい光の点みたいだったが見る間に近づいてきて、轟音とともに走り去った。キーンというハイピッチな音とゴーッというローピッチの音が混ざり合った、聞きなれない激しい音であった。

跨座式の構造だと、車体がガイドウェイを包む形になるので、車体とガイドウェイの間に細い隙間が生ずるのを避けられない。高速で走行すると、その間隙を空気が高速ですり抜ける。そのためあのようなハイピッチの騒音を立てるのだろう。この日のテスト走行でTR社は時速三九二キロの速度記録を出したのだそうだ。

帰路リヨンに飛び、リヨンからパリまでTGV（高速列車）に乗り、翌々日は帰国の途に就いたのだが、TR社の実験施設視察は出発前の予測をまさに裏づける結果で、東海道新幹線のバイパスとしてTR社のはまったく不適ということだった。

しかし、この視察旅行は二つの次なる戦略的施策の発想に繋がるきわめて実り多いものとなった。

7　東海道新幹線の時速二七〇キロ化計画開始

ＴＲ社の実験施設視察後にＴＧＶに初めて乗った。時速二七〇キロメートルのスピードは広々した畑のただ中を走るためかあまり速いとは感じられなかった。車両は狭く旧式に見える。軌道、架線などの構造物も実に単純で重装備の東海道新幹線とは比較にならないほど軽装である。同行の技師達も同じ印象だった。

「こんな線路や架線でフランスでは時速二七〇キロを出している。どうして東海道では時速二二〇キロしか出せないんだ」

「時速二七〇キロなら、出せと言われれば、いつでもできると思いますよ」

「時速三〇〇キロも大丈夫だろうか」

「東海道新幹線は半径二五〇〇メートルのカーブが標準ですが、山陽、東北、上越新幹線は四五〇〇メートルです。東海道では時速二七〇キロ、山陽に入ったら時速三〇〇キロというのが現実的だと思います」

「それに車両だけでなく、線路の改良や電力供給能力のアップ、騒音振動対策、地震対策なども含めた総合的な検討が必要です。特に騒音振動対策を考えると、当面は時速二七〇キロが適切です」

車中でのこんな会話が契機となり、帰国後、早速、新幹線運行本部長の副島氏に相談、体制作りの検討に入った。

「東海道新幹線スピードアッププロジェクト」が発足したのは一九八八（昭和六三）年一月。総合企画本部長であり、提案者でもある私が主査となったが、実質的には車両技師の総師で新幹線運行本部長の副島氏が副主査として、営業、運転、施設、電力、信号、通信など各分野にわたる技術的検討の全てを取り仕切った。

委員会は精力的に検討を進め、一九八八年九月に、東海道新幹線の時速二七〇キロ運行は可能である、そのためには車両だけでなく地上設備の手当ても必要という結論を得、経営会議に提出した。その頃には新型新幹線電車の設計も国鉄時代の蓄積を土台としてすでに詳細設計をほとんど済ませ、発注作業を残すのみとなっていた。そして一九八八年一二月二七日に東海道新幹線三〇〇系電車の実用試作車一編成（一六両）が発注された。一編成四六億円（量産車は約四〇億円まで下がった）であった。

それまでの東海道新幹線電車は〇系、一〇〇系の二種類であり、一〇〇系は〇系の改良型、東北・上越新幹線に投入された二〇〇系は〇系のコピーに過ぎなかった。これらを称して第一世代の新幹線電車と呼ぶことができる。その点三〇〇系は時速二七〇キロ走行という飛躍をなし遂げるため、従来とは基本的に異なる要素技術を取り入れた画期的な車両であった。アルミ車体、交流モーター、回生ブレーキ、空力特性を考えた車体形状などにより、徹底的な軽量化、騒音振動の軽減と省エネルギー化が図られたのである。

　高速鉄道に交流モーターや回生ブレーキを用いた例はこれまでになく、未知への挑戦であった。東海道新幹線によって一九六四年に拓かれた「高速鉄道」時代の、恐らくは最後を飾る「飛躍」が緒に就いたのだった。

　三〇〇系電車編成は一九九〇（平成二）年四月に試験運転を開始し、二年間の試運転による性能確認の上、一九九二（平成四）年三月のダイヤ改正で登場した、時速二七〇キロ運転列車に充当され、「のぞみ」と命名された。「のぞみ」「ひかり」「こだま」時代の開幕であった。

　この時点では始発と最終の二往復だけの運転であったが、東海道新幹線開業から二八年を経て、初めて東京－新大阪二時間半の時代が開幕し、翌九三（平成五）年からは毎時一本運転となった。分割民営化当初、当社の技術陣はテストによる性能の計測、分析はＪＲ総研に委託することを考えていた。運行、保守で精一杯だったのだ。

　それを経営会議で覆し、基本として全て自前で開発する方針に切り替えた。最初の第一歩から背伸びをしてでも自前主義でやる方針を立て、それを貫いたことは重要だったと思う。三〇〇系、七〇〇系、Ｎ七〇〇系と積み重ねてきた当社の技術力の蓄積はきわめて大きい。

　三〇〇系による時速二七〇キロ化構想が発表されると、ＪＲ本州二社は相次いで高速試験電車を発注してＪＲ東海に追随した。ＪＲ東日本の「ＳＴＡＲ21」、ＪＲ西日本の「ＷＩＮ３５０」試験電車がそれである。

しかし、JR東日本は途中で高速化を断念、JR西日本は五〇〇系を開発、山陽新幹線内での時速三〇〇キロ運転を実現したが、時速三〇〇キロにこだわった結果、一編成約五〇億円と著しいコスト高となった上に、窮屈な車内空間、狭い座席間隔など快適性を犠牲にしたため、九編成が製作されただけで製作中止となった。「のぞみ」の営業運転開始後、JR東海でも三〇〇X試験電車を製作し、あらゆる角度から限界に挑戦する試験がなされ、速度についても、東海道新幹線の京都―米原間において時速四四三キロという電車の世界最高記録を樹立したが、この成果は一九九九(平成一一)年に登場する七〇〇系の開発に織り込まれた。

8　山梨リニア実験線自社建設を提唱

エムスランドのTR社の実験線視察に触発されて着想したのが、超電導磁気浮上式リニアモーターカーの実験線をJR東海が自力建設するという構想であった。

宮崎の試験線でMLU〇〇二が実験走行を開始していたが、所期の性能が発揮できず難渋していた。JR総研の尾関理事長はそれを見て、超電導磁気浮上式リニアモーターカーの実用化について各所で消極的な発言を繰り返すようになった。このような状況を打開する最善の策は、JR東海が自らの資金でTR社を上回る実用実験線を建設し、リニア技術の実用化を主導すると同時に、中央新幹線の経営主体であることを鮮明にすることだと考えたのである。

宮崎は遠く、しかも全長七キロでは距離が不十分で時速五〇〇キロでの連続走行テストが制約される。単線のためすれ違い走行実験ができない。トンネル部分がない、勾配区間での走行テストができないなど、新たな実験線の必要性は明らかだった。

しかし、ＪＲ総研にはそのための資金はない。国費を当てにすれば何年後になるかわからない。エムスランドでは実寸の車両が三二キロの試験線を走行して完成度が高いことをデモンストレートしている。東京－名古屋間のどこかに、将来実用線の一部となるモデル線をＪＲ東海の負担で先行建設し、そこで実用化実験を行うというのがアイデアの核心だった。

エムスランドの見学で触発され、東海道新幹線のときの綾瀬－鴨宮間のモデル線の故知にヒントを得たのである。エムスランドの実験線はループ状のトラック三二キロで直線区間の長さは約一三キロくらいである。もし直線二〇キロの実験線を建設すれば、ドイツより進んだ確認実験が行える。

この着想を岡田宏鉄建公団副総裁（後に総裁）、林航空局長に相談し賛同を得た上で、その概要を着任早々の吉田耕三国鉄改革推進部長に提起したのが一九八八（昭和六三）年の六月過ぎのことだった。国の資金を当てにしないで中央新幹線の山梨県部分、二〇キロが実験線として建設される。それは全線着工の突破口になる。

鉄建公団は、当時の自民党の有力者で、特に運輸省、建設省に大きな影響力を持っていた金丸信代議士に対して以前からリニア中央新幹線のメリットを説いていた。この実験線建設プランは金丸氏の関心を引き、実験線建設は強力な支援者を得ることになるだろうと鉄建公団も我々も踏んでいた。提案は予想通り鉄建公団を通じて金丸氏を本気にさせ、事態は急展開した。

金丸氏の要請を受けて、一九八八年七月二五日に、運輸省首脳が金丸、三塚両代議士と会談し、①近い将来輸送力が不足する東海道新幹線の代替交通機関として、二一世紀初頭にリニアを実用化しなければならない、②そのためには本格的な実験線を早期に建設する必要があり、一年後、すなわち一九八九年秋にはその位置決定を行う、③それまでの間、JR東海など民間会社は鉄道総研の協力を得て建設に必要な調査を行う、④国家プロジェクトとしての財源フレームが決定されるまでの間、暫定的にJR東海等が実験線の一部を先行的に建設することを検討する、など四点の約束をした。

この際に金丸、三塚両代議士に提出された「リニア問題について」というメモは、国鉄改革推進部長が自ら書いたもので、私は事前に手渡され、すでに下打合せを終えていた。

運輸省は一九八八年一〇月に、松本嘉司東大教授を委員長とし、井口雅一東大教授、森地茂東工大教授、曾根悟東大教授、岡田鉄建公団総裁ほか数名をメンバーとし、国鉄改革推進部を事務局とする「超電導磁気浮上式鉄道検討委員会」を発足、必要な実験項目、実験線の備えるべき条件と仕様、実験線建設の適地などの審議が開始され、翌一九八九（平成元）年八月七日に、実験線の建設地は山梨県に決定された。当然のことながら、将来、実用線として活用できるということが決め手となった。

9　ＪＲ本州三社それぞれの株式上場戦略

ＪＲ東海の初年度（一九八七年度）決算は、当初見込みを大幅に上回る好成績で、当初見込みでは八三億円とされていた経常利益が締めてみると六〇七億円となった。ＪＲ東日本も同様で、一四八億円の見込みが実績では七六六億円だった。この二社は早くも上場基準の達成を視野に捉えたのだ（次のページの図表６－２参照）。

しかし、ＪＲ東海の場合、著しい減価償却不足の結果として、実力以上の利益となっている現実を我々は認識しており、楽観的空気はなかった。顕著だったのはＪＲ西日本の体力の脆弱さで、七八億円の見込みが実績では八〇億円となり、曲がりなりにも当初見込みは上回ったものの、他の二社に大きく水をあけられることとなった。しかも、この傾向は次年度（一九八八年度）以降も変わることがなく、上場基準クリアにはなかなか手が届きそうもない状況にあった。このような現実を踏まえて、ＪＲ本州三社の上場戦略は各社各様に分岐する。

ＪＲ東海の考え方

株式売却収入はすべて国に帰属し、国鉄清算事業団債務の返済に充当される。だから国としては当然、一刻も早い上場、売却を果たしたい。しからばＪＲ東海にとって株式上場のメリッ

（図表６－２）1987年度ＪＲ本州３社決算

（単位：億円）

	東日本	東海	西日本
営業収入	15,565	8,746	7,631
営業費用	12,692	8,031	6,923
（新幹線使用料）	（1,985）	（4,168）	（943）
営業損益	2,964	715	708
営業外収益	178	124	89
営業外費用	2,376	232	717
経常利益	766	607	80
特別損益	△45	1	12
当期損益	274	165	20

トは何か。株式売却収入は会社に入ってこないのだから上場の先陣争いをする合理的な理由はない。

一方、ＪＲ東海は長期的持続可能性、言い換えれば安定的・自律的な経営基盤という観点から見て、明らかに致命的な欠陥を内包していた。すなわち、東海道新幹線の減価償却費が計上できないため会社として著しい過少償却となっている一方、五兆円を超える膨大な借金の利払い・償還と相まって、経営戦略展開の余地が乏しいことであった。発足以来、この制度的欠陥の是正を最優先の課題としてきてはいるが、いまだ目算が明確になったとは言えない状況であった。そんな中で早期上場を政府に求めることは自家撞着した行為であり、その結果、上場が行われてしまえば、株式所有者が大衆化・私有化するので、国鉄分割の枠組み変更は事実上永遠に不可能になる。

そこで、ＪＲ東海としては拙速な株式売却競争には参加せず、その前に上場のための条件整備として最小限度の枠組み修正を行うことを政府に要請した。株式上場までのＪＲ本州三社の所有者は国である。したがって、財産分割や収益調整フレームの微修正は国の主体的判断のもとに、国の意思のみで行うことができる。欠陥を修正することが上場のための条件整備だった。分割民営化が長期に持続可能で安定的なものとなることは、国鉄改革の大義名分にもかない、国にとっても望ましいことであるはずだ。

そこでＪＲ東海は、上場の前に、①欠陥制度である新幹線保有機構を解体すること、②中央新幹線と東海道新幹線のＪＲ東海による一元経営を明確化し長期持続可能な枠組みとすること、③東海道新幹線の輸送力増強が可能となるようＪＲ東日本との間の用地区分を微修正すること。すなわち、東海道新幹線品川駅の建設に必要最小限度の用地については、事実上遊休地化しているＪＲ東日本の品川車両留置線群用地を、ＪＲ東日本が国から引き継いだのと同じ価格で、ＪＲ東海につけ替え、将来の必要性に備えること、これらの三点を上場の前に決着するよう要請した。

ＪＲ東海が経営体としての持続可能性を備えるためにはこの三点は欠かせない条件だった。だから上場そのものは急がず、そのための必要条件整備を、まず決着することを求めたのであった。

ＪＲ東日本とＪＲ西日本の考え方

ＪＲ東日本は、先述のように「看板会社」として広大な面積にのぼる潜在的遊休用地を簿価承継してスタートした。そしてその事実認識が発足当初からの基本戦略につながった。①極力早期に、他社に先駆けて上場を果たす。②上場した上は極力早期に完全民営化してＪＲ会社法の規制から外れ、鉄道事業法による私鉄並みの経営自主性を確保する。その結果は、例えば、先に第5章で述べた品川車両留置線群用地など膨大な含み資産についての政府の介入余地がなくなることを意味した。

しからばＪＲ西日本の場合はどうか。ＪＲ西日本の経営体力は明らかに他のＪＲ本州二社に比べて脆弱性がある。したがって、上場基準をクリアすることを急ぐのではなく、ＪＲ東海と同じように、できるだけ設備の強化、技術力の蓄積など内実を厚くすることを優先するのが自然と思われた。

ところが、ＪＲ西日本は我々のやり方とは対極的な基本戦略をとった。すなわち、①「良質の危機感」を掲げて要員、経費の徹底的な効率化を進める。②山陽新幹線を四地区に分割して、地区内の在来線と一元管理する。③在来線のうちローカル路線を鉄道部として路線別経営管理を行い、組織の簡素化と技術者も含めた職員の多能化を進めることにより要員を削減する。④

リエンジニアリングすなわち管理部門組織のフラット化により管理部門の要員を削減する。⑤社員、特に現場管理者の早期退職を勧奨し、余剰人員を解消する。⑥これらの施策により人件費を極力削減するとともに修繕費の効率化、設備投資の重点化により極力経費を抑制する。⑦かくして他のＪＲ本州二社に遜色のない利益を計上し、早急に株式の上場、完全民営化を達成する。

この「良質の危機感」政策は、短期的な成果は挙げうるかもしれないが、長期の持続可能性が問われるところであった。ＪＲ西日本がなぜ短期決戦型の戦略を基軸に据えたのか、不可解である。

10　ＪＲ西日本のリース料削減交渉

株式上場の条件整備として新幹線保有機構の解体を実現する方針を定め、腰を据えて関係箇所への説得工作を行うことにはしたものの、確たる展望は立たないでいるうちに、思いがけない展開が風景を一変させた。ＪＲ西日本が、運輸省に対してリース料の見直し削減を訴えたのである。

新幹線保有機構によるリース制度では、二年ごとに輸送実績に基づいてリース料負担比率を見直すことが定められていた。一九八七（昭和六二）年度の決算はすでに明らかになり、八八年度の実績がほぼ見えてきた一九八八年一二月一五日、運輸省の国鉄改革推進部から電話があり、「一九八七、八八年度の実績に基づいて八九（平成元）年度から規定通りのリース料見直しをやってもJR西日本が上場基準を充足する見通しは立たない。JR西日本は『羊羹の切り方を間違ったのだから切り直して欲しい』と言っている。その点について、JR東日本、JR東海、JR西日本、運輸省四者で相談をしたい」と言ってきたのである。

会議の冒頭、運輸省は、JR西日本のリース料を年額二〇〇億円引き下げ、JR東日本が一五〇億円、JR東海が五〇億円の負担増をするということではどうかと提案した。JR西日本とJR東日本は直ちに運輸省の提案に賛意を表した。運輸省とJR二社の三者間では事前の合意ができているようであった。

JR東海は、すでにトータルで約七一〇〇億円のリース料のうち約四二〇〇億円をも負担している。そして、所定のルールで計算しても三三億円程度のリース料増加になるとの試算が出ていた。つまり、一七億円の純増というわけであるが、さらに二年後にもう一度現行制度により見直しをすれば、恐らく一七億円を上回る増加になる可能性が強い。それならばここは運輸省の提案を容認し、その代わりに取るべきものを取った方が得策だととっさに考えた。

三者が明らかに運輸省案での決着を急いでいる今こそ、JR東海としては根本的懸案事項を一挙に解決する好機である、そう考えてこちらが出した交換条件は二点、まず、今後はリース料を固定し、二度と見直しを行わないよう法律改正をすることであった。それはJR本州三社の債務をとりあえず確定し、上場への条件整備に大幅に近づくことである。それを足がかりにして新幹線保有機構そのものの解体を実現しようという意図もあった。

二つ目の条件は将来中央新幹線が建設された暁には、ＪＲ東海が東海道新幹線と一元経営することを運輸省も含めた四者で確認することだった。中央新幹線が開業すれば東海道新幹線の旅客の五〇％以上が中央新幹線に転移する。リース料の支払い原資は東海道新幹線の利用旅客の運賃負担であるから、一元経営しない限り、債務返済の枠組みが成り立たないというのは正論であり、リース料の見直し固定問題は、一元経営問題と切り離しては論じえないはずだった。

この二つの交換条件はいずれも合理性、正当性のあるものであり、反対する理由はない。即座に了解となった。リース料固定については一九八九（平成元）年六月に新幹線保有機構法の改正がなされ、中央新幹線の経営権については八九年三月に四者間で確認メモが交わされた。ＪＲ西日本が仕掛けたリース料見直し提案はこのようにして全員が何らかの満足を得る形で決着した。このときの確認は一九九〇年六月の中央新幹線と東海道新幹線の一元経営に関する公文書確認の突破口を開くものだった。またこのときのリース料の固定はのちの新幹線保有機構の解体に繋がった。

11　山梨リニア実験線のフレーム確定

一九八九（平成元）年六月、林航空局長が運輸事務次官に昇進した。彼は一九九一（平成三）年六月までの二年間、事務次官の職にあり、この間に林次官と杉浦国鉄清算事業団理事長との連携で、ＪＲ本州三社の株式上場に向けて必要な枠組み修正の全てが整えられた。

林事務次官就任から間もない一九八九年七月一四日一〇時、吉田国鉄改革推進部長から名古屋のＪＲ東海本社に電話の問い合わせがあった。①超電導磁気浮上式鉄道の開発については一九九〇年度予算要求に盛り込むことにする。ついては実験線の基盤設備はＪＲ東海所有とし、建設費約一五〇〇億円を負担してもらいたい。②新幹線保有機構の解体は株式上場の条件整備案件として一九九一年度予算に盛り込むよう来年夏から予算要求作業に着手する。今年はそのための準備作業に当てる。ＪＲ東海が賛成なら、以上の方針を七月二七日に事務次官説明、八月四日に大臣説明というスケジュールで予算要求事務を進めたいと思うがどうか、という打診であった。

予算要求の枠組みはおおむね予期していた通りだった。ただし実験線の建設費を負担する条件として、ＪＲ東海が中央新幹線の経営主体であること、および超電導磁気浮上式鉄道の開発の主体はＪＲ東海であることを明確にしてもらわなければならない旨、とりあえず応答し、細部は直接会って詰めることにした。七月二七日に運輸省に国鉄改革推進総括審議官と国鉄改革推進部長を訪ねたとき、省側から山梨実験線の予算要求概要（運輸省フレーム）を提示された。

実験線の延長は約四〇キロ。その基盤施設の建設費約一五〇〇億円は、いずれ実用線の一部として活用できるのでＪＲ東海の負担。これは将来ＪＲ東海が経営主体になることを意味する。

実験終了後に取り払う電気設備など実験設備および試験費約一七〇〇億円のうち約四〇〇億円を国庫補助金とし、五〇〇億円を開銀借り入れによるＪＲ総研の一般財源負担、約六〇〇億円をＪＲ東海の特別負担とする。つまり、総経費約三二〇〇億円のうち約二〇〇〇億円強をＪＲ東海が負担するというフレームであった。総括審議官から「実験設備の償却をしても収支の上で上場に支障することはないか」との問いがあり、上場への支障はない旨を答えた。運輸省のこの実験線建設フレームは、ＪＲ総研と鉄建公団の手で算出されたものであり、ＪＲ東海はいっさい参画を求められなかった。そして、ＪＲ東海の技術者の算定に従えば、このフレームの金額では二〇キロ程度の建設と実験がやっとという印象だった。

そこで、ＪＲ東海から運輸省に対しては、①実験線は二〇キロあれば十分。したがって、まず二〇キロ分の予算要求を行い、残る二〇キロは将来また要求することにすべきである、②基盤施設の建設費を全てＪＲ東海が負担するのは将来ＪＲ東海が中央新幹線の経営主体となるからであり、その際には実用線の一部として活用できるからである旨を運輸省に公式確認してもらう必要がある、③実験の主体はＪＲ総研だけではなく、ＪＲ東海も共同主体であることを明確にする必要がある、の三点を前提条件として整理するよう申し入れた。

これに対する総括審議官の返答は、実験線の延長については四〇キロ一括で要求し、施工は二段階に分ける方がよい。JR東海が中央新幹線の経営主体となることの公式確認は当然である。しかし、全国新幹線鉄道整備法による経営主体の指定は現段階では無理なのでその方法について工夫をする必要がある。国庫補助金を受けられるのはJR総研だけなので、表面的にはJR総研を立てるほかないが、実態として実験開発の共同主体となることを明確化すればよいではないかという趣旨で、私としてはこれを諒として別れた。

超電導磁気浮上式鉄道山梨実験線の予算要求フレームが発表になるとさまざまな反応があった。まず自民党リニア中央議連の決議文の中で「営業主体となることが予定されているJR東海」という形で一元経営が明記され、さらに翌一九九〇年六月一五日のJR総研理事会でもJR各社による確認がなされることになった。

12　全線の地形、地質調査に関する運輸大臣指示

山梨のリニア実験線の建設・実用化実験が予算化されるのと並行して、凍結になっていた中央新幹線東京都－大阪市間の地形、地質等に関する調査が再開される機運となった。そして一九九〇（平成二）年二月六日付で鉄建公団とJR東海の両者に対して地形、地質調査の指示が

出され、中央新幹線の経営主体としてのＪＲ東海の位置づけはこれで一層鮮明になった。

全国新幹線鉄道整備法（全幹法）による運輸大臣の調査指示は、これまで建設主体である鉄建公団か経営主体である国鉄かいずれか一方に全幹法に基づいて下されていた。例えば、上越新幹線の調査指示は鉄建公団に下り、鉄建公団が工事主体となって建設され、国鉄が経営主体となった。また、東北新幹線の調査指示は経営主体である国鉄に下り、国鉄が工事主体となった。

したがって、もしＪＲ東海が鉄建公団と並んで運輸大臣の調査指示を受けることになれば、それはＪＲ東海が中央新幹線の経営主体であると運輸大臣に認定されたのと同義である。実用線の一部である実験線の建設主体となりながら、地形、地質調査の主体にならないということでは首尾一貫を欠くばかりか、反対解釈を呼ぶことにもなりかねない。その意味で、当社は地形、地質調査の指示を鉄建公団と並んで受けるべく精力的に働きかけ、成功した。鉄建公団の総裁が岡田氏であったこと、運輸事務次官が林氏であったことは、当社が調査指示を獲得する上で決定的な幸運であった。

13　超電導磁気浮上式鉄道の共同技術開発についての運輸大臣通達

超電導磁気浮上式鉄道の技術開発は、分割民営化後においても、国鉄の研究・開発部門を承継したＪＲ総研が引き続き行っていたが、山梨に実用実験線の建設が決まり、新たなフェーズに入る運びとなったため、一九九〇（平成二）年六月八日の運輸大臣通達により、「技術開発の基本計画」としてＪＲ総研は、向後はＪＲ東海と共同して立案し、鉄建公団と協議の上、大臣から承認を受ける形式に変更された。

また、山梨実験線の建設計画は、ＪＲ総研、ＪＲ東海、鉄建公団の三者が共同して作成の上、運輸大臣の承認を受けるよう変更された。ＪＲ総研尾関理事長の持論であった「上物は全面的に自分に任せてもらわなければ責任は持てない」という主張は、この運輸大臣の通達によって雲散霧消した。鉄建公団を排除したいというＪＲ総研の一部の意図も挫折することになった。これまでの経緯からして、またこれからの現実的な発注施工を考えても、ＪＲ東海にとって鉄建公団が入っていることは有益と判断された。

結局はＪＲ総研、ＪＲ東海に鉄建公団からの少数を加えた三者構成のプロジェクトチームが編成され、それは東京丸の内にあるＪＲ東海の旧ＣＴＣビル内に置かれることになった。

14　中央新幹線と東海道新幹線の一元経営を公文書確認

一九九〇（平成二）年度の運輸省予算に計上されたリニア山梨実験線の建設計画の中で、将来中央新幹線の路盤に用いることができる汎用性のある部分の建設など一九六五億円は、全て

ＪＲ東海の特別負担となっている。

　一九九〇年六月一五日、その理由について国鉄改革推進総括審議官とＪＲ東海社長の間で公文書確認が行われ、①首都圏と近畿圏の二大都市圏を結ぶ旅客流動を担う鉄道は、国鉄改革の分割の考え方により、東海旅客鉄道株式会社の経営責任分野である。②中央新幹線は、東海道新幹線の役割を代替するものであり、上記の大都市圏を結ぶ旅客流動を担う鉄道に該当する。③中央新幹線をリニアで建設した場合も上記の性格は変わらない。④中央新幹線の営業主体についてては、全国新幹線鉄道整備法に基づき、整備計画を決定する時点までに運輸大臣が指定することになっているが、中央新幹線は現在の東海道新幹線の輸送力が将来限界に達するので第二の東海道新幹線として建設・運営されることになるものと考えている、という省の考え方が明らかにされた。

　運輸省としては東海道新幹線と中央新幹線はＪＲ東海が一元的に経営するものと考えており、それゆえに一九六五億円をＪＲ東海に負担させることにしたのだという趣旨の確認だった。

　この確認に加えて、前述した中央新幹線の全線にわたる地形、地質調査の大臣指示がＪＲ東海と鉄建公団の両者に出された結果、ＪＲ東海が中央新幹線の経営主体となることを運輸省が表裏両面から保証した形になった。この両面セットは整備計画策定の大臣命令が出せない段階で、ＪＲ東海が中央新幹線の営業主体であることを明確化するために運輸省が考えた絶妙の手法だった。この表裏一体をなす運輸省の確認行為以降、一元経営に対する異論は完全に聞かれなくなった。

　中央新幹線と東海道新幹線の一元的経営が明らかになっていないため、ＪＲ東海の経営の持続可能性が損なわれ、しかもそれがリース方式の実効性と自己矛盾を起こしているという致命的欠陥はここに解消されたのであった。

15　新幹線保有機構の解体

　ＪＲ本州三社の株式上場は民営化発足以降の好調な経営実績を踏まえて、一九八九年度初になると急速に現実性を帯びるに至った。すでに述べたように、ＪＲ本州三社はそれぞれの観点から株式上場を経営戦略の節目と捉え、早期の決着を求めていたし、政府、与党も国鉄債務の返済財源としての売却収入を早期に手にしたいと考えていた。

　一九八九年六月に林事務次官が就任すると、杉浦国鉄清算事業団理事長と呼吸を合わせて、上場に向けての実務ベースの動きが開始された。その具体化が一九八九（平成元）年一二月一九日の閣議決定である。

「日本国有鉄道清算事業団の債務の償還等に関する具体的処理方針について」と名づけられたこの閣議決定には「ＪＲ株式は早期かつ効果的な処分を行う」「遅くとも一九九一（平成三）年度までにはＪＲ株式の処分を開始する方向で、適切な処分方法等多角的な視点からの検討・

準備を行う」という指針が示されている。

早期の株式上場を目指した条件整備始動

この閣議決定を受けて、運輸省は一九九〇（平成二）年三月三〇日を第一回として「ＪＲ株式基本問題検討懇談会」を発足させ、各界の有識者を集めて意見を求めることになった。その検討項目は、①ＪＲ株式の売却の基本方針、②ＪＲ各社の上場の時期・手順等、③株式上場にあたっての環境条件の整備、その他とされ、懇談会には平岩外四東京電力会長、江頭憲治郎東大教授、杉浦前国鉄清算事業団理事長、竹内道雄前東京証券取引所理事長を含めて都合一一名の各界有識の人々が名を連ねている。

ＪＲ東海は一九九〇年五月九日の経営会議で「ＪＲ株式の上場について」を決定し、分割民営化の初期設計ミスの微修正を「株式上場にあたっての環境条件の整備」として求めていくこととし決定した。その要旨は、

①新幹線保有機構制度は欠陥制度である。法律改正によりリース料が固定されたとはいえ、新幹線保有機構制度が存在する限り、さらなる法律改正によりリース料を値上げすることはいつでも可能である。したがって、新幹線保有機構は株式上場の前に解体されねばならない。

②新幹線保有機構の解体にあたっては、各社への譲渡価額を決めなければならない。それはＪＲ本州三社の会社全体としての収益力を反映したものでなければならない。現在の債務負担

比率は、この観点から見直さなければならない。

③輸送力増強対策として東海道新幹線品川駅を建設する。そのために必要な用地は、JR東日本の遊休鉄道用地の中から分割民営化時点にJR東日本が承継したのと同じ簿価をもってJR東海につけ替える。明治以来、国費で整備されてきた国鉄の用地をJRが簿価で承継したことの趣旨は、鉄道輸送の使命を果たすために用いるという趣旨であり、株式上場前にその趣旨に沿って微修正するのは当然である。

JR東海は「JR株式の上場について」を識者に送付するとともに、その趣旨に沿って基本問題検討懇談会に根回しを開始した。

東証の意見陳述の要旨

JR株式基本問題検討懇談会は全九回の審議を行ったが、その三回目に、株式上場の環境条件の整備として新幹線リース制度をどのように扱うかについて、JR本州三社ならびに東京証券取引所からの意見聴取があった。JR東日本は「リース料が固定化された以上、すでに制度は安定的なものとなっており、新幹線保有機構を解体する必要はない」「JR東海の減価償却費が過少に計上される点については初めからわかっていたことであり、その上でやむなしと割り切った経緯がある。すでに解決済みの問題だ」などとして反対の姿勢をとった。当社の姿勢はいうまでもない。決定打となったのは、東京証券取引所の意見陳述であった。以下にその要点を引用する。

「リース料につきましては昨年の六月に一応固定された形にはなっておりますが、これまでの経緯を見ましてもリース料が変更された事実がありますし、そもそも新幹線保有機構が新幹線の運営事業に関わる経営基盤の均衡化を図ることを目的として設立されておりますことから、常に収益調整弁として、機能しうる可能性をもっている点は否定できません」

「このように、第三者によりまして、恣意的に収益基盤に変化がもたらされるような投資物件では、独立した企業として問題でございますし、投資者の信頼を得ることは難しいと考えられます。さらにこれまでの経緯から考えますと、調整に際して政治的な経営干渉の可能性も否定できません。加えて、リース期間終了後の権利関係が不明確では、投資者の的確な投資判断が困難であるばかりか、ＪＲ各社自体の長期的な投資計画に、支障を及ぼしかねず、この点も投資者の保護上、問題があると考えております」

「新幹線につきましては、新聞報道によりますと譲渡の方向で検討が進んでいるようでございますが、上場前に該当するＪR各社に譲渡されることが適当かと考えております。なお、この点を不明確なままに上場を進め、上場後に譲渡が行われるようなことになりますと、八兆円を超えると言われます資産負債の移動でございますので、株価を含め市場に与える影響は非常に大きなものとなります。さらに新幹線地上設備を譲渡したのち、一事業年度以上の経営実績をもって、上場を進めることが適当かと存じます」

この東京証券取引所の意見陳述が決定打となって、JR株式基本問題検討懇談会の意見は、新幹線保有機構の解体、新幹線地上設備の譲渡に定まったとみてよいと思う。また同時に、譲渡に際しては最終的な残存価額をどのように扱うかということも併せて決めないといけないということになり、運輸省が鉄道整備基金を作るための財源を上乗せする方向へのスタートラインともなった。

鉄道整備基金の創設と各社の譲渡価額

このようにして新幹線の譲渡価額の決定は一九九一（平成三）年度予算要求作業の一部として進行することになった。そのときの譲渡価額決定の要点は、承継債務約八・一兆円（当初八・五兆円あったものの残額）に対して、平成二年時点での再々評価により一・一兆円を上乗せし、約九・二兆円とすることであった。

運輸省と大蔵省は上乗せした一・一兆円を整備新幹線の建設財源に充当すること、それを一九九一（平成三）年度予算要求の重点事項とすることについて、一九八九（平成元）年の夏頃には暗黙の了解事項としていたと思われる。八九年夏の時点で、大蔵省主計局は、鉄道整備基金的なものの創設を匂わせていた。新幹線保有機構解体は言わば、「金の卵を産むガチョウ」の首につけた縄をほどいて、放してやるようなものである。何もなしにその解体だけを求めれば、与野党、大蔵省は新幹線保有機構解体の引き延ばしを図ったかもしれない。整備新幹線財源、一・一兆円を上乗せすることは、与野党の運輸関係議員を巻き込む上で大きなインセンティブであったはずである。

　大蔵省も運輸省も、整備新幹線建設予算については強い風圧を受ける立場にいたわけであり、上乗せ分一・一兆円を整備新幹線財源として使うことは、新幹線保有機構を解体するために、運輸、大蔵両省が生みだした妙案だったと考えてよいと思う。

　もし初めから、国鉄再建監理委員会事務局の林氏や私たちが考えていたように、ＪＲ各社ごとの債務負担能力を査定し、それに応じた国鉄債務を承継させる仕組みとなっていたならば、整備新幹線の財源をこのような形でＪＲ本州三社に背負わせる口実は見いだせなかっただろう。しかし、いったん「新幹線保有機構」という制度が既成事実となってしまったからには、それを解体する際にこのような落とし前を取られることは不可避であり、振り返ってみると、よくこの程度で済んだものだという感興を禁じえない。

　一・一兆円は最終的には鉄道整備基金の財源となり、整備新幹線の建設が促進された。ＪＲ東日本、ＪＲ西日本は鉄道整備基金の創設については強い反対の立場をとっていた。我々はこの際に新幹線保有機構を一刻も早く解体しなくてはならないという立場から、鉄道整備基金の創設は容認する立場をとった。問題は八・一兆円ならびに一・一兆円の負担の割合をどのようにするかであり、それは一九九一（平成三）年度予算要求作業の中で煮詰められていった。

　ＪＲ東日本は、九・二兆円全体を従来のリース料負担比率で配分すべきであると主張した。

すなわち、ＪＲ東海が約六〇％、ＪＲ東日本が約三〇％、ＪＲ西日本が約一〇％、という負担比率である。ＪＲ東海としては、八・一兆円分を含めて、会社の収益力を適正に反映した債務負担額を改めて算定し直すべきであるという考えを主張した。

結論としては、その間をとる形で、従来から存在する八・一兆円分については、従来の負担比率、追加された一・一兆円についてはＪＲ東海三、ＪＲ東日本六、ＪＲ西日本一という新しい比率で配分するということになり、一九九一（平成三）年度予算案が確定した。

このときに新幹線保有機構を解体し、新幹線施設の譲渡を受けたことは、ＪＲにとって有利であったのか、あるいは不利であったのか。その時点での意見は分かれていた。ＪＲ東海は新幹線保有機構の解体は大成功であったと思っていたが、ＪＲ東日本は少なくとも新聞報道等から、当初は反対だったと判断される。その意見の分岐点は鉄道整備基金の創設のために一・一兆円を追加負担すること、ならびにその六〇％をＪＲ東日本の負担とすることの可否にあった。六〇％の負担は、収益力の観点から言っても、整備新幹線財源が東北新幹線、北陸新幹線というＪＲ東日本の路線に使われるという点から見ても、当然のことだったと思う。

そして、新幹線保有機構が解体された数カ月後の一九九一（平成三）年末には株価が大暴落し、日本経済はバブル経済崩壊後の錐もみ状態に落ち込んでいく。あのタイミングを逸すれば、新幹線保有機構という金の卵を産むガチョウは、いまだに首につけた縄を解いてはもらえなかったであろう。

東海道新幹線品川駅新設の方向決定

ＪＲ東日本が国鉄から簿価承継した品川地区の半遊休用地を、東海道新幹線の品川駅建設に必要な限度でＪＲ東海につけ替えるという当社の主張は実現しなかった。しかし、一九九〇(平成二)年一〇月に、品川駅の建設の可否を諮問する「東海道新幹線輸送力問題懇談会」が国鉄改革推進総括審議官のもとに設置された。それは東海道新幹線品川駅の必要性が運輸省に容認され、その実現に向けての検討がなされることを意味した。われわれは、東海道新幹線の品川駅建設は、輸送力増強対策、災害時におけるダイヤの混乱を最小限にとどめるための対策、東京地区南西部に住む人々の新幹線利用の利便性向上対策という三つの効果を自覚していた。しかし、所用の土地は国鉄清算事業団、ならびにＪＲ東日本ほか関係箇所から時価で購入するという枠組みとなった。

一九九一(平成三)年度予算案の中に新幹線売却収入が織り込まれ新幹線保有機構問題は決着した。新幹線保有機構の解体は同年一〇月一日である。その結果ＪＲ東海は五・一兆円という重い新幹線債務を負担することになったが、その後低金利時代からゼロ金利時代へと時代は展開し、債務の平均利率は徐々にではあるが軽減された。一方、債務の削減も進捗し、現在では約三・四兆円まで減ってはいる。しかし、依然として年収の約三年分という重い債務であり、この削減が経営の最重要課題の一つであることに変わりはない(次のページの図表6－3参照)。

（図表６－３）長期債務残高と支払利息の推移

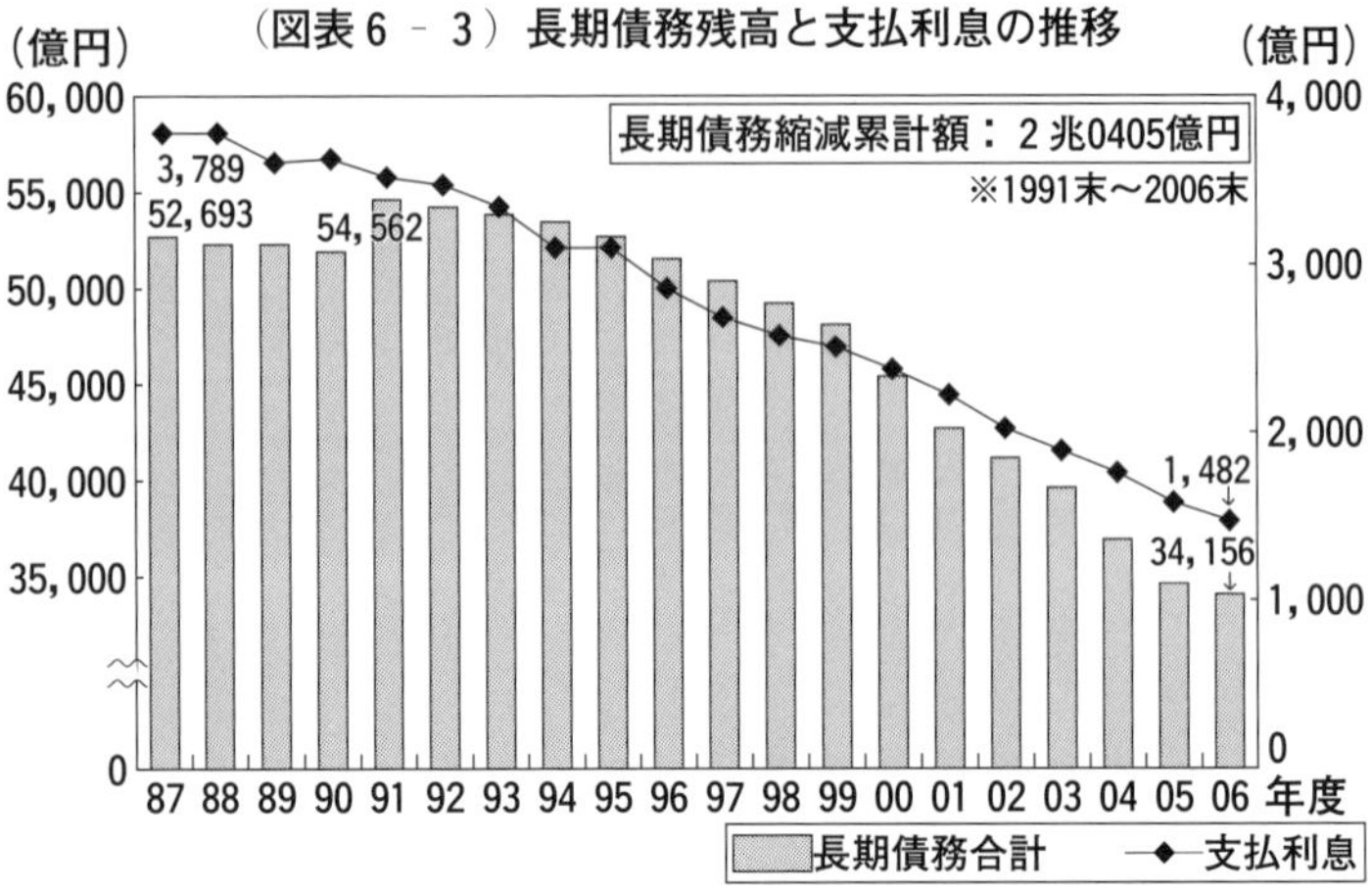

※１　87～91の長期債務はリース料として当社が負担していた実質的債務を含む。
※２　87～91の支払利息にはリース料として当社が負担していた利子相当額を含む。

しかし、そうは言っても、新幹線保有機構の「くびき」から離れることができた結果として、東海道新幹線の大動脈としての使命を一貫継続して追い求めることが可能になったのは大きな成果であった。

新幹線保有機構解体の半年後、一九九二（平成四）年三月一四日のダイヤ改正で、JR東海が開発した三〇〇系車両編成による時速二七〇キロ列車が東京―新大阪間を二時間半で結ぶことになった。開業と同時にJR東海が着手した三正面作戦（新幹線のサービス改善・輸送力の増強、新幹線保有機構の解体、中央新幹線と東海道新幹線の一元経営の保証）は、開業五年の間に一応の決着を見ることになった。新幹線保有機構が解体されて以降、JR東海の減価償却費は営業収入の二〇％程度で推移している。

いずれも思った通りの一〇〇点満点というわけ

にはいかなかったが、常識では不可能と思えるほど難しいこれらの問題を同時並行で推進し、このように短期的に一応の解決を見ることができたのは、①「鉄は熱いうちに打て」という諺のように国鉄改革の熱気が冷え切らないうちに着手推進したこと、②日本経済がバブル経済の上昇期にあり、その追い風の中で国民世論や財政が楽観ムードにあったこと、その結果としての輸送量の増加基調の中で取り組めたこと、③そして適時に適切な役者がそろっていたこと、などの結果であることを忘れるわけにはいかない。

もし初代の社長が須田氏でなく別の人物であったら、いかに総合企画本部が発想し、シナリオを描いたとしても、今日の姿とは異なった可能性が高い。また、国鉄職員局時代から共に戦い続け、強い信頼の絆と達成感で結ばれていた僚友たちの存在なしに、作戦展開の基盤は成り立たなかっただろう。

事務次官に林淳司という人を得なかったら、この時期を捉えることもできなかった。彼は国鉄再建監理委員会の事務局を率いて亀井委員長を助け、大方の冷たい空気にも萎えることなく、関係者を説得して一九八五年夏の答申をまとめた功労者であり、この時期の事務次官就任はライフワークとなった国鉄改革の仕上げ、すなわちＪＲ本州三社の株式上場を持続可能な仕組みとしてなし遂げる巡り合わせとなった。

官僚組織もまた企業と同じく、それを率いる者の姿勢や意思によって基本的方向が定まってくる。林事務次官の就任は一人ＪＲ東海だけでなく、国鉄改革の成功にとっても天の配剤とも言える幸運な人事であった。

16　九年ぶりに新規採用再開

民営化した後においても、国鉄職員の雇用対策は国鉄清算事業団に引き継がれて三年間の特別対策として進められた。国鉄清算事業団は公的部門ならびに民間企業への就職斡旋を精力的に行ったが、その過程で、予想よりはるかに経営状態のよいＪＲ本州三社に対する、雇用機会提供の要請があった。国鉄時代、職員局の責任者であった私の立場からすれば、公的機関や他の民間会社に余剰人員の採用をお願いする以上、ＪＲ東海に希望者があれば雇用機会を与えることはまさに常識であると考えていた。ＪＲ東海は一貫して国鉄清算事業団の要請に応える立場を堅持し、三年間に四回の募集を行った。ＪＲ西日本はＪＲ東海と歩調をそろえたが、ＪＲ東日本は第四回目の募集についてはこれを峻拒した。

国鉄清算事業団の特別対策期間が終わると、これまで全面停止になっていた新規採用が再開されることになった。一九八三年に第二臨調の提言により採用が全面停止されてから、八年間の空白を経て再開される高卒新規採用であった。一九九〇（平成二）年度に入ると、翌九一年度新入高卒社員の教育訓練について検討が始まった。国鉄時代の負の遺産を刷新し、新しい社員作りを全うする視点からの検討であった。このときＪＲ東海のユニークな制度として創設された三点を紹介する。

インストラクター制度

第一は、インストラクター制度の採用である。国鉄時代も新入社員の集合研修は行われていたが、国鉄末期、入社式には素直な新入社員だったものが初任集合研修を終えて配属数カ月も経つと、すっかり表情が変わり、階級闘争の闘士然となっているというケースも多かった。鉄道学園の教室内での秩序が失われ、寮は労働組合が加入説得をする、いわば草刈場という様相を呈していた。

当社では八年間の空白を奇貨として白紙から教育体制を見直す検討を行い、学園における集合研修の核をなすものとしてインストラクター制度が創設された。インストラクターとは入社後三年から五年を経た大卒社員等の中から管理者向きの者を選抜し、新入社員二〇名に一人ずつ配置する仕組みである。

担任教官となった若い大卒社員は文字通り新入社員と研修センターでの寝食をともにしながら職業人として必要十分な心構え、規律、礼儀、生活態度など全般にわたってしつけを行うことを任務とする。その間、環境変化によるさまざまな新入社員の迷い、悩み等についても適切な相談相手となり、一人の脱落者もない形で二カ月間の研修の後に、それぞれの配属現場に送り出すことが任務である。インストラクターが寝食をともにするというこの仕組みは、新入社員の社会人としての基礎訓練に絶大な効果を上げている。同時に大卒の社員にとってみても将来管理者となり指揮官となっていくための原体験と達成感を得る絶好の場となる。高卒社員の社会人教育と大卒社員の幹部候補生の養成が同時に果たされるという一石二鳥の仕組みといえる。

アドバイザリー制度

第二は、アドバイザリー制度である。二カ月の集合研修の後、各新入社員はそれぞれの職場に配属される。ここでは上司や同僚が仕事について懇切に指導し、本人は実務経験を通じてそれを体得するという昔ながらの仕組みが機能する。どこの企業も基本的には同様である。

JRの場合、八年の空白期間が良くも悪くも作用しうる状況にあった。上司や先輩は国鉄一〇〇年の伝統の中で培われた後輩養成のノウハウを喪失している可能性があった。一方、かつての職場を支配した階級闘争的なとげとげしさは民営化後の職場にはすでになかった。

しかし、八年の空白を経て初めて入ってくる新入社員の扱い方は、その後における後続者全体に重大な影響を及ぼす模範となる。したがって、JR東海では、初動がきわめて大切であるという観点から、OJT期間中の現場の業務指揮系統を縦軸とし、それと横軸の関係に立つアドバイザリー制度を当社独自の仕組みとして発案、実施することになった。アドバイザーとは入社二年ないし三年を経た大卒等の社員が新入社員の兄や姉のような役割を果たす仕組みである。一人のアドバイザーは五人程度の新入社員を受け持ち、日々連絡を取りながら必要に応じて職場、私生活あらゆる問題について指導・相談に乗る。

アドバイザーから指導を受ける社員をジュニアという。入社後二年間は、アドバイザーは月に一度ジュニアを集めて会合を開き、悩みを聞いたり適切な指導をしたりする。アドバイザーによる指導は六年間続けられ、三年目以降は半年に一回と会合の頻度は減るが六年間にわたって一人のアドバイザーが五人程度のジュニアの面倒を見続けるという仕組みである。

この仕組みは新入社員の不祥事防止、勤務姿勢・生活態度のしつけ等について、国鉄時代とは見違えるような成果を上げている。またアドバイザーとなった人間は、ジュニアを指導する中で自らも成長してゆく。そして兄貴分としての人間的な付き合いは一生続くことになる。職場の上司や先輩の業務指導とアドバイザーの生活指導が相互に補完し合うことによって、ＪＲ東海社員の厳正な規律、会社に対する親和感、大家族的な人間関係が促進される。

大卒社員を新幹線運転士に養成

第三は、大卒の運転士養成である。一九九一（平成三）年入社の大卒社員から、ＪＲ東海では適性検査に合格した者全員を、東海道新幹線の運転士として養成することを実施した。鉄道は運輸、営業、車両、施設、電気といったさまざまな業務が組み合わされて、最後には安全な列車の運行という生産物を生み出す仕組みである。したがって、いかなる部門に身を置くにしても、その最終生産物である東海道新幹線の列車運転を実務として経験することは、自らの専門業務を果たす上で貴重な経験となる。

東海道新幹線の運転士免許を取得するには六カ月の机上訓練と四カ月の実地訓練を要する。視覚その他の面で運転士としての適性に欠けると指摘された者は、鉄道のもう一つの原点である接客を実務として体験するために駅、ならびに車掌の業務に配置される。

これらの過程を通じてＪＲ東海では各分野の幹部候補生に共通する意識・素養を体得させることを期している。現在新幹線運転士免許を持った大卒社員は、約九〇〇人に達する。東海道新幹線が四三年間にわたって積み重ねてきた列車事故による旅客の死傷ゼロという記録を一層確実に継続してゆく上でこの仕組みは効果的であると考えている。

このような独特の工夫に基づく教育訓練制度を導入し、過去の悪習を断ったことにより、八年間の空白期間をプラスのものに転換できたと我々は考えている。

終章　ＪＲ東海の完全民営化と今後の展望

民営化後のＪＲ東海の二〇年を振り返ってみると、最初の五年間は前章で述べた通り分割民営化体制の初動期であり、発足の時点において「未完」であった部分、すなわち枠組みの不備・欠陥を修正し、少しでも「完成」に近づけると同時に、大動脈輸送力増強の基本戦略を確立する期間であった。

そして、その後の一五年間は、初動期に策定された経営戦略を推進し、その果実を収穫する期間と言えた。この収穫期の主要な達成事項を簡単に紹介し、その上で次なる二〇年に向かっての展望に言及して終章としたい。

卓越した安全・安定輸送の確立

国鉄末期の一九八三（昭和五八）年以来、新規採用が停止されていたため、ＪＲ東海が新規採用を再開する一九九一（平成三）年までには八年間の空白期間があった。採用再開にあたっては、一方では空白期間に失われた現場での徒弟制度的新人養成の伝統を再構築し、他方では採用が停止になるまでの「鉄道学園」を荒廃させていた階級主義的な労組による社員教育への介入を払拭する必要があった。

そのために考案されたＪＲ東海独特の養成制度については前章で紹介したが、それはその後の一五年間にＪＲ東海社員の旺盛なる士気、厳正なる規律、高度な技能錬度を生み出す要諦となり、比類なく安全・安定・正確な列車運行を支えている。ＪＲ東海の社員の定着率が九九％

（図表７－１）東海道新幹線の正確性・安定性

（１列車当たりの遅延時分の推移）

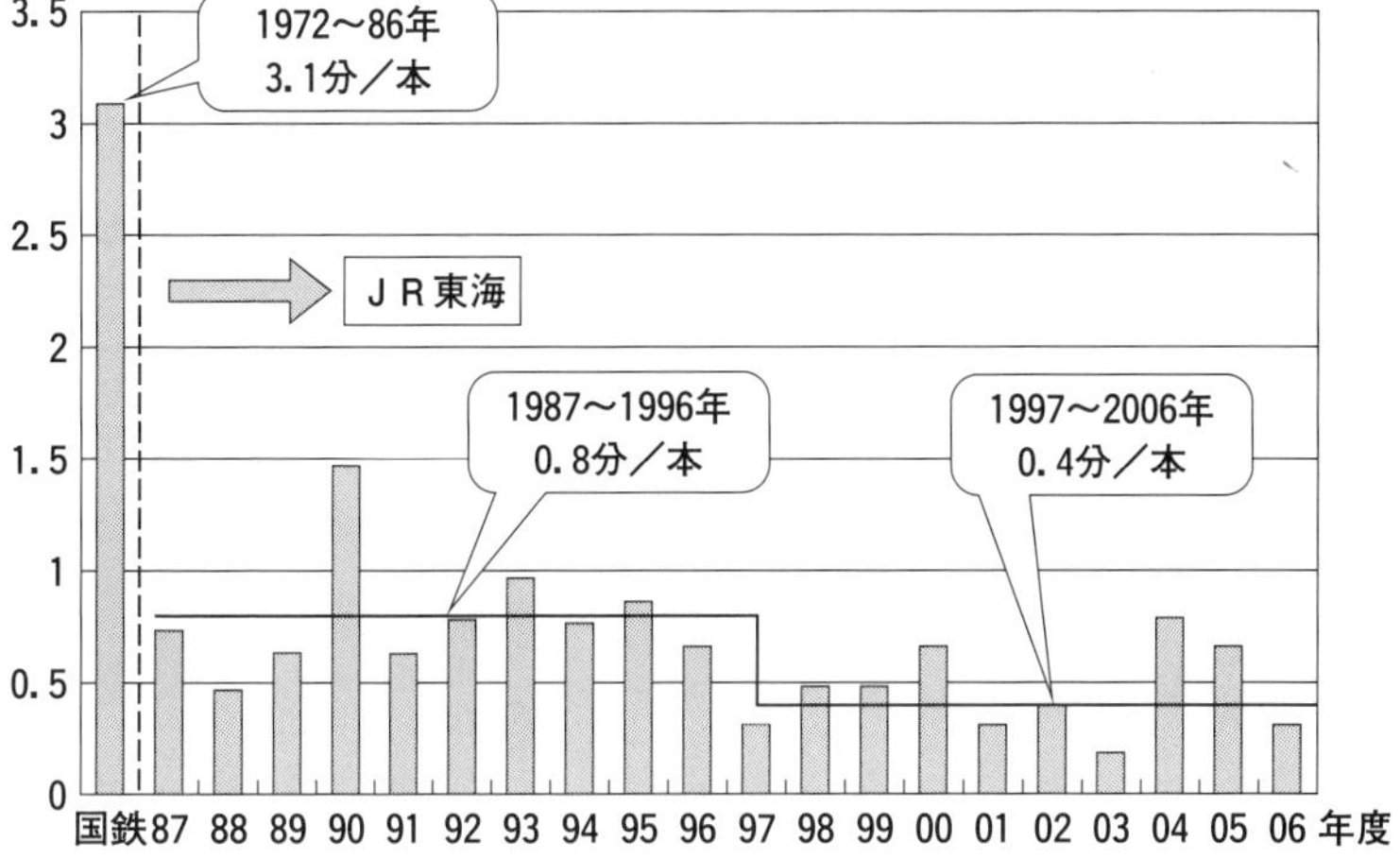

にも達するという実績は、そのことを別の視点から裏づける。

　東海道新幹線は毎年、一〇万本を超える列車を運転しているが、全列車のあらゆる原因による遅延時分を合計し、それを列車本数で割った一列車当たりの遅延時分は、国鉄末期一五年間の平均では三・一分であった。ＪＲ東海発足後、前半の一〇年間平均で、それが〇・八分にまで改善され、後半一〇年間の平均で〇・四分とさらに改善された。国鉄時代の約八分の一である（図表7－1参照）。人為的な原因による遅れはほぼ皆無となり、ほとんどは豪雨、強風、降雪、地震などの自然災害によるものとなっている。それは設備の強化と手厚い保守というハード面での対策の成果でもあるが、最終的には社員の士気・規律・錬度によって裏打ちされて初めて達成できた成果だと言える。

列車運行の安定性、正確性は安全性と表裏一体の

（図表７－２）ＪＲ東海の安全性

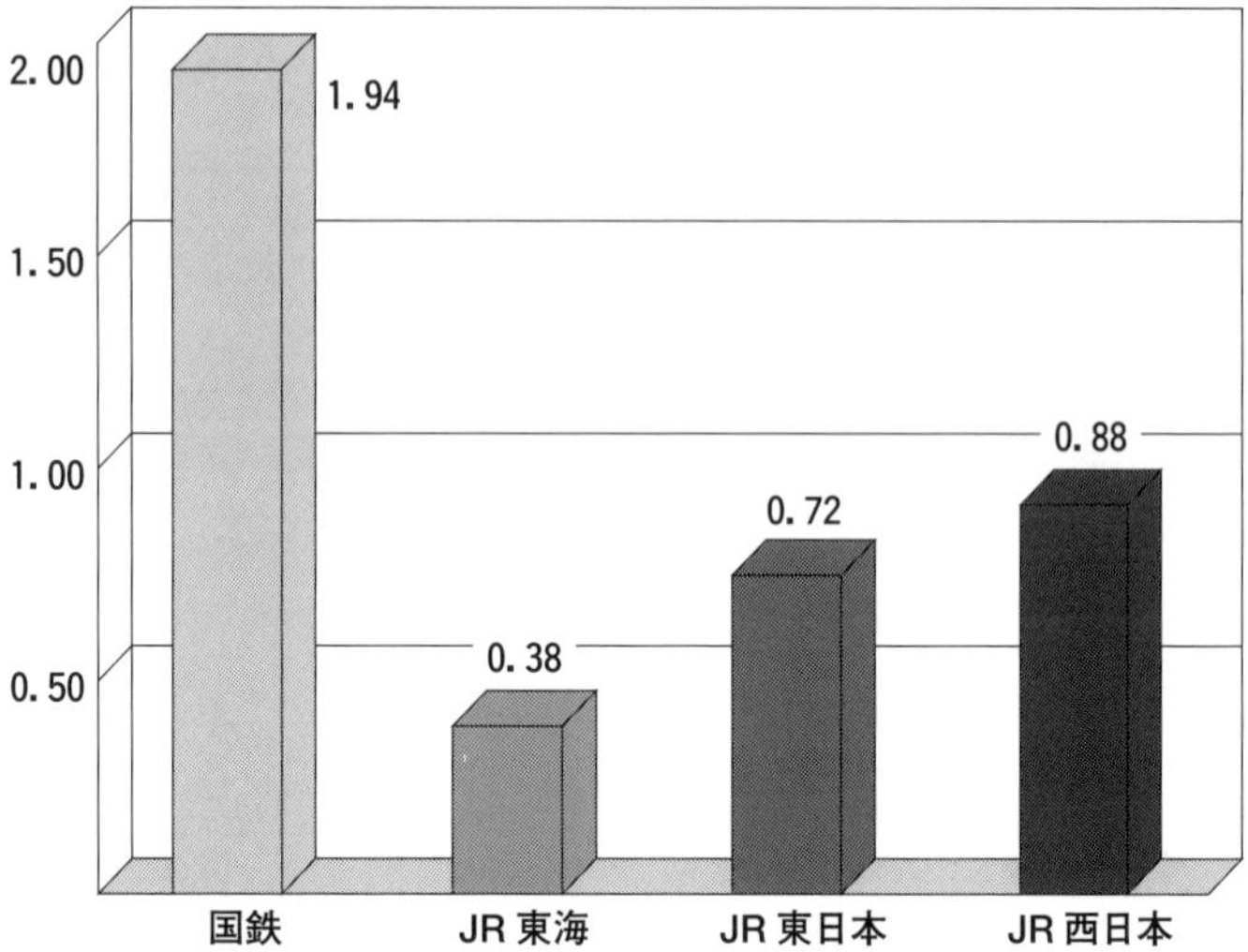

注）1. 100万列車キロ当たりの運転事故件数の比較。
2. 運転事故件数：国鉄は1976年度から1985年度、JR 各社は1987年度から2005年度の平均。

ものである。

列車事故による旅客の死傷は東海道新幹線の場合、開業後四三年間にわたって皆無であり、今なお日々この完璧な記録が更新されている。

在来線も含めた一〇〇万列車キロ当たりの運転事故発生件数を見ると、国鉄時代は一・九四件であったものが、ＪＲ東海発足後二〇年間の平均で〇・三八件と約五分の一に減少し、ＪＲ他社より顕著に下回る（図表７－２参照）。

しからば、労働生産性はどうか。それもこの二〇年間、着実に改善されてきた。鉄道部門の所要員は発足時の約一・九万人から現在では約一・四万人までに効率化（三〇％削減）されている。これに対して実在社員数は当初の約二・一万人から現在約二

（図表７－３）JR 東海の社員数と生産性の推移

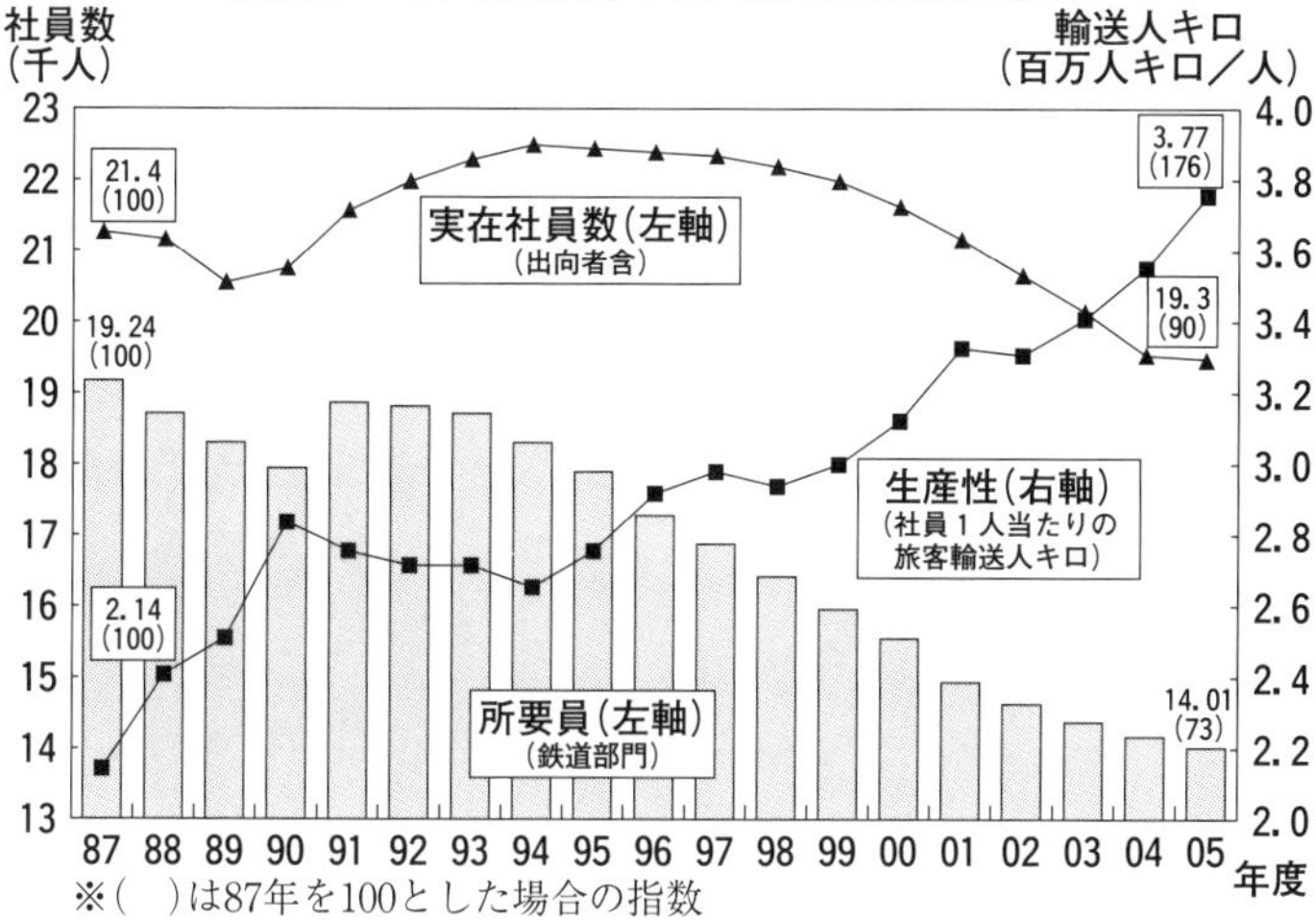

※（　）は87年を100とした場合の指数

〇〇〇人縮減して一・九万人となったにすぎない。鉄道部門の所要員の減少に比べて実在社員数の減少が少ないのは、ＪＲ東海では早期退職勧奨などの要員調整手段が採られなかったことによる（図表７－３参照）。

鉄道部門の所要員と実在総社員数の差は、関連事業への出向、あるいは他企業への派遣という形で、ＪＲ東海社員の身分を保有したまま、極力活用する方針が採られてきた。そして、大量退職時代を迎えたこれから、逐次実在員が減少していく局面にある。このような長期安定的な雇用対策、要員対策が社員の安心感、つまりは会社に対する一体感、忠誠心を高め、ひいては社員の士気・規律・錬度を高める結果となったと考えている。

（図表７－４）東海道新幹線の設備投資比較（対国鉄）

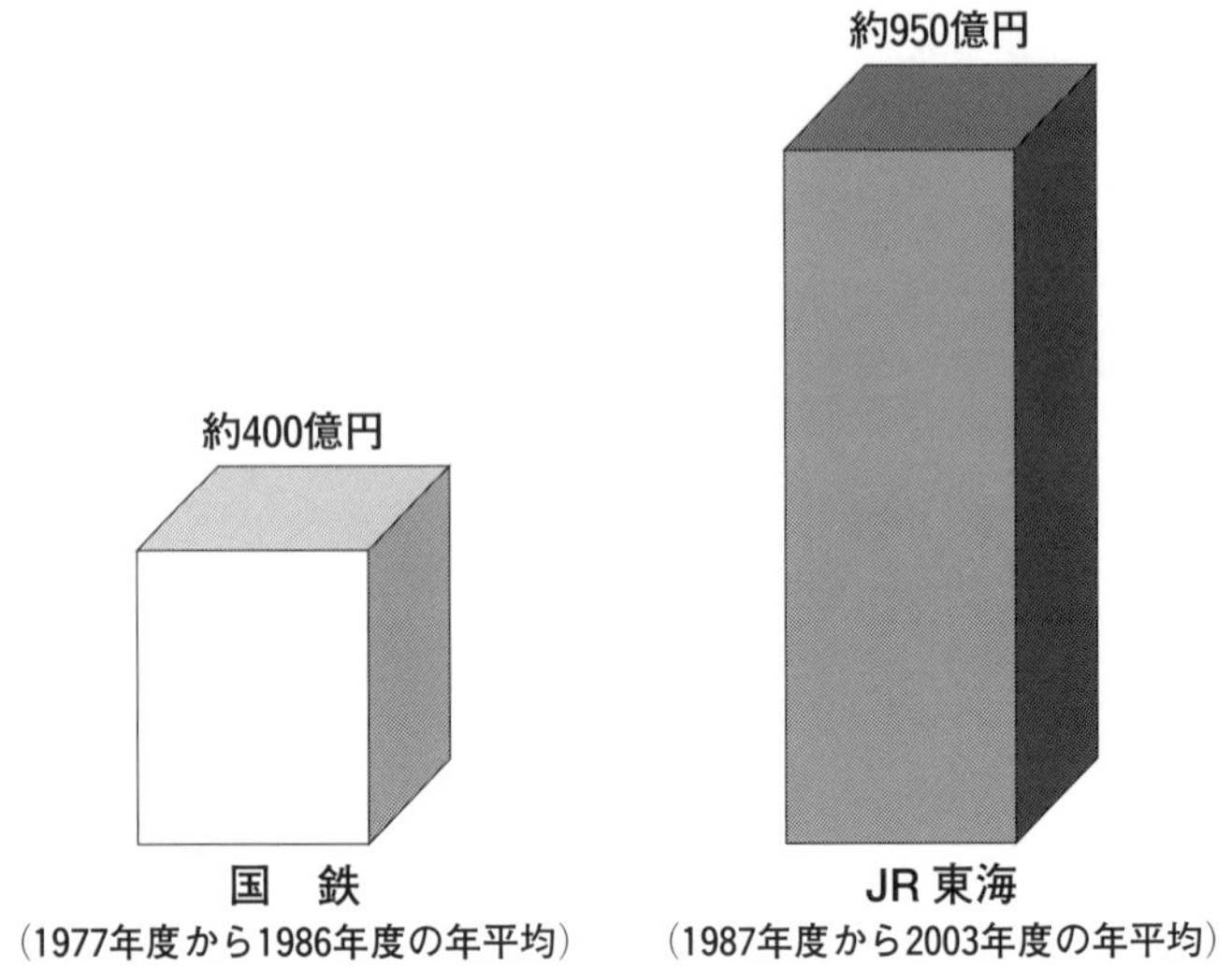

（JR 東海資料）

全列車時速二七〇キロ化と東海道新幹線品川駅建設

鉄道輸送のサービス改善面では、我々はこの二〇年間に東海道新幹線の全列車の最高速度を時速二二〇キロから時速二七〇キロに向上する施策を推進した。

この時速二七〇キロ化には大まかに言って新車投入約五〇〇〇億円、地上設備改良約二〇〇〇億円を要し、それに品川駅建設の約一〇〇〇億円を加えて、およそ八〇〇〇億円余りが投下された。

国鉄時代には全国の赤字線を補填するために東海道新幹線関係の年間投資額は最小限度の維持保全投資四〇〇億円余りに抑制されていた。ＪＲ東海発足以降、それが約九五〇億円に増加し、その差額分約五五〇

（図表７－５）東海道新幹線のプロジェクト投資額の推移

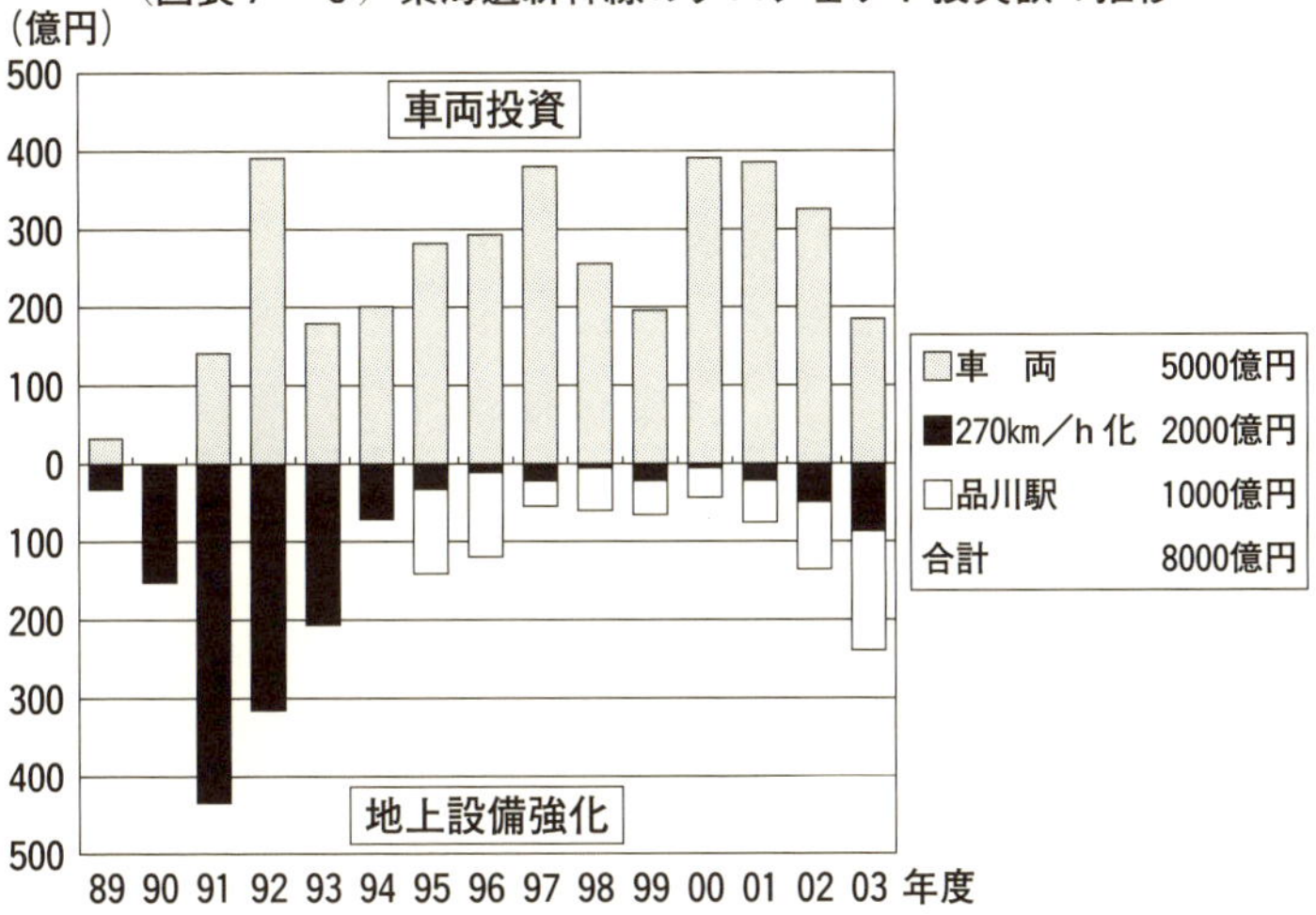

億円が開業以来、初めて東海道新幹線自体の改良、近代化投資に向けられるようになったのである（図表7―4参照）。

一五年間にわたるその累積が約八〇〇〇億円であり、これにより時速二七〇キロ化と品川駅の建設が実現された（図表7―5参照）。

「のぞみ」の誕生が一九九二（平成四）年三月。一時間一本運行開始は一九九三（平成五）年三月であったが、その際には車両の二〇％弱が三〇〇系（初代の時速二七〇キロ化車両）であった。他方、地上設備の時速二七〇キロ対応化はすでに八〇％達成されていた。

その六年後の一九九九（平成一一）年にはさらに高性能化した七〇〇系が投入され、車両の時速二七〇キロ走行化は一層進捗したが、「のぞみ」の列車本数はほとんど増加することなく、二〇〇一（平成一三）年一〇月、車両および地上設備の

（図表７－６）270km 化への道のり

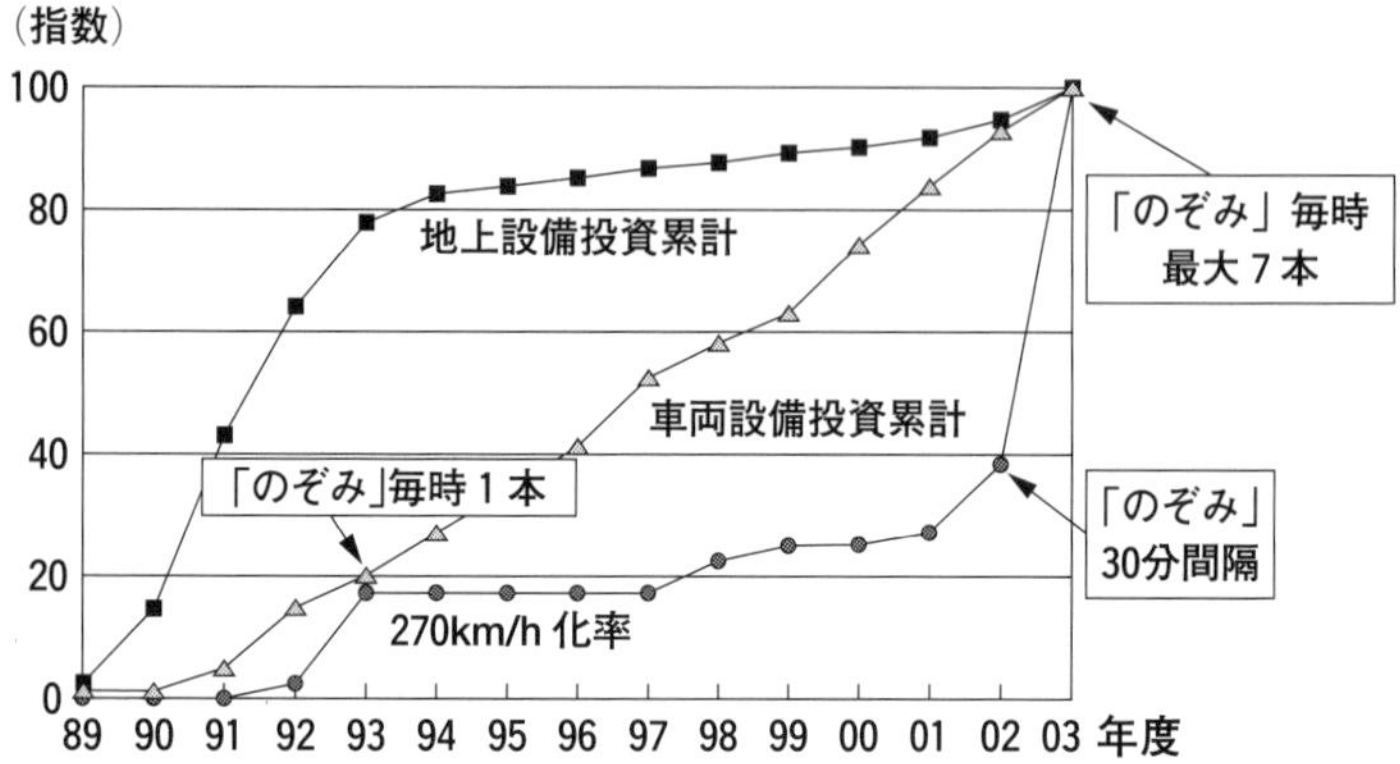

注）1. 地上および車両設備投資累計は、03年度末における累計を100とし、各年度までの累計を指数で表示。
2. 270km/h 化率は、「のぞみ」、「ひかり」のうち270km/h 化された列車の比率を示す（各年度初時）。

双方の九〇％が時速二七〇キロに対応化されて、ようやく三〇分間隔運転となった。

　時速二二〇キロの車両がわずかでもまざっていると、高速車両は多くの場合、性能を殺して走らなければならない。もしどこかで追い抜こうとすれば、先行列車は駅に停車し、高速列車をやり過ごすことになる。停車すれば当然、旅客の乗降扱いが求められる。それは、ある種の既得権意識を根づかせ、時速二七〇キロ化完成時点で、最適な列車体系や停車駅パターンを実現する上での障害となり、長期的な意味でのサービスの水準を引き下げることにもなりうる。だから功をあせらず忍耐強く待つ必要があった。

　二〇〇三（平成一五）年一〇月、最後の一〇％が七〇〇系に置き換わると、抜本的なダイヤ改正が行われ、毎時「のぞみ」七本、「ひかり」二本、「こだま」三本のダイヤへと一気に脱皮したのは、

（図表７－７）東海道新幹線車両編成数の推移

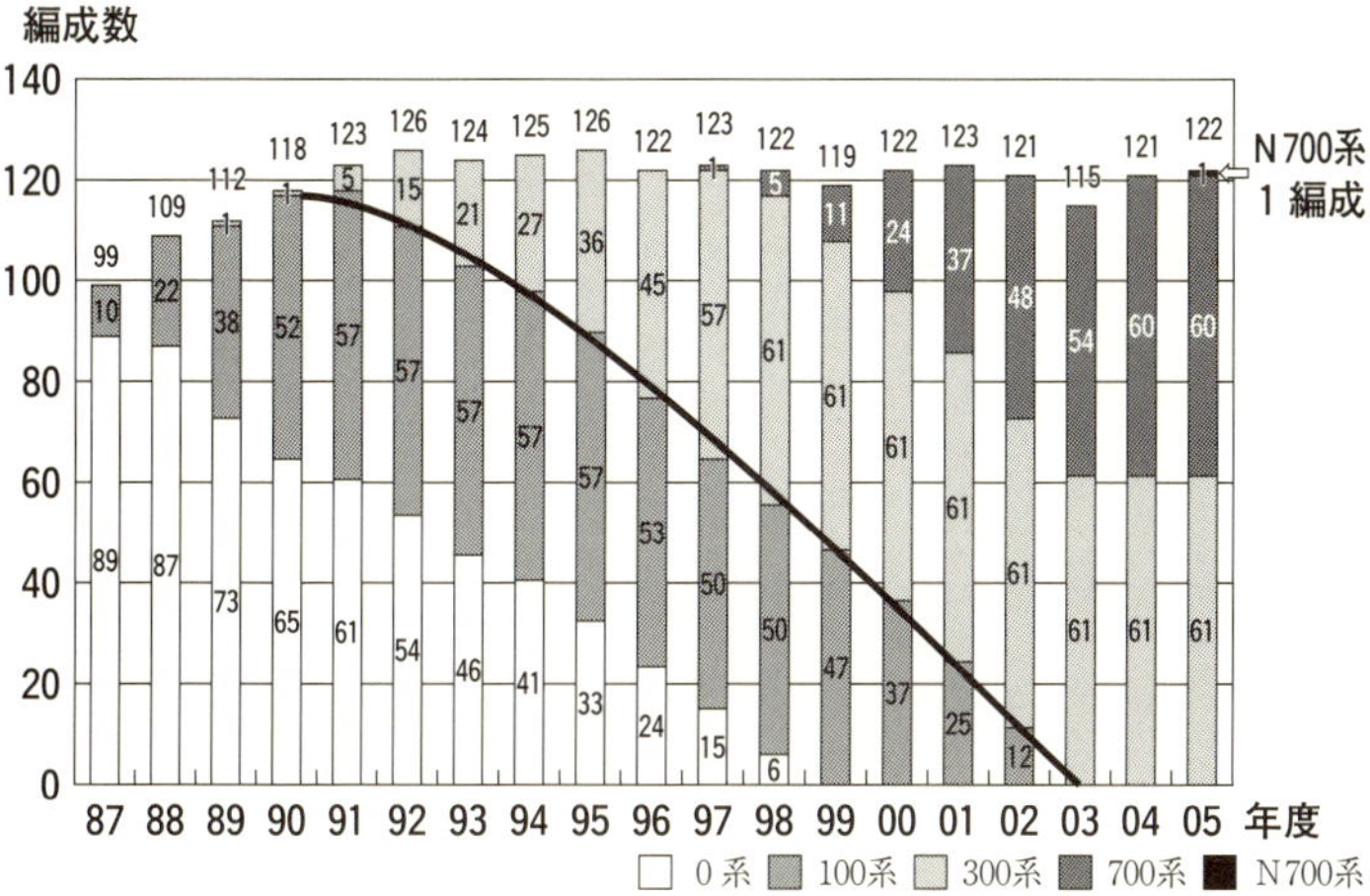

※数値は各年度末（３月）時点の編成数。保留車を含み、試験車を除く。

このような理由によるものだった。それと同じ時期に東海道新幹線品川駅が開業となり、両々相まって、東海道新幹線の対航空優位は顕著に向上することとなった。これら二つのプロジェクトを実現するため、一五年の期間にわたってほぼ一定規模の投資が継続されてきた。都市間高速鉄道のような公共性の強いインフラ事業の場合、近い将来とは一口に言って二〇年、将来とは五〇～一〇〇年を意味する。したがって、いったん、大局観と長期展望に立って近未来の目標を定めた場合、途上の需要動向や景気動向に右顧左眄《うこさべん》せず、一貫継続して初心を堅持することが、飛躍を達成する必要条件となる。東海道新幹線の時速二七〇キロ化や品川駅建設は近未来対策の典型であった。

また、時速二七〇キロ化のための投資累計額が、時系列の中でどのように推移するかグラフに示してみると、興味深い鉄道輸送の特性が見えてくる。

地上設備は先行投資型、車両は時系列比例投資型、そして列車運行は最後に一気に花が咲くという三者三様の時間的特性を持っているのである（図表7―6および図表7―7参照）。

このことは、地上設備と車両を一元的に保有し、その上で総合的な経営判断に基づいた列車運行が行われうる体制でなければ、戦略的なサービス改善は不可能であることを物語る。三者を水平分割し、別々の会社とした英国型分割民営化では「のぞみ」化のような長期戦略的決定は不可能であった。

国鉄分割民営化の場合においても、新幹線鉄道網についてだけは「新幹線保有機構」による「水平分割」が導入されていた。債務の返済と収益調整だけを目的とするとされていたが、経営状況の変化次第では、いかようにも変わりうる禍根を秘めていた。鉄道人は、そのような仕組みが決して経済合理性を持たないことを体験的に知っている。

英国の場合もそうであった。英国では、鉄道の衰退が日本よりも著しく、財務省の理論経済学的観念論に抵抗する力を持たなかったと言われる。日本国有鉄道の場合も、新幹線の上下分離を推進したのは国鉄人ではなかった。この欠陥制度が早々に解体されていなかったならば、国鉄改革は英国のパターンをたどったかもしれない。

品川駅建設のための用地の取得は、ＪＲ他社との交渉難航のため、当初の計画よりかなり遅れた。その間にバブル経済が崩壊し、土地の価格は劇的に下落し、当初は時価で一五〇〇億円とも想定された駅用地を、皮肉なことに彼らの非協力のお陰で、三〇〇億円強で入手すること

（図表７－８）品川駅開業によるアクセス向上

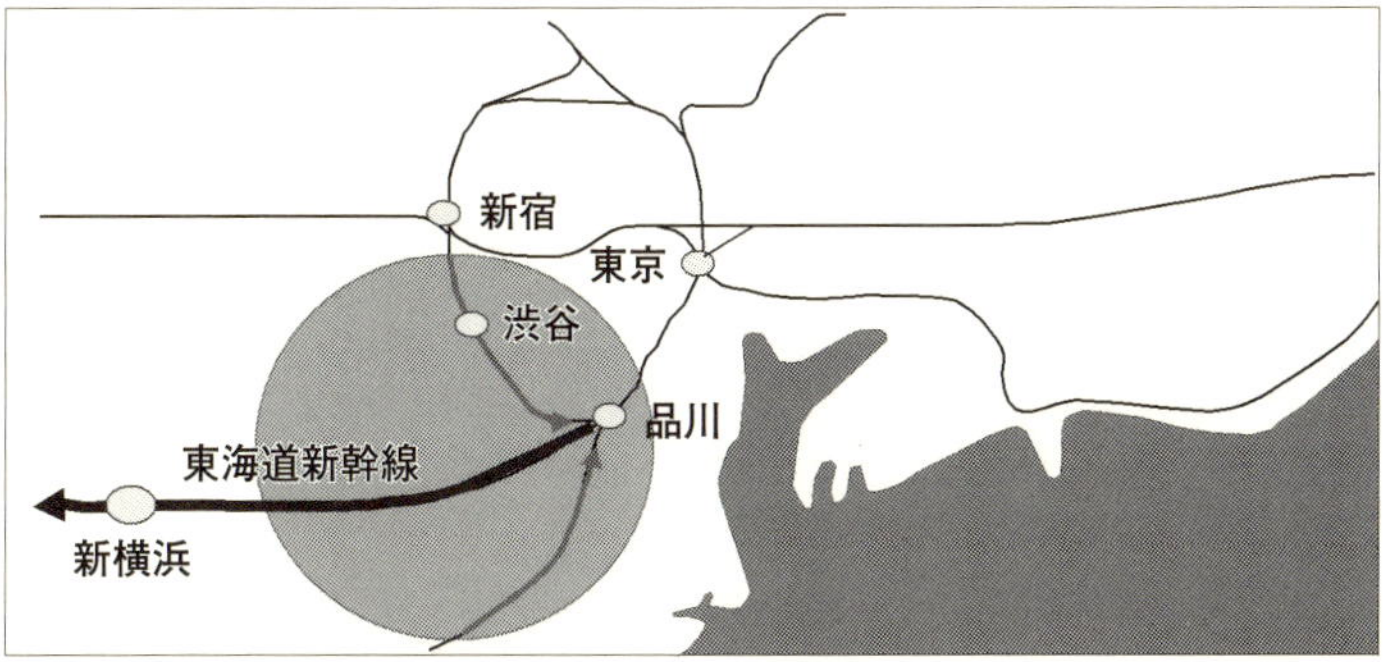

円内は、東京南西部の旅客のアクセス時間が20～30分短縮。

ができた。それでも品川駅は不要な駅であり、その建設は失敗であったと執拗に言いたがる向きもあった。我々は事実をもって語らしめることとし、事実は彼らの予断を葬り去った（図表７－８参照）。

品川駅開業後の輸送実績を比較すると、東京－大阪・岡山・広島間は、航空機に比べて新幹線が優勢のうちに推移している。品川駅開業前の東海道新幹線東京駅の乗降者数と開業後の東京駅、品川駅を合わせた乗降者数を比較すると、東京駅がおおむね二・五万人減、品川駅が四・五万人増、合計二万人の純増で推移しており、これに東海道新幹線の旅客一人当たりの平均単価約七〇〇〇円強を乗ずると、概算して一日当たり約一億四〇〇〇万円程度の増収をもたらしたことになる。年間ベースで見れば、およそ五〇〇億円の収入増加であり、しかもそのほとんどは経常利益の増加に直結すると思われるので、品川駅の建設には、約一〇〇〇億円の設備投資を要したが、それは二年程度で回収された計算となる。この種のインフラ投資としてはきわめて稀な採算プロジェクトだった証明である。

それだけでなく、地域社会に及ぼす新幹線駅開業の影響はきわめて大きく、品川駅の着工時点の風景と完成時点の風景を比較すると、このことが如実にわかる。

民営化後、東海道新幹線では次々と新車が開発され、投入された。

写真上は1995年、下は2003年の品川駅周辺。わずかな間に急成長していることがわかる。

国鉄時代に制式化された〇系、一〇〇系に続いて、一〇〇系投入開始から七年後の一九九二（平成四）年に三〇〇系が投入され、高速鉄道における新しい時代の幕が切って落とされた。

三〇〇系以降の車両は全て交流モーター、回生ブレーキ、アルミ車体等最先端の技術を駆使するとともに、徹底的な車体表面の平滑化、車体の軽

（図表７－９）新幹線車両の比較

	０系	100系	300系	700系	Ｎ700系
営業開始	1964年10月	1985年10月	1992年3月	1999年3月	2007年7月
最高速度	220km/h	220km/h	270km/h	285km/h（※1）	300km/h（※1）
曲線通過速度（※2）	220km/h	220km/h	250km/h	250km/h	270km/h
編成重量	970t	925t	711t	708t	約700t
編成構成	16M	12M4T	10M6T	12M4T	14M2T
車体材質	鋼製	鋼製	アルミ合金	アルミ合金	アルミ合金
編成価格	約30億円	約31億円	約40億円	約40億円	約46億円
備考	食堂車	二階建車両	軽量化 電力回生ブレーキ	電力回生ブレーキ シングルアームパンタグラフ	車体傾斜システムによる曲線通過速度向上

※１　山陽区間における最高速度。東海道区間では270km/h
※２　Ｒ2500の曲線通過速度

量化による騒音、振動の軽減が図られた。また、走行時に使用するパンタグラフの数を減らすことによって騒音を低減する対策も導入された。

三〇〇系投入から七年を経た一九九九（平成一一）年三月に後継車両である七〇〇系が投入され、ＪＲ東海発足直後に大量投入された一〇〇系を置き換えていった。三〇〇系・七〇〇系の一編成当たりの価格は約四〇億円である。現在、ＪＲ東海の新幹線車両は全て三〇〇系、七〇〇系の二種類に統一され、それぞれ約六〇編成ずつを保有している（図表７－９参照）。

国鉄時代二一年間、新車開発が行われなかったことと、ＪＲ東海発足後七年ごとに新車が投入されてきている事実とを比較すると、民営化により技術革新のテンポがいかに迅速になったかがわかる。

二〇〇七（平成一九）年七月からは、Ｎ七〇〇系が投入され、最高時速三〇〇キロ、曲線走行時の最高速度がこれまでの時速二五〇キロに対して時速二七〇キ

（図表7－10）東海道・山陽新幹線の輸送特性（概念図）

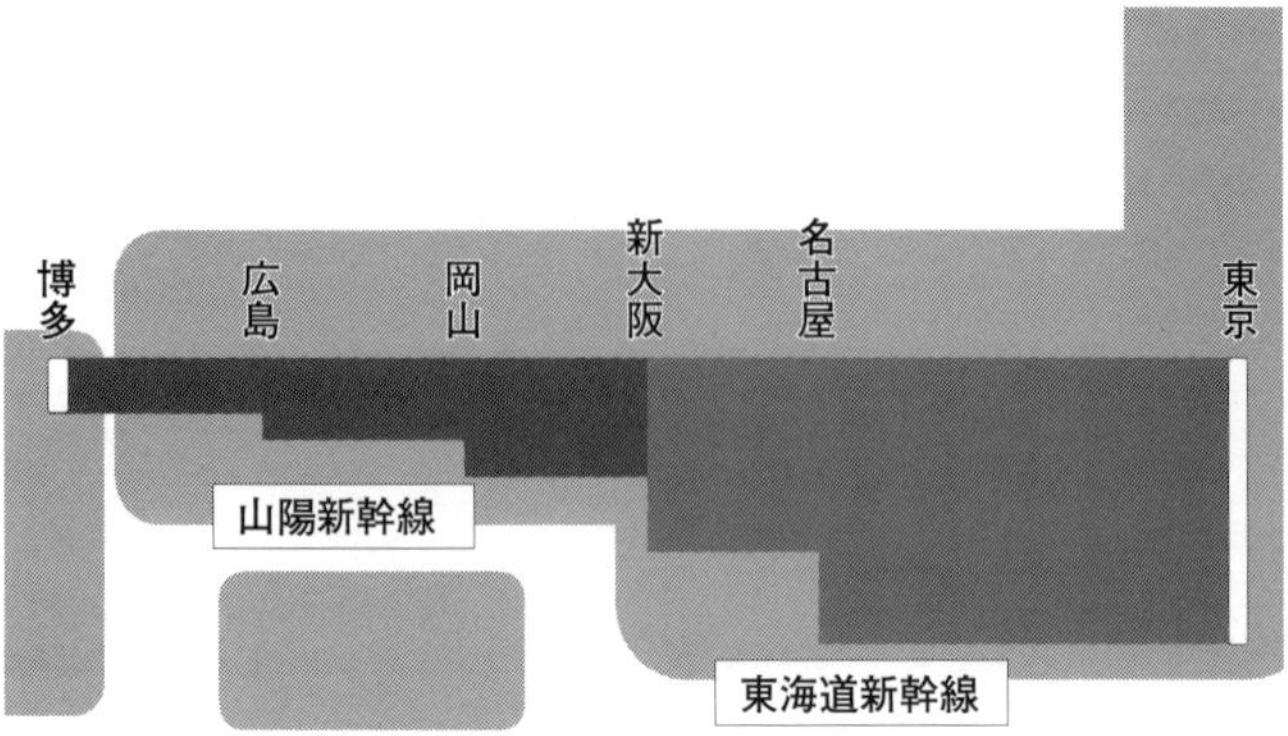

ロに向上する。七〇〇系のデビューから八年目である。

これから一〇年余りのうちに三〇〇系、七〇〇系は全てN七〇〇系に置き換えられ、東海道新幹線のサービスの質をほぼ完成の域に高めることになるであろう。

また、東海道新幹線が全列車を一六両に統一し、車両ごとの座席数を同一にして互換性、汎用性を高める戦略を取ってきたのは、旅客流動構造のもたらす必然とも言える。東海道新幹線と東北・上越新幹線はともに新幹線とは称するものの、輸送構造的には著しく異なったものである（図表7－10および図表7－11参照）。

東海道新幹線の場合、東京－新大阪間の輸送密度は、巨大な運河のように大量で均等な流れになっている。したがって全編成を一六両に、最高速度を時速二七〇キロに統一し、車両ごとの座席数も同一にして、互換性、汎用性を高めることが可能であり、それが大きな意味を持つのである。

一方、東北・上越新幹線の旅客流動は細い流れが合流しつつ次第に太い流れを形成し、大宮でようやく新大阪口と

（図表７－11）東北・上越新幹線の輸送特性（概念図）

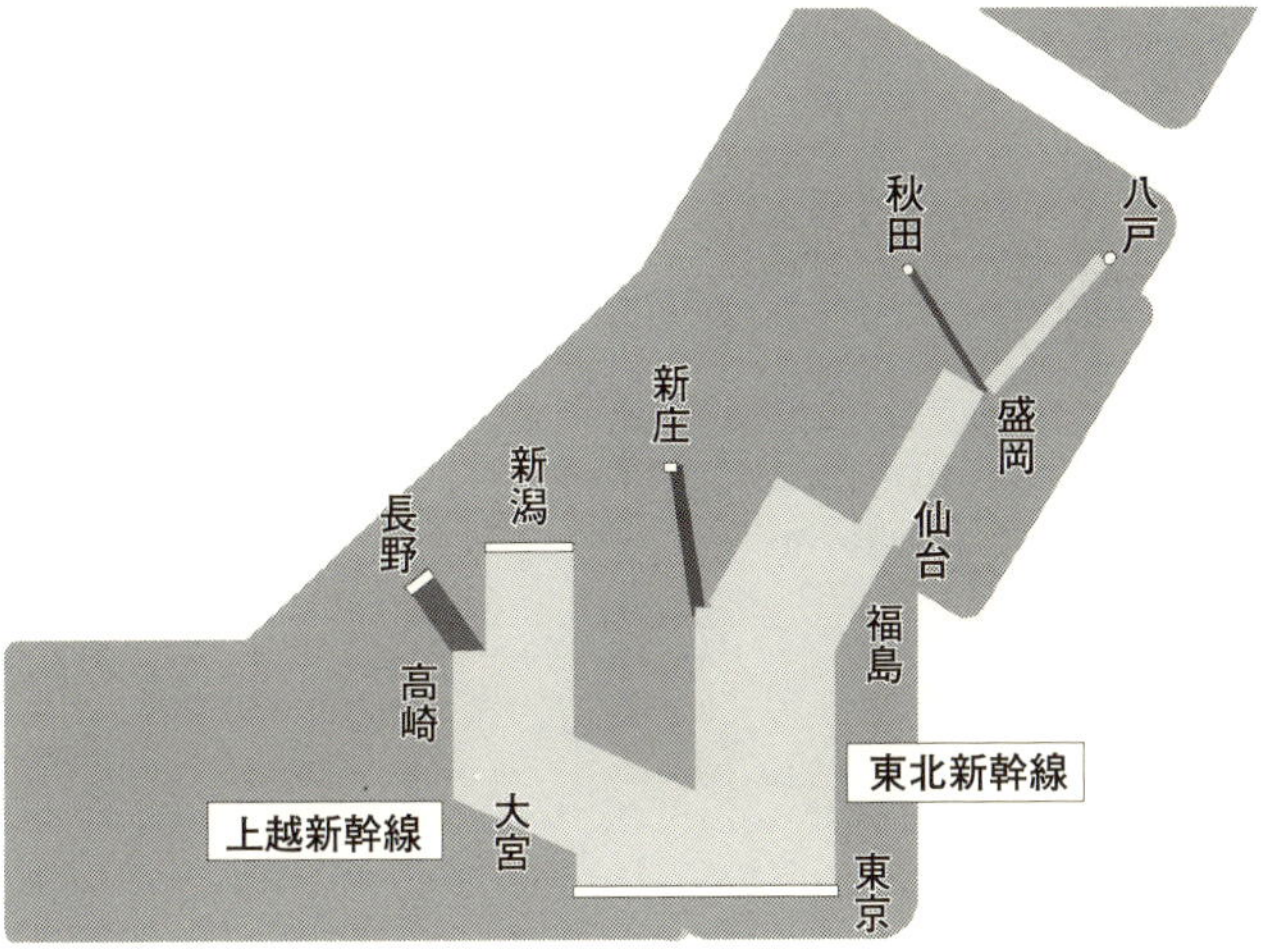

同じ程度の輸送密度となる。たとえて言えば、利根川のようなものである。秋田新幹線、山形新幹線などのミニ新幹線なども合流することを考えると、車種は多様にならざるをえず、現在ＪＲ東日本では六種類の新幹線車両が保有されている。

そして編成車両数もさまざまで、途上で併結や分割が行われる。したがって、列車の編成車両数は六種類に及ぶ。加えて列車の停車駅パターンも一様ではないため、全体としてははるかに複雑、非効率なシステムとなる。これは鉄道輸送の強みを生かし切る運行システムとは言い難いが、旅客流動の形からそのようにならざるをえないのである。

山陽新幹線は、輸送密度こそ東海道新幹線に及ばないが、基本的なパターンは東海道新幹線と同じ運河型である。当初ＪＲ西日本の経営陣は、極力直通列車を抑制し、自社内発着列車を増発する「山陽新幹線独立」方針をとった。確かに東海道新幹線と同じ一六両編成は、山陽新幹線の旅客流動には大き過ぎる。「牛刀をもって鶏を割《さ》く」感を初代経営陣が持ったのは故なしとはしない。

そこでJR西日本は、典型的には新大阪－博多間に八両編成の自社内発着列車（ひかりレールスター）を運行し、自立性を高めようという路線をとった。しかし、経営トップが世代代わりし、東海道新幹線のモデルチェンジが完了すると、JR西日本はJR東海の提案に理解を示すようになり、今では一六両編成の「のぞみ」が毎時三本、山陽新幹線に直通運行され、JR西日本の最大の増収源となっている。東海道新幹線区間と山陽新幹線区間を跨って流動する旅客を取り込むことは、一六両編成という「牛刀」の重さを覆して余りある増収メリットをもたらすという見解が事実により証明された形である。

よく「日本の東海道新幹線は世界一である」という評価を耳にすることがある。それは、「東京－大阪型の旅客流動に対して」という条件付きで正しい特殊解であって、世界のどこにでも普遍的にあてはまる一般解ではない。同じ日本国内の新幹線同士を比較してすら、そのことは明白である。

省エネルギー化の推進

さらにJR東海発足以降の車両開発の中で特筆すべきことは、省エネルギー性、環境親和性の顕著な向上である。元来、鉄道は省エネルギー的で環境親和性の高い輸送機関である。この

（図表７－12）電力消費量の比較

（１）軽量化（２）空気抵抗の低減（３）回生ブレーキの導入

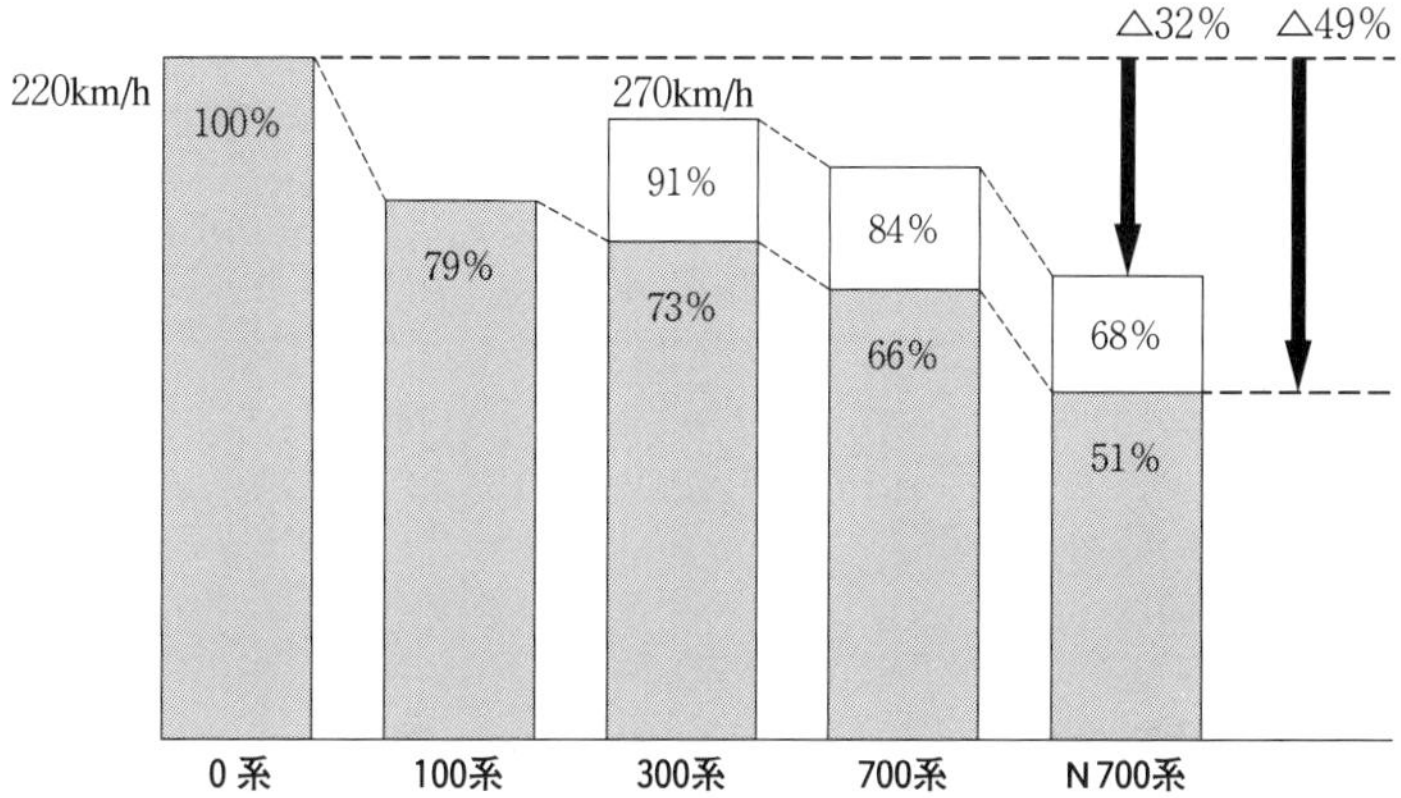

※０系車両220km/h走行時の電力消費量を100とした場合の各新幹線車両の220km/h走行時と270km/h走行時の比率。

ことは、他の輸送機関に比して顕著に見られる鉄道の特長といえる。時速二二〇キロ走行時のエネルギー消費率について比較した場合、〇系に対して三〇〇系は七三%、七〇〇系は六六%、N七〇〇系は五一%のエネルギー消費率である。仮に新世代車両が時速二七〇キロで走行したケースを、二二〇キロで走行する〇系と比較してみても、三〇〇系は九一%、七〇〇系は八四%、N七〇〇系は六八%という顕著なエネルギー消費の改善を示している（図表7―12参照）。

これは車体の軽量化、空気抵抗の軽減、回生ブレーキの導入による消費エネルギーの還元という新技術のもたらした効果であるが、その結果として、東京―大阪間を一人の旅客が移動する際に排出するCO_2の量は、東海道新幹線を一単位とすると、航空機は一〇単位、自家用自動車は一二単位という実績となり、東海道新幹線は環境親和性

（図表７－13）各輸送機関のCO_2排出量（１人当たり）の比較
〈東京－大阪間〉

	旅行時間（h）	CO_2排出量（kg－CO_2／人）	CO_2排出量比較（新幹線＝１）
東海道新幹線（700系「のぞみ」）	2.9	7.7	1
超電導リニア	1.4	25.8	3
航空機（Ｂ777－200）	2.6	75.3	10
自家用自動車	7.4	96.2	12

※旅行時間：東京（丸の内）～大阪（中之島）間のアクセス時間を含む総時間。
超電導リニアについては、新幹線のアクセス時間と同程度として試算。
※自動車　：『運輸・交通と環境』（監修：国土交通省、発行：交通エコロジー・モビリティ財団）および「ハイウェイ・ナビゲータ」（東日本・中日本・西日本高速道路株式会社運営）を参考にＪＲ東海が算出。
※航空機　：ANA『環境報告書2004』および航空輸送統計年報を参考にＪＲ東海が算出。
（東海道新幹線、超電導リニアはＪＲ東海算出）

において他に抜きん出た存在であることを証明している。そして、航空機よりも顕著に短い時間で東京―大阪間の発地・着地間を結ぶ超電導磁気浮上式鉄道のCO_2排出量は、航空機の三分の一程度である（図表7―13参照）。地球温暖化が世界的に憂慮を呼んでいる現在、特に航空機から高空に排出されるCO_2やNO_Xなどの温室効果ガスが地球温暖化の最重要な原因であるという近時欧米での有力説とあわせ考えると、羽田空港の国際化問題など交通機関における将来的な役割分担のあり方は、今後の世界的な関心と評価を呼ぶテーマであると言える。

路線別経営管理からネットワーク重視へ

ＪＲ東海は東海道新幹線のみでなく、在

（図表7－14）在来線のダイヤの改善

国鉄当時 1983(44本)						現　在 2007.3(163本)												
		34	52	57	5	38	50											
			27	52	6	08	29	34	47	53								
		21	31	39	7	02	04	16	18	28	33	40	43	45	50	55		
		1	19	44	8	00	04	11	15	20	24	30	35	39	46	50	54	
				9	9	02	08	11	28	30	43	45	58					
			9	25	10	00	13	15	28	30	43	45	58					
		4	25	54	11	00	13	15	28	30	43	45	58					
			25	59	12	00	13	15	28	30	43	45	58					
				25	13	00	13	15	28	30	43	45	58					
	6	25	48	57	14	00	13	15	28	30	43	45	58					
			25	56	15	00	13	15	28	30	43	45	58					
			25	39	16	00	13	15	28	30	43	45	58					
		2	29	55	17	00	02	13	15	28	30	32	43	47	58			
0	15	36	42	52	18	03	05	10	18	20	23	30	35	38	43	50	52	58
		27	44	55	19	03	05	10	18	20	23	30	32	43	45	53	58	
			25	49	20	00	13	15	23	28	30	43	45	53	58			
				33	21	00	13	15	23	28	30	43	45	53	58			
				20	22	00	13	15	28	30	43	45	58					
				4	23	04	18	33	55	56								
					0	17												

名古屋駅（東海道本線上り）時刻表（平日運転）の比較
※特急、急行は除く。ホームライナーを含む。

来線についても経営思想の転換を行った。国鉄時代は路線別経営管理が主流であり、それぞれの路線ごとに少しでも赤字を削減することが目標とされていた。ＪＲ東海の経営する一二の在来線は、その一つ一つをとれば、最も輸送量の多い東海道本線（熱海―米原）、中央西線（名古屋―塩尻）も含めて全て赤字である。

しかし、ＪＲ東海発足以降、在来線のサービスは顕著に改善された。在来線は、従来の路線別経営管理から、東海道新幹線のアクセス鉄道ネットワークであるという捉え方に変更されたからである。この考え方に従って、新幹線駅を中心とする在来線の列車本数は大幅に増加されている。例えば、名古屋駅豊橋方面上り列車本数は、国鉄時代の一九八三年時点では四四本であったものが、二〇〇七年時点では一六三本に増加している（図表7―14参照）。

国鉄流の路線別経営管理で評価すれば、多くの赤字在来線への新車投入、列車頻度の増加による利便性の向上は、それに見合った当該路線の収益増加をもたらさない限り、資本費と人件費を増加させ、路線別収支を悪化させているということになる。

しかし、見方を変えて東海道新幹線とネットワークをなすものとして考えると、在来線のサービス改善は、東海道新幹線の使いやすさ、アクセスの利便性向上により、東海道新幹線の利用増をもたらす。すなわち、新幹線・在来線合計の鉄道ネットワークとしての収益力を向上させているということになる。

「超電導磁気浮上式鉄道」開発の成果

次に、会社発足以来取り組んできた超電導磁気浮上式鉄道の開発、ならびに東海道新幹線バイパス（中央新幹線プロジェクト）について振り返ってみる。

山梨リニア実験線の建設は一九九〇（平成二）年に決定され、一九九七（平成九）年に実験線が完成し走行試験が開始された。二〇〇〇（平成一二）年には超電導磁気浮上式鉄道実用技術評価委員会により「実用化に向けた技術上の目途は立った」との評価を受け、それに続く五年間の走行試験を経て、同委員会より「実用化の基盤技術が確立した」との評価を受けるに至った。

発足当初においては、超電導磁気浮上式鉄道の開発主体はＪＲ総研が主で、ＪＲ東海が従であった。しかし、輸送技術の実用化には現実の高速列車の運行経験が不可欠である。そして、いつまでに、どこで、どのような、質的・量的サービスを実現するのかを定め、そのために必要十分な資金を投入するという経営意思が不可欠である。ＪＲ総研という団体には、その性格上、それらを求め得べくもない。当然のこととして、実用化に近づくにつれ、超電導磁気浮上式鉄道開発の主役はＪＲ総研からＪＲ東海にシフトし、今日ではＪＲ総研の技術者もＪＲ東海に移籍して開発に携わっている。

現在、山梨実験線で走行試験を行っているリニアモーターカー

これまでの走行試験による実績（二〇〇六年度末）は、最高速度時速五八一キロメートル、すれ違い最高速度時速一〇二六キロ、一日の最高走行距離二八七六キロ、累積走行距離五六万八二〇三キロ、総試乗者数一四万二〇四八人となっており、性能面ならびに耐久力の面では、いつでも実用線着工は可能であると開発に当たった技術陣は保証する。

この超電導磁気浮上式鉄道の走行特性を見ると、世界の他の鉄道と比較しても比類ない性能を有していることが瞭然である（巻末の三五三頁に掲載の図表７－15

「高速鉄道の加減速性能比較」参照)。

巡航速度時速五〇〇キロで営業運転が可能なのは超電導磁気浮上式鉄道のみである。また、加速性において見ても、TR社の技術を導入した上海リニアの場合、その最高速度時速四三〇キロに到達するのに一三・三キロの助走距離を要するが、超電導磁気浮上式鉄道の場合、上海リニアの最高速度時速四三〇キロにはわずか三・九キロで到達する。時速五〇〇キロに達するのにも五キロ余りで足りる。このような超電導磁気浮上式鉄道の開発成果に立脚して、JR東海発足当初には「国家一〇〇年の計」の一環と考えられていた超電導磁気浮上式鉄道の技術は、二〇〇七年の現在、近未来に実現する実用技術とみなされるようになった。

国鉄清算事業団債務処理の完了

ひるがえって、JR本州三社の株式上場、完全民営化の経緯と国鉄清算事業団債務の処理について触れておく。

一九九一(平成三)年一〇月、新幹線保有機構の解体により株式上場の前提条件が整うと、JR東日本は直ちに株式上場の準備に入り、二年後の一九九三(平成五)年一〇月二六日、待望の上場を果たした。売却されたのは発行済株式数四〇〇万株中六〇%強に当たる二五〇万株であった。

JR西日本の上場は三年遅れの一九九六(平成八)年一〇月八日である。七〇%弱の一三六万株余りが一次放出された。ＪＲ東海は戦略的判断から先陣争いに距離を置いていたこともあり、三社中最後の一九九七（平成九）年一〇月八日の上場となった。

各社の上場が済んだところで、国鉄清算事業団が承継した国鉄債務のうち国民負担とされた一三・八兆円と、その対策遅延の間に累積した利子債務を合算した約二六兆円の一般会計負担による処理が行われた。その中でＪＲに採用された国鉄職員の国鉄在職期間中の年金積み立て不足額、約三六〇〇億円をＪＲ各社が追加負担することを求められた。

政府、与党は「気は心」で、わずかでもＪＲが負担しなければ、このような膨大な負担について国民の納得を得られないという論理だったが、ＪＲ側は、国鉄関連債務三七・一兆円のうち、すでにＪＲ本州三社が一四・五兆円を負担し、国鉄の余剰土地とＪＲ株式の売却で八・九兆円充当して、なお残る一三・八兆円は国民負担とする旨が分割民営化の際に決定されていること、また、厚生年金と国鉄共済年金の統合の際には、すでに一定の追加負担を行い、年金統合化問題は決着しているなど、これら二つの理由から、いかなる意味でも追加負担には反対であった（次ページの図表7－16参照）。

法案が上程され、国会審議が始まると、与党の一年生議員や外国人株主に反対の声を挙げさせるなど、あらゆる手段を講じて法案の成立阻止を図るＪＲ会社がある一方、ＪＲ東海は、反対であるとの姿勢は堅持したものの、行動には訴えず審議の推移、すなわち国民の意思を見守る方向に転進した。

（図表７－16）国鉄清算事業団の債務の処理フレーム

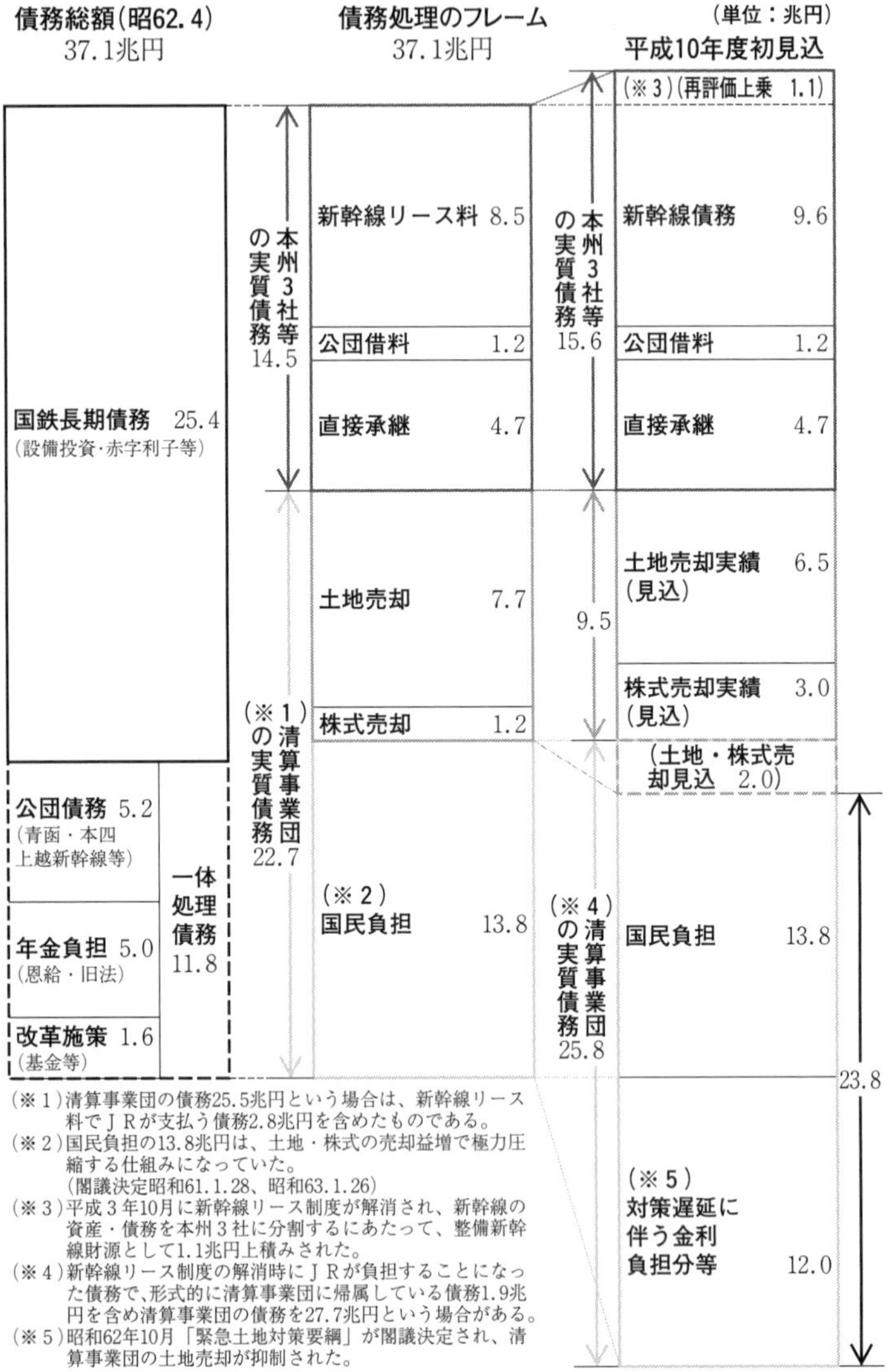

（※１）清算事業団の債務25.５兆円という場合は、新幹線リース料でＪＲが支払う債務2.８兆円を含めたものである。

（※２）国民負担の13.８兆円は、土地・株式の売却益増で極力圧縮する仕組みになっていた。

（閣議決定昭和61.１.28、昭和63.１.26）

（※３）平成３年10月に新幹線リース制度が解消され、新幹線の資産・債務を本州３社に分割するにあたって、整備新幹線財源として1.１兆円上積みされた。

（※４）新幹線リース制度の解消時にＪＲが負担することになった債務で、形式的に清算事業団に帰属している債務1.９兆円を含め清算事業団の債務を27.７兆円という場合がある。

（※５）昭和62年10月「緊急土地対策要綱」が閣議決定され、清算事業団の土地売却が抑制された。

不良債権に日本の金融全体が呻吟し、財政赤字が急増する中で、政府が二六兆円にも上る債務を予定通り処理する決意を固めたことは大変な勇断だと認識されたし、理屈の立たない要求ではあったが、三六〇〇億円の追加負担は大事の前の些事にしかすぎず、大局的視野に立てば、法律を成立させることこそＪＲ本州三社の利益だった。だから、我々は法律の成立を念じつつ見守ったのである。この問題に対するＪＲ東海と他のＪＲ本州二社の意見相違の構図は、新幹線保有機構解体に際して、政府が一・一兆円を譲渡価額に上乗せしたときと類似していた。

まずは法律阻止に全力を挙げ、それでも法律が成立した場合は、追加負担金の支払いを拒否し、憲法に保障されている私有財産権の侵害として、国を相手に違憲訴訟を提起するというのがＪＲ東日本の社長の主張だったが、国との違憲訴訟など、ＪＲ東海にとっては論外だった。マスコミは押しなべて国とＪＲの憲法論争を囃し立てていたが、専門家の意見を集めてみると憲法違反訴訟でＪＲが勝訴する見込みはゼロという意見が圧倒的であった。

ＪＲ東海としては、国民の意思が法律という形で明らかになった場合は整斉とこれに従うこととして、審議の推移を静観した。この件で、もう一つＪＲ東海が認識していたのは、「国」と日本を代表する民間企業である「ＪＲ」が憲法違反を争うということになった場合、喜ぶのは治安当局と敵対している「反体制集団」「思想集団」だけであるという現実だった。それは彼らにとって絶好の「免罪符」となったであろう。

通常国会で継続審議となった後、橋本内閣は参議院選挙で大敗して倒れることになる。その結果、臨時国会の法案審議で政府は守勢に立ち、あわや廃案かという気配すら感じられたものの、辛うじて法律は成立した。ＪＲ東日本の社長が成立直前まで声高に叫んでいた憲法訴訟は、ついに起こされることはなかった。

最後までＪＲ東日本の憲法違反訴訟に同調する姿勢を保持していたＪＲ西日本は、取り残された形となった。運輸大臣に再度の呼び出しと説得を要請し、自らは政府の求めに応えるという形を整えて、法律を受け入れたのであった。

この法案が成立した直後に、日本長期信用銀行が破綻し、それを契機に国は三〇兆円ともいわれる国費を金融機関の連鎖的崩壊防止のために投入することになった。この財政的な環境変化を考慮に入れると、国鉄清算事業団債務の処理はまさに間一髪のところで達成されたのだった。

万一、ＪＲ東日本の阻止工作が成功していれば、今なお二六兆円の処理方法は定まらないばかりか、利子が借金を生み、借金が利子を累増させるという悪循環ゆえに要処理債務はさらに増大し、ＪＲの負担は比較にならないほど巨額なものになっていた可能性が高い。

ＪＲ本州三社の完全民営化を巡る問題

国鉄清算事業団債務問題の次に俎上に載ったのがＪＲ本州三社の完全民営化である。ＪＲ東日本、ＪＲ西日本は上場を果たした以上、一刻も早い完全民営化を次なる課題に据えていた。

ＪＲ東海はいつもながら自然体で臨んだ。

同時に三社を売り切り、一斉に完全民営化させることは市場の消化能力から見て不可能である。したがって、売却は順次というのが政府の方針であったが、売却の仕方とそれに伴うＪＲ本州三社の適用法律の扱いとしては論理的に三つの案がありえた。①順番に売り切り、売り切った会社から逐次ＪＲ会社法の適用を外し、鉄道事業法による一般私鉄の規制と同一にする。②各社少数の株を残しておき、最終段階で三社の残株を一斉に売却。ＪＲ本州三社が同時にＪＲ会社法の適用を外し、鉄道事業法による一般私鉄の規制と同一にする。③最初の一社を売り切ったとき、すでに上場している三社については全てＪＲ会社法の適用を外し、全株売却を終えた会社と法的な規制は同一とする。すなわち、鉄道事業法による一般私鉄の規制と同一にする。

三案を勘案の上、ＪＲ東海が法案に賛成する条件として運輸省に求めたのは以下の三点だった。

①株式売却は順次行わざるをえないだろう。しかもそのタイミングは市場の状況により左右され、いつとは決めかねるはずである。しかしながら、その結果ＪＲ本州三社の法的地位が不定期間にわたってまちまちとなるようなことがあってはならない。したがって、選択肢は二つ。三社が全て売り終わるまではすでに売り終わった会社も含めて全ての会社にＪＲ会社法の適用を続けるか、さもなければ一社が完全売却を終えたときに、すでに上場を果たしているＪＲ本

州三社は一斉にJR会社法の規制を脱し、私鉄と同じ鉄道事業法の適用のみとするか、いずれかしかない。そしてJR東海は後者がより現実的と考えるので、そのように取り扱うこと。

②東京駅などの資産の境界は本来の使用方を正確に反映した截然《せつぜん》たるものにはなっておらず、その権利関係も不安定である。JR東海の自律した営業拠点として透明的、安定的な姿になっていない部分の最小限度の修正を、完全民営化の前提条件として行うべきである。この点について法案提出の前に省の主導で決着すること。

③新幹線債務五・一兆円のうち二・三兆円は東海道新幹線用地相当分であり、償却費が計上できず返済財源が確保できない。この分が経営の不安定要素となっているので、債務の早期償還のための何らかの適切な処置を講じること。

この三点については二〇〇〇（平成一二）年一二月、予算編成の最終段階で運輸省鉄道局長に提起し、いずれもその場で、JR東海の要請通り、了解となった。JR東日本が完全売却を終えた時点でJR本州三社はそろってJR会社法の適用を外れること、東京駅の財産境界については政府・与党の指導の下に売却前に整理するということで決着したが、債務の早期償還対策については次年度予算の処理となり、二〇〇二（平成一四）年度から一五年間にわたって五〇〇〇億円規模の新幹線鉄道大規模改修引当金を積み立て、その後一〇年で取り崩す制度が創設された。

東京駅の境界整理および債務の繰上げ返済方については、完全とは言えないまでも、評価しうる改善がなされたと思う。

次なる二〇年の展望

ＪＲ東日本は二〇〇二（平成一四）年、ＪＲ西日本は二〇〇四年に株式の完全売却が終了した。ＪＲ東海も分割民営化から二〇年目の年を迎えた二〇〇六（平成一八）年四月、政府の手のうちに残されていた自社株式約二七万株を自ら購入し、名実ともに完全民営化を達成した。

二〇〇六年度は分割民営化後の二〇年を締めくくるとともに、次なる二〇年の戦略的課題に着手し、さらには五〇年を展望した大戦略課題を明確にする節目の年であった。現状の優位に安住すれば社員の関心が内向化し、長期的活力、革新力を枯渇させるのは組織の常である。そうさせてはならなかった。

分割民営化後二一年目である二〇〇七年度の関頭に立ってＪＲ東海の将来を考えるとき、まず肝要なのは現在の収入源である東海道新幹線を基幹とする鉄道ネットワークのさらなる強化である。その第一は、これまで築いてきた完璧な安全・安定輸送を守り続けることであり、さらには高速・快適なサービスを不断に磨き上げ、設備の災害抗堪力を一層強化し続けることである。安全・安定輸送は何にも優先する輸送事業の基本であり、永遠に継続しなければならぬ課題である。その結果として東海道新幹線から日々稼ぎ出される収益が、未来へ向かっての全ての施策の推進力となることを忘れてはならない。ＪＲ東海の現在も、近未来も、未来も全て現有大動脈輸送における安全、正確、安定、便利、快適、高速かつ効率的な輸送にかかっているのである。

分割民営化までの国鉄時代、東海道新幹線という大動脈輸送からもたらされた収益は全国の赤字路線に対する補助財源として無制限に吸い取られていた。JR発足後も東北・上越、山陽新幹線の資本費二・六兆円を肩代わりし、合計五・五兆円の債務を負担し続けてきた。それが過去一〇年で三・四兆円まで削減され、完全民営化も達成された今こそ着手すべきは、東海道新幹線の隘路《あいろ》を打開し、サービスの飛躍的向上を実現することにより、長期持続的な形で自らの顧客に還元することである。

具体的には、超電導磁気浮上式鉄道による東海道新幹線バイパスの建設がそれである。

その第一歩としてJR東海は二〇〇六年四月、自己資金三五五〇億円を投じて超電導磁気浮上式鉄道の山梨実験線を四二・八キロに延伸し、すでに「実用化の基盤技術が確立した」と政府に認定されたリニア技術の「実用確認実験」を行う構想を明らかにし、九月に会議決定した。

この実験線は第二東海道新幹線（中央新幹線）の予定ルート上にあり、完成すると東京―名古屋間を最短ルートで結んだ場合の約七分の一、東京―大阪間の約一〇分の一が完成したことになる。実用確認実験線は実用規格で建設され、実用編成で運行されるので実験線の両端を東西に延伸すればおのずから東海道新幹線バイパスが完成する（図表7―17参照）。

続いて二〇〇六年六月に「東海道新幹線二十一世紀対策本部」が発足した。実用確認実験線

（図表７－17）東海道新幹線バイパスのルート

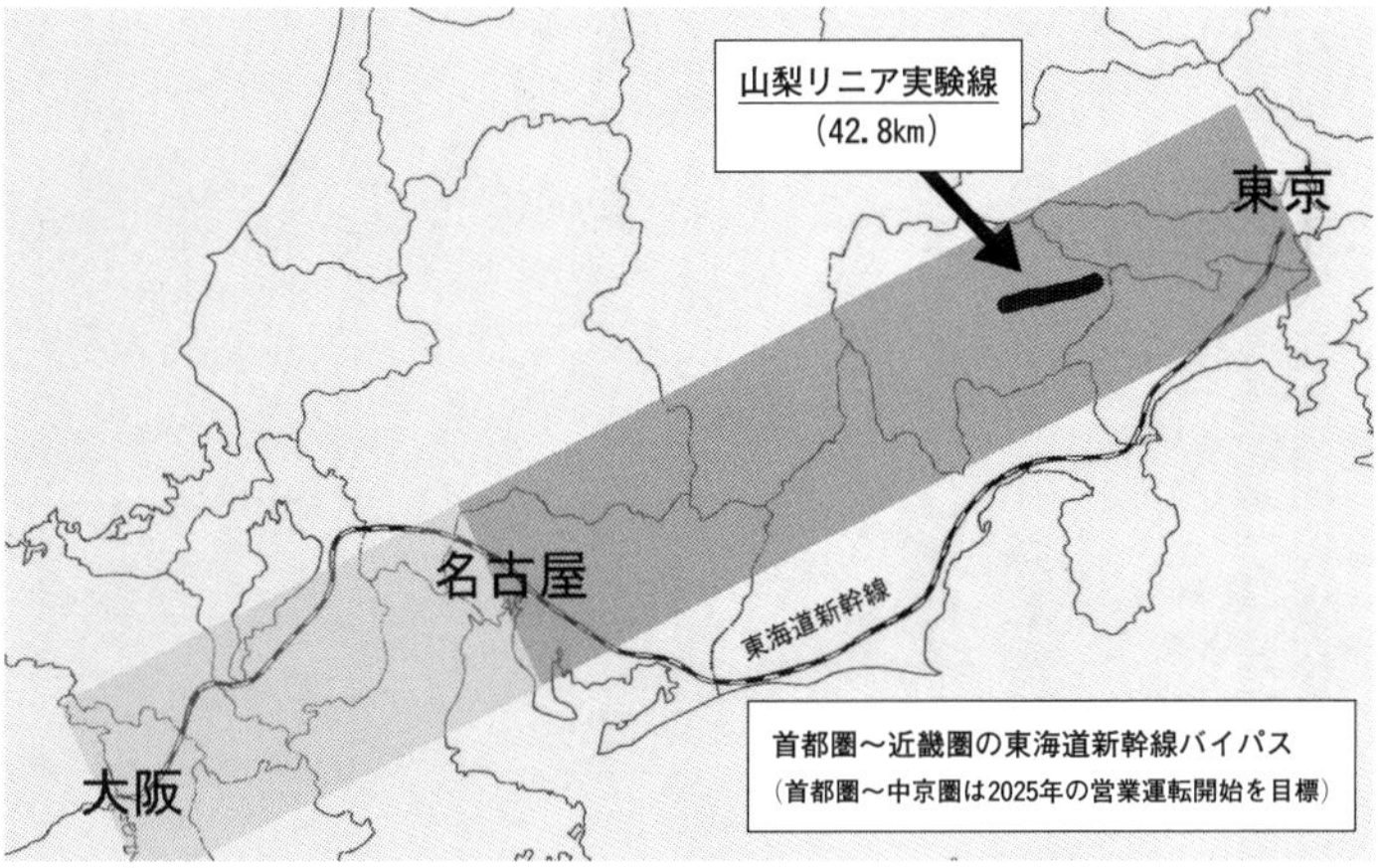

を延伸して、東海道新幹線の隘路を打開し首都圏と近畿圏を約一～一・五時間で結ぶ大戦略（未来戦略）の検討推進体制を整えたのである。

この一連の動きは、ＪＲ東海が自らの経営的なイニシアティブのもとに、国の資金を当てにすることなく、二十一世紀に相応しい日本の大動脈、基幹インフラを整備する、すなわち「民」主導で国の基幹インフラを整備する新しい国家プロジェクトの手法に先鞭をつけることを意味する。

以下に考え方のポイントを整理してみる。

ＪＲ東海の使命、存在理由は日本の大動脈輸送を長期持続的に担うことである。しかし、東海道新幹線の輸送力はすでに限界に近づいている。また旅行時間短縮もすでに行き着くところに達した状態で、今後不断の磨き上げは続けるとしても飛躍は難しい。

ＪＲ東海が二十一世紀において活力ある企業であり続け、日本の大動脈としての使命を果たし続けるためには、輸送能力の隘路打開と輸送利便の飛躍が必須である。その際には最短ルートをとって工事費を最小限化し、最新の技術を適用して利便の飛躍を果たさなければならない。

東海道新幹線のバイパスは、既存の東海道新幹線、山陽新幹線と組み合わせることにより、東京―名古屋・新大阪・岡山・広島間など東海道、山陽区間の鉄道旅客の所要時間を飛躍的に短縮する。また、バイパスにより弾力性を増す東海道新幹線の輸送力を活用して「ひかり」の運転本数を増やし、豊橋、浜松、静岡、三島、小田原などの各新幹線駅から東京、名古屋、新大阪などへの所要時間を大幅に短縮する。これにより、東海道新幹線とバイパス双方の沿線地域の潜在的開発可能性が著しく高まる。

また、大動脈の二重系化により、地震災害などさまざまな危険に対する抗堪力と輸送の安定性を飛躍的に高めることができる。

さらに、東海道・山陽新幹線に、その並行区間の航空旅客がシフトすれば、CO_2、NO_Xなどの温室効果ガスの排出が低減され、地球温暖化問題の緩和、軽減に重要な貢献となるし、その分の空港発着容量を国際路線に振り向けることにより、二十一世紀における一層の国際化に貢献できることにもなる。

加えて、新しい先端的な技術は日本の製造業の国際競争力の強化につながる。大量、超高速で環境親和性の高い革命的陸上交通機関として世界に普及する可能性もある。

これらは全て、二十一世紀の日本の希望と夢につながるものである。

ＪＲ東海は、過去一五年間にわたって年間約二〇〇〇億円の設備投資を行い、累計二兆円余りの債務を削減してきた。国鉄時代の投資不足がこの二〇年間に回復、強化された結果として、東海道新幹線の設備は開業以来最強、最良の状態にある。新幹線とネットワークをなす在来線も同様である。ただし、今後の既存の鉄道網に対する設備投資は、これまでと比べてある程度減少するものと考えてよい。また債務の削減、借り換えにより、利子負担も逐年軽減される。

これらによって生み出される余裕原資により、さらなる債務削減と東海道新幹線バイパス投資を推進することになる。すなわち、東海道新幹線バイパスの建設は自己資金の範囲内で、債務の削減と並行し、あるいは選択的に実施することになる。

東海道新幹線（バイパスを含む）の長期的採算性リスクは、無利子の自己資金で建設する限り少ないものと考えてよい。一方、隘路が放置され、輸送便益の質的向上なしに推移した場合には沿線地域の不活性化をもたらし、あるいは代替輸送手段の出現・強化を促すことにもなるため、長期的採算性リスクは大きいものと言わざるをえない。

バイパスは航空輸送からの転移、沿線地域からの誘発など短期的な効果に加え、東海道新幹線やバイパスの沿線地域の潜在力アップによる長期持続的需要増加をもたらすと考えられる。

今後東海道新幹線を基幹とする鉄道ネットワークの償却が進むことを考えると、隘路打開、便益向上のための設備投資による内部留保の充実は経営的に好ましいことであり、しかも採算性リスクは少ないと判断される。

東海道新幹線の旅客は国鉄時代を通じて全国の赤字路線を補助し続けてきた。国鉄改革後においても東北・上越、山陽新幹線の資本費約二・六兆円を肩代わりし、これらを補助し続けている。そのため、時速二七〇キロ化や品川駅の建設など現有線路能力の範囲内での列車増発、サービス改善施策は達成されはしたものの、線路容量自体の抜本的増強には開業四三年を経た今なお、手がつかない状況にある。

債務の削減が一定程度進んだ今、開業以来初めて東海道新幹線はその生み出す余剰を、自らの旅客の長期的、抜本的な利便向上という本来の目的に振り向けることが可能となった。今こそ大動脈としての長期持続的使命達成と旅客の利便向上を視野に入れたインフラ投資に取り組むべきである。それは、すなわち長期的株主利益に貢献する道でもある。

かかる判断に立ち、JR東海は第二の東海道新幹線、すなわち東海道新幹線の発展的、代替的バイパスをこれまでの地形・地質等に関する調査や山梨リニア実験線での成果、さらには四二・八キロによる実用確認実験をベースに、自らのイニシアティブのもとに推進・実現するべく検討を進めていくこととする。その第一局面として、まずは二〇二五（平成三七）年に首都圏・中京圏での営業運転を開始することを目標として進めていく考えである。

今、次なる二〇年に登るべき遠山の頂、達成すべき夢は展望された。

それは我々がこれまでの四半世紀に歩み続けてきた道ほど険しく、危険に満ちたものとは見えない。しかし、これからの二〇年間に我々がなし遂げようとしていることは、二十一世紀を通じ、二十二世紀にもわたって進歩し続ける技術の最初の一ページなのである。

合理性と正当性をもって登るべき遠山を見定め、確信を持って足元を踏みしめるとき、十分条件となるのは天運である。民営化後の二〇年、ＪＲ東海は天運に恵まれてきた。夢を持っている者、そのために前人未踏の荒野を進む勇気を持つ者だけが天運を呼び、未来をつかむことができる。我々は歩き続けなければならない。今、この時期をもってＪＲ東海にとっての分割民営化の「起承転結」が終わりを告げたと理解してよいと思う。

あとがき

二〇〇一年、国鉄分割民営化から一五年を迎えるにあたって、『未完の国鉄改革』を出版した。当時はＪＲ本州三社の完全民営化のための法案が通常国会に提出されようとしており、そのための資料として供することができればと思い執筆した。しかし、審議開始に間に合わせるため時間的なゆとりもなく、国鉄が崩壊していく過程はおおむね網羅することができたが、分割民営化の実施や民営化以降の推移については走り書き程度にとどまった。その後、ＪＲ本州三社も完全民営化を達成し、振り返ると分割民営化からすでに二〇年が経過した。

その間、二〇〇四年に東京大学先端科学技術研究センター御厨貴教授主宰のオーラル・ヒストリーへの参画の依頼を受けた。このオーラル・ヒストリーは、国鉄の経営崩壊から分割民営化までをテーマに十数回開催されたが、インタビューの前に自分なりに頭の整理をしたことが本書を著す土台となった。

翌二〇〇五年から東京大学先端科学技術研究センター客員教授を依頼され、駒場キャンパスの一、二年生二〇名程度を対象にゼミナールを開催した。企業の意思決定、経営戦略をテーマとして、国鉄やJR東海での経験を整理して教材とした。オーラル・ヒストリーに加えて、このゼミナールに臨むために整理した内容が本書の基幹部分である。そして、このようなご縁で御厨教授に大変素晴らしい「序にかえて」を書いていただくことになり、心から感謝申し上げる。

東大ゼミも二年目に入った二〇〇六年に中央公論新社顧問星加泰氏より、国鉄分割民営化二〇周年を契機として本書の執筆のお勧めをいただき、前回走り書きとなった分割民営化実施のプロセス一年余を主として、JR東海発足後二〇年を概観する形でまとめたものが本書である。業務の合間を縫っての執筆作業であったため、スケジュールが遅れがちとなったが、星加氏からの忍耐強い激励により今日にこぎつけることができた。

また、今回の執筆作業は、時間の経過とともに風化していく記憶を呼び起こす作業でもあったため、杉浦喬也元国鉄総裁をはじめ、国鉄OBの岡田宏氏、須田寛氏、川口順啓氏にはその事実の確認などに有益なお話をいただいた。さらに、JR東海の松本正之社長、石塚正孝副社長、山田佳臣副社長、阿久津光志専務取締役、柘植康英常務取締役など国鉄改革実施にあたった人々にも原稿を読んでいただき、仔細にいたる事実の確認などを行った。また、資料収集や事実関係の検証・確認など綿密な作業については、JR東海広報部宮澤部長、東京広報室小川室長、秘書部延岡副長、総合企画本部有川主任に負うところが大きい。そのほかにも早朝の勉強会に加わるとともに読み合わせ作業などに力添えをいただいた秘書部の長谷川氏、武田氏、宍戸氏、横田氏にも厚く感謝申し上げる。

最後に、昨今、「改革」といえば「民営化」と、極度に一般化される傾向にあるが、「民営化」というものの本質を読者の皆様にお伝えし、今後の「民営化」の議論がなされる際の、多少なりとも参考になることを祈念しつつ、私のあとがきとしたい。

二〇〇七年七月　国鉄分割民営化から二〇年を経て

葛西　敬之

（図表７－15）高速鉄道の加減速性能比較

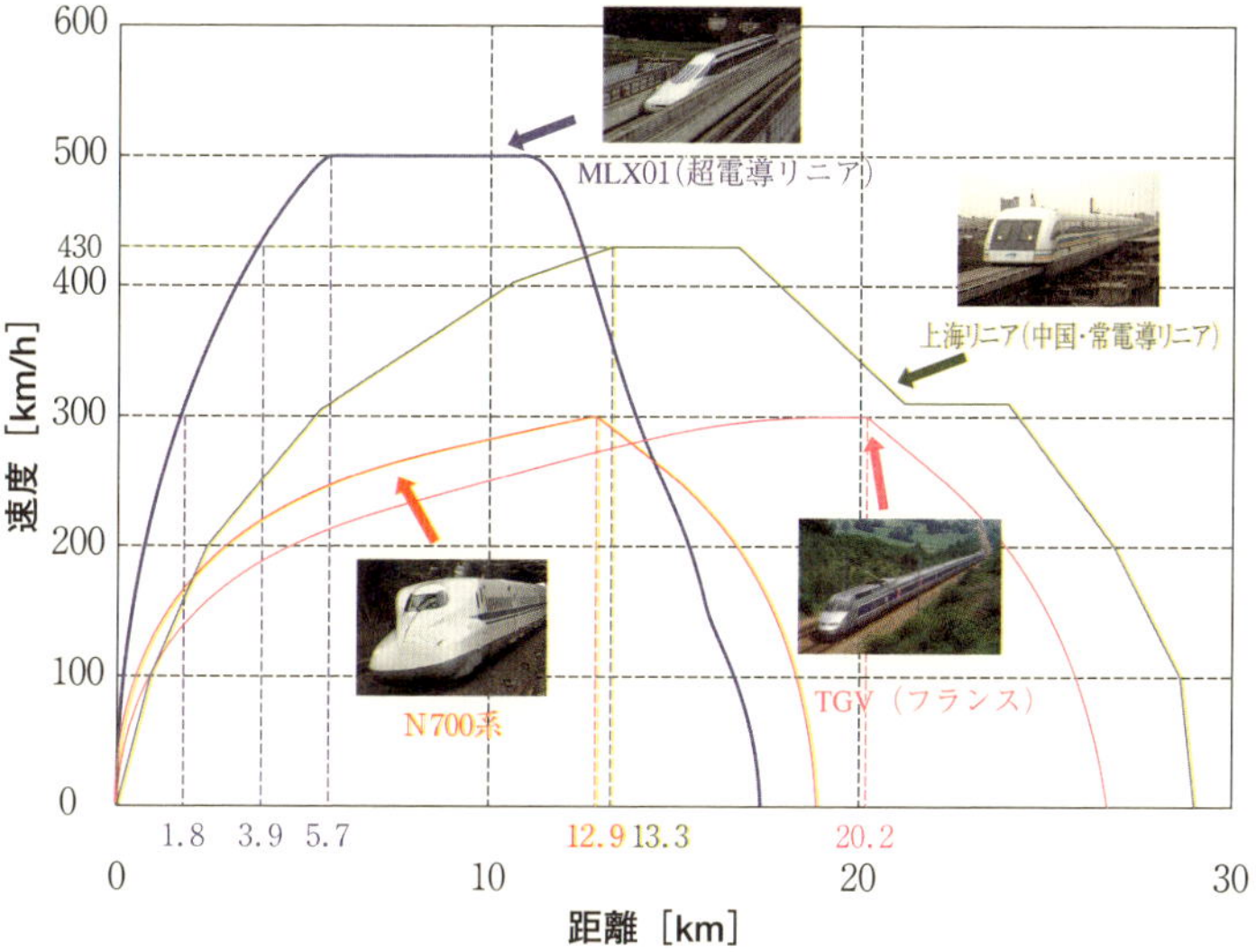

（図表１－２）６地域会社への分割路線図

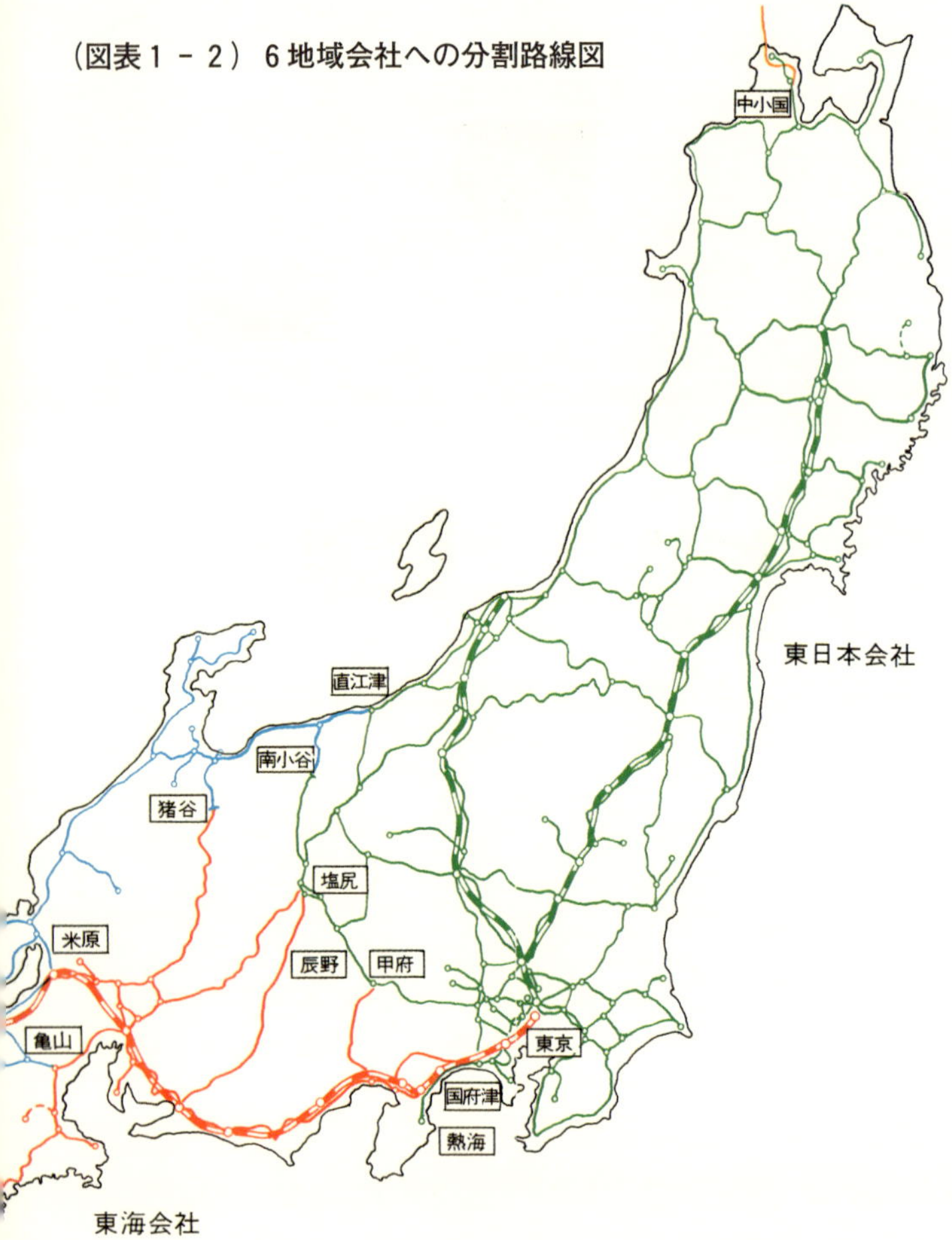

○－－－－○ は第２次特定地方交通線承認申請線区のうち承認保留となっているものである。

出典：国鉄再建監理委員会最終意見
『国鉄改革に関する意見』

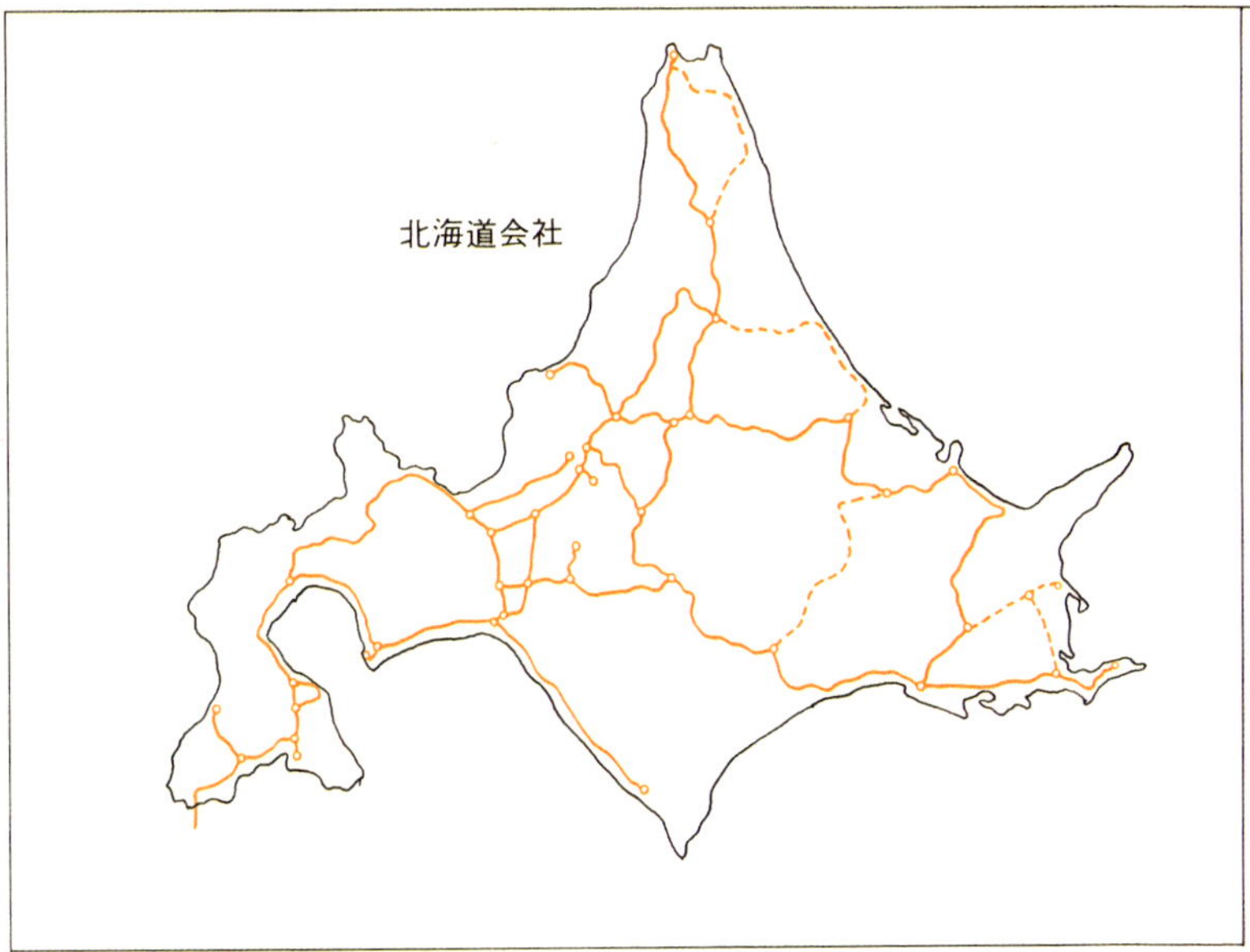
北海道会社

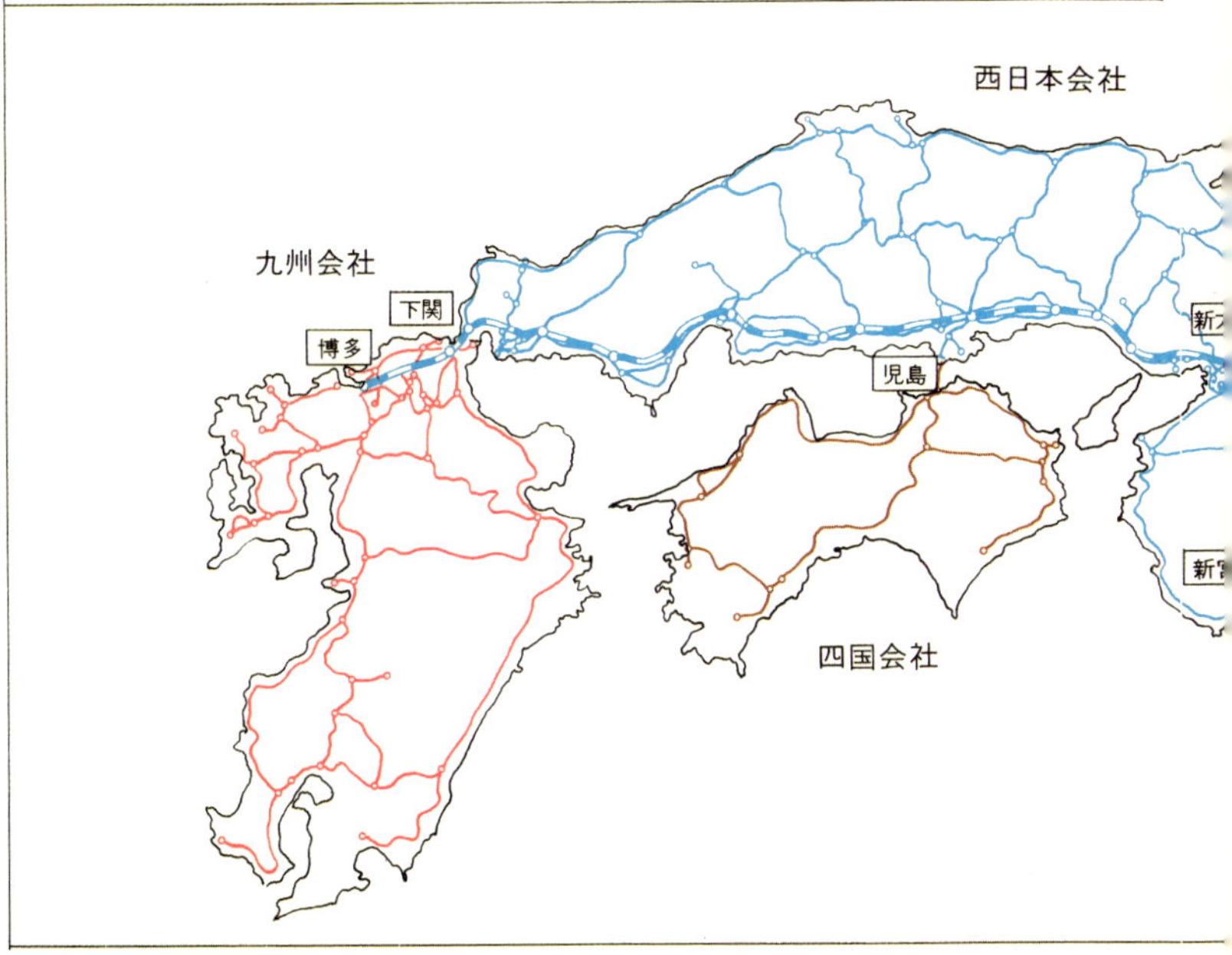
西日本会社
九州会社
下関
博多
児島
四国会社

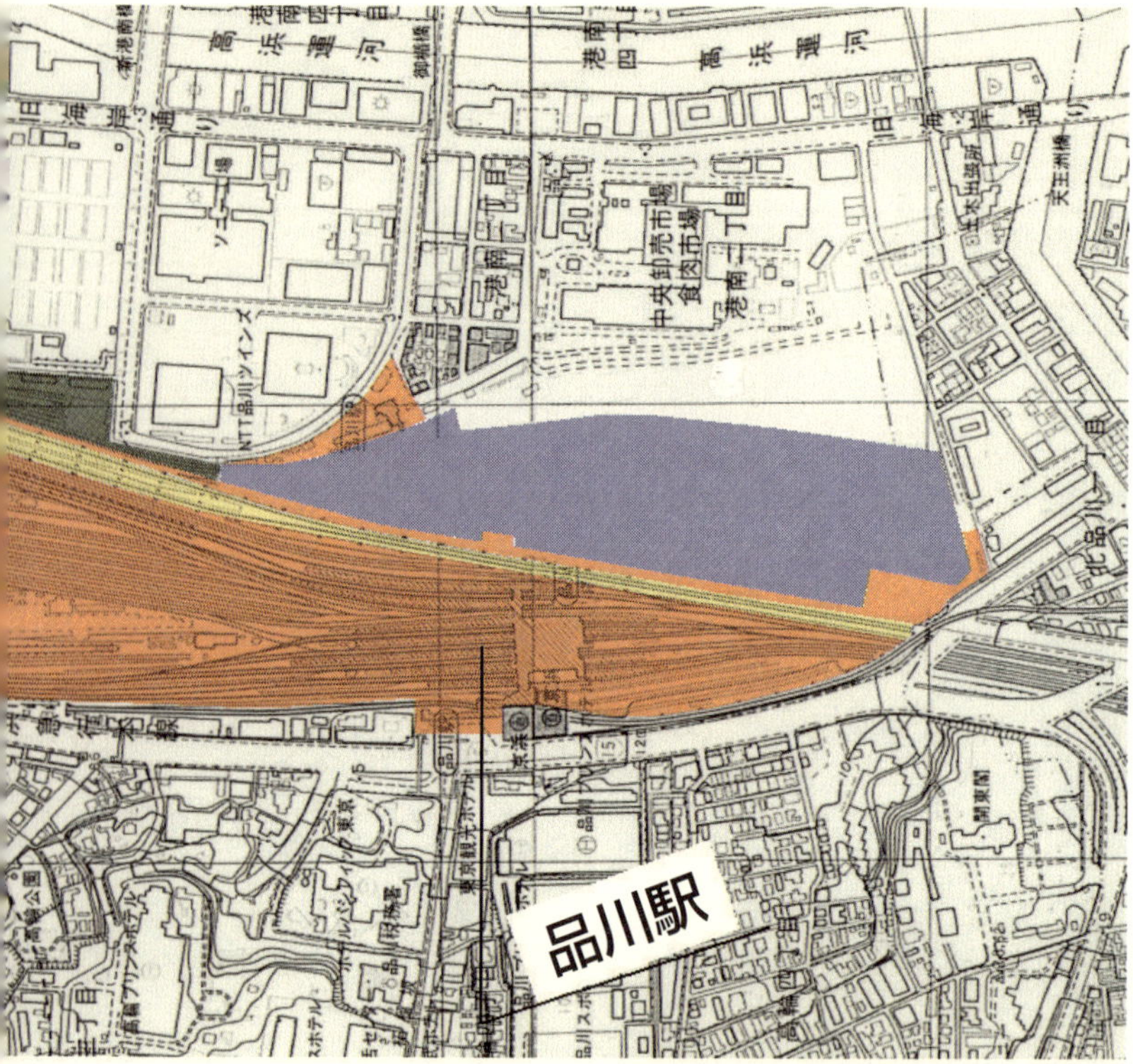
品川駅
高浜運河
中央卸売市場
食肉市場
NTT品川ツインズ

（図表５－５）品川地区の用地区分

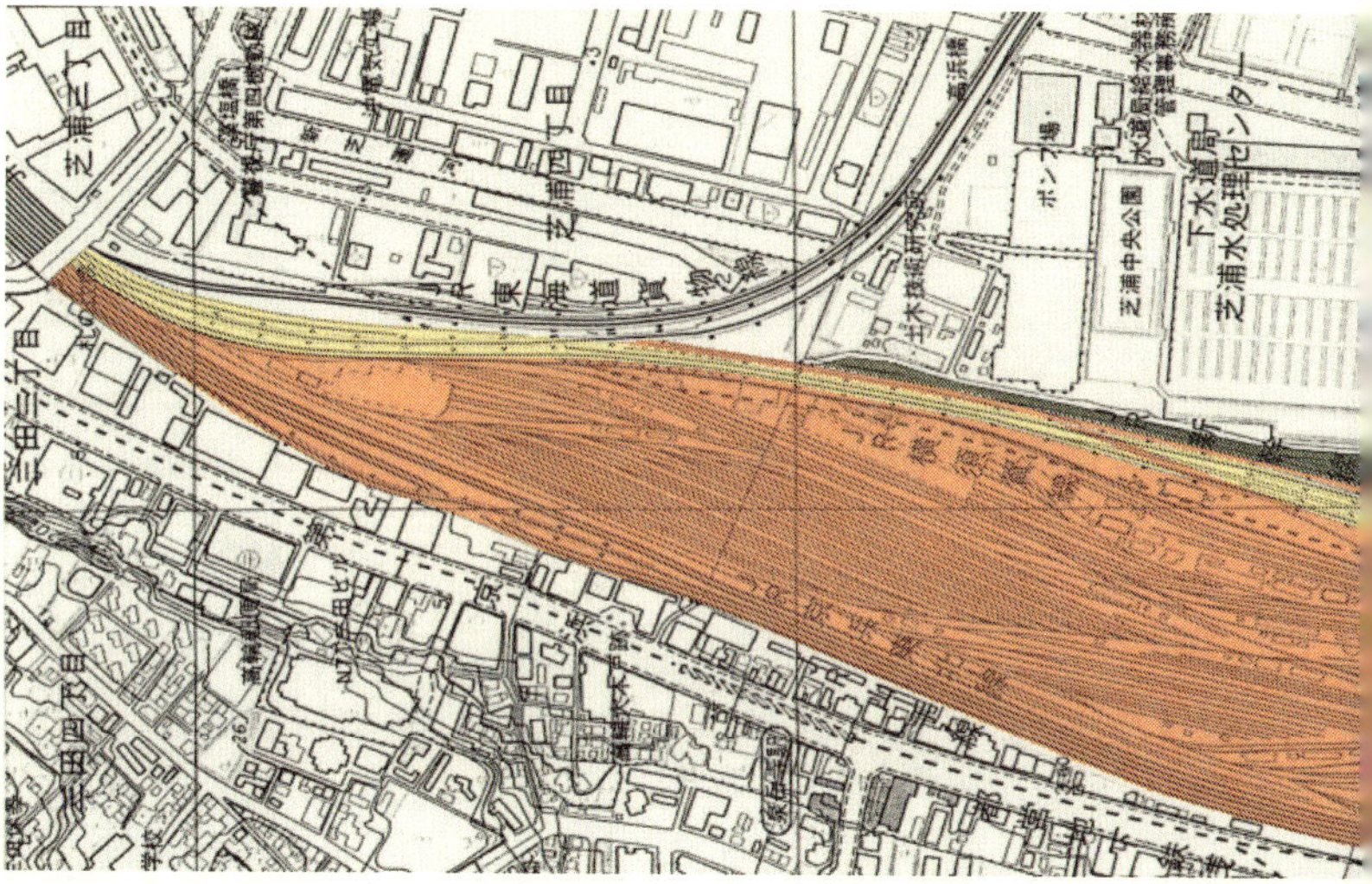

区分	会社名	面積 (ha)	簿価 (億円)
	国鉄清算事業団	10.0	3.3
	JR東日本	23.4	7.5
	JR貨物	2.2	0.7
	JR東海	2.5	1,095

（注）ＪＲ東海は当該用地を1991年10月に新幹線保有機構より再調達価額にて承継。
他社は1987年４月に国鉄より簿価にて承継。

装幀　間村俊一

葛西敬之（かさい・よしゆき）

東海旅客鉄道株式会社代表取締役会長。
1940（昭和15）年生まれ。1963（昭和38）年、東京大学法学部卒業後日本国有鉄道入社。1967（昭和42）年、米国ウィスコンシン大学に留学し、経済学修士号取得。1987（昭和62）年、東海旅客鉄道発足と同時に、取締役総合企画本部長に就任。常務取締役などを経て、1995（平成７）年、同社代表取締役社長。2004（平成16）年より現職。
2005（平成17）年、東京大学先端科学技術研究センター客員教授、2006（平成18）年、国家公安委員に就任。

著書
『未完の「国鉄改革」——巨大組織の崩壊と再生』（東洋経済新報社、2001年）

国《こく》鉄《てつ》改《かい》革《かく》の真《しん》実《じつ》
「宮《きゅう》廷《てい》革《かく》命《めい》」と「啓《けい》蒙《もう》運《うん》動《どう》」

2007年７月10日　初版発行
2007年10月15日　５版発行

著　者　葛《か》西《さい》敬《よし》之《ゆき》
発行者　早川準一
発行所　中央公論新社
〒104-8320　東京都中央区京橋2-8-7
電話　販売 03-3563-1431　編集 03-3563-3664
URL http://www.chuko.co.jp/

印　刷　三晃印刷（本文）
大熊整美堂（カバー・表紙・扉）
製　本　小泉製本

Published by CHUOKORON-SHINSHA, INC.
Printed in Japan　ISBN978-4-12-003849-5 C0034